河南财经政法大学华贸金融研究院重点资助

中原黄河文化产业化发展研究

ZHONGYUAN HUANGHE WENHUA
CHANYEHUA FAZHAN YANJIU

赵传海 等 著

经济管理出版社

ECONOMY & MANAGEMENT PUBLISHING HOUSE

图书在版编目（CIP）数据

中原黄河文化产业化发展研究/赵传海等著. —北京：经济管理出版社，2022.6
ISBN 978-7-5096-8460-3

Ⅰ.①中… Ⅱ.①赵… Ⅲ.①黄河—文化产业—产业发展—研究—河南 Ⅳ.①G127.61

中国版本图书馆 CIP 数据核字（2022）第 086443 号

组稿编辑：杨　雪
责任编辑：杨　雪　王　蕾
责任印制：黄章平
责任校对：董杉珊

出版发行：经济管理出版社
　　　　　（北京市海淀区北蜂窝 8 号中雅大厦 A 座 11 层　100038）
网　　址：www.E-mp.com.cn
电　　话：（010）51915602
印　　刷：唐山昊达印刷有限公司
经　　销：新华书店
开　　本：720mm×1000mm/16
印　　张：16.25
字　　数：271 千字
版　　次：2022 年 6 月第 1 版　　2022 年 6 月第 1 次印刷
书　　号：ISBN 978-7-5096-8460-3
定　　价：79.00 元

序　言

　　黄河流域是中华民族的发祥地，黄河文化是中华文明的根和魂。在中国人的心目中，黄河既是一条自然之河，滋润着两岸的大地，哺育着两岸的人民，也是一条文化之河，记录着中华民族的历史，抚慰着中国人民的心灵。在经济全球化的背景下，世界各类文化交流互鉴和竞争冲突的状态并存。在这种背景下，要想推动社会主义文化繁荣兴盛，满足人民过上美好生活的新期待，坚守文化立场，坚定文化自信，就有必要保护好、传承好、弘扬好黄河文化。2019年9月18日，习近平总书记在黄河流域生态保护和高质量发展座谈会上发表重要讲话时指出："要深入挖掘黄河文化蕴含的时代价值，讲好'黄河故事'，延续历史文脉，坚定文化自信，为实现中华民族伟大复兴的中国梦凝聚精神力量。"在新时代，我们必须承担起保护、传承和弘扬黄河文化的历史责任。

　　中原地区是黄河文化的重要发源地、重要聚集地，中原黄河文化也是历史悠久、资源丰富的文化宝库。中原地区的黄河主要是指黄河河南段。黄河全长约5464千米，在河南省内的河道总长约711千米。黄河河南段，西部多高山峡谷，中部多浅山丘陵，东部多广袤平原，环境优越，气候宜人。自古以来，中华民族祖先就栖息生存于此，开拓农业，发展商业，构筑城市，发明文字，创造了辉煌灿烂的古代文明，发展了丰富多彩的中华文化，孕育了具有区域特色和普遍价值的雄浑厚重的中原黄河文化。中共河南省委、河南省人民政府提出，为了实现"河南更加出彩"，满足人民群众日益增长的文化需求，就要扛牢弘扬黄河文化的责任，加强黄河文化研究阐释，加强黄河文化遗产保护和时代价值挖掘，促进创造性转化和创新性发展，努力讲好新时代"黄河故事"。

　　讲好新时代"黄河故事"，既有赖于以政府为主导的文化事业的发展，也有赖于以市场为驱动的文化产业的发展。2017 年 10 月 18 日，习近平总书记在党的十九大报告中指出，要健全现代文化产业体系和市场体系，创新生产经营机制，完善文化经济政策，培育新型文化业态。为了更好地持续保护、传承和弘扬黄河文化，就应该坚持"保护"和"利用"并重，积极推动"文化事业"和"文化产业"协同发展。"文化事业"重在根据国家意志由政府主导向社会提供公共文化产品或服务，具有显著的公益性；"文化产业"重在根据市场需求由企业主体向市场提供文化商品或服务，具有显著的趋利性。实践已经证明，在社会主义市场经济条件下，充分利用市场机制，用"产业化"方式方法开发利用黄河文化资源，必将有利于弘扬黄河文化、造福中国人民。

自 2020 年以来，中共中央、国务院印发了《黄河流域生态保护和高质量发展规划纲要》，中共河南省委、河南省人民政府制定并实施了《河南省黄河流域生态保护和高质量发展规划》（讨论稿），均要求保护黄河文化遗产，传承黄河文化"基因"，讲好新时代"黄河故事"。在国家实施黄河流域生态保护和高质量发展重大战略以及河南省积极推动国家战略落地之际，在河南财经政法大学华贸金融研究院的资助下，我们选定了"中原黄河文化产业化发展研究"为课题。

开展中原黄河文化产业化发展研究，旨在探索中原地区特别是河南段黄河文化实行产业化发展的路径和方法，探讨中原黄河文化资源通过产业方式转化为文化商品或服务的过程和经验，推动实现文化价值彰显与经济价值增值相统一的发展格局。本书第一章为引论，主要从宏观上阐述中原黄河文化产业化发展的基本问题，分析中原黄河文化产业化发展的重要意义、实践路径和着力点。推动黄河文化产业化发展，就是将黄河文化资源作为产业化发展的生产要素，组建专业化的企业开展生产经营活动，通过市场配置资源并销售黄河文化商品与服务，不断培育和拉长黄河文化产业链，实现社会效益与经济效益的统一发展。第二章至第八章为分论，主要从行业分类视角上分别探讨中原黄河旅游文化、文化创意、遗址文化、生态文化、文化会展、非物质文化遗产、文化数字化等方面的产业化发展现状和路径取向，提出进一步推动其发展的对策和建议。中原黄河文化有多种呈现形式，它的产业化发展也会形成互相联系又有所区分的行业，本书只是选择了几个重要方面分别论述，并非中原黄河文化产业化发展的全貌。本书结语为未来展望，主要从面向未来维度上概述中原黄河文化产业化发展的经验与启示，展望中原黄河文化产业化发展的美好前景。在社会主义市场经济环境中，有必要找准定位，选准方向，依靠社会力量，增强市场理念，培育市场主体，利用市场机制，进一步推动中原黄河文化产业化发展。

推动中原黄河文化产业化发展，基础在"产业"，关键在"转化"，在全面建设社会主义现代化新征程中恰逢其时、大有可为。可喜的是，在党中央、国务院和地方各级党委、政府的积极推动下，沿黄地区广大人民群众积极响应，黄河流域生态保护和高质量发展国家战略已经全面实施，中原黄河文化产业化发展已经呈现良好态势。遗憾的是，由于中原黄河文化产业作为新型产业形态，统计资料尚未系统周全，发展规律尚未充分显现，人们的认识尚未达成共识，专业概念尚未清晰明了，因此，给本书的研究带来了困难。黄河文化博大精深，本书探索其产业化的内容、方式、路径等或有不到之处，其研究是初步的，希望以后能在此基础上，进一步深入挖掘资源、加强与学界同仁的交流，继续为黄河文化发展做出新的贡献。

我们希望通过自己的努力，引起人们对丰富多彩、博大厚重的中原黄河文化更多的关注，使人们更加积极主动地推动中原黄河文化产业化发展，让"保护传承弘扬黄河文化"的洪亮口号变为促进地方经济社会发展的实际行动。中原儿女是黄河母亲哺育的子孙，有责任和义务续写黄河文化的新辉煌。如果本书能够给人们提供一些参考和启发，那么，我们就心满意足了。

赵传海

2021 年 9 月

目　　录

第一章　中原黄河文化产业化发展概览

2019 年 9 月 18 日，习近平总书记在黄河流域生态保护和高质量发展座谈会上发表了重要讲话，对黄河流域的发展提出了新的目标和发展思路，黄河流域生态保护和高质量发展上升为国家战略，政府组织和学界人士掀起了再思考、再谋划、再推动、再发展的新热潮。学术界召开了一系列主题鲜明而层次不同的研讨会，就黄河流域生态保护和高质量发展问题展开了广泛讨论和深入研究，产生了一系列主旨明确而视角不同的学术成果，既深化了研究，又促进了实践，呈现出欣欣向荣的研究局面。其中，围绕着"保护、传承、弘扬黄河文化"的号召，地方政府开展了很多实际工作，学术界也给予了积极热烈的响应，呈现理性与激情同频共振、理论与实践互相交织的良好势头。然而，在新时代总结历史经验、分析现实状态、洞察未来趋向，分区分段、分门别类地推进黄河流域生态保护和高质量发展的具体研究，还有待拓展和深入。"中原黄河文化产业化发展研究"就是基于这种思路的尝试，其主要目的是探索河南省境内黄河文化产业化发展的广阔出路，构建全新的黄河文化产业化发展体系。

第一节　中原黄河文化产业化发展释义

在中国人的心目中，黄河自古以来就是孕育伟大而神圣的中华文明的精神符号。黄河既是河流，又是象征；既是一种物质之在，又是一种精神之在；既是一种福祉，又是一种灾难；既是一条自然之河，又是一条灵性之河。历史上黄河多次泛滥让中华民族饱受水患之苦，但也为中华民族的生存繁衍立下了不朽功勋。唐朝刘禹锡曾赋诗道："九曲黄河万里沙，浪淘风簸自天涯。如今直上银河去，同到牵牛织女家。"提起黄河，有些人亢奋，有些人悲凉，有些人赞美，有些人埋怨。爱之也黄河，恨之也黄河；壮之也黄河，悲之也黄河。黄河开启了东方文明，黄河造就了精彩故事。黄河两岸的人们在与黄河交往、对话、斗争、共生中，赋予黄河丰富的文化意义和内涵，因而就有了"黄河文化"的概念。

一、黄河文化的内涵解析

尽管"黄河文化"已经成为当下中国的一个热词，流行于报刊网络之间，传颂于社会民众之中，但是对其内涵和外延，则是见仁见智，各抒己见，至今没有一个被学者们共同认可的统一概念。

虽然"黄河文化"这一术语最早于何时出现已经难以考证，但据现有资料显示，"黄河文化"在20世纪就已经传播开了。早在1941年，世界书局就出版了由陈鹤琴、陈选善主编的供小学高年级及初中生阅读的著作《黄河文化》。书中提到，"从黄帝开始，因为中原已经统一，生活逐渐安定，因此文化也有很快的进步……黄河流域是我国文化的摇篮……"[①]。由此可见，在抗日战争时期"黄河文化"的概念就已经被广泛使用和流传了。

20世纪80年代，随着中国改革开放新时代的开启，中外文化交流、交融、冲突与对话更加频繁、激烈，中国学术界逐步兴起了"文化热"，各种标注为"文化"的名词术语逐步增多，构建了中国式的"文化"时代话语体系，"黄河文化"和"长江文化"等概念被广泛提及和使用。1987年，河南人民出版社出版了王仁民撰写的《黄河文化特区蓝图》一书，主要勾画了黄河游览区和黄河风景名胜区建设的蓝图。书中写道："黄河是中华民族的摇篮。像黄河一样源远流长的黄河文化，今天应发出更大的光和热。"[②] 1994年，著名学者侯仁之主编的《黄河文化》一书由华艺出版社出版。该书指出，"黄河流域的自然环境，像大地母亲般地孕育了黄河文化"[③]。随后，以"黄河文化"为主题的著作相继问世，学术界对"黄河文化"的专题研究愈加繁荣。例如，2001年前后，山西人

---

① 陈鹤琴、陈选善：《黄河文化》，世界书局1941年版，第4页。
② 王仁民：《黄河文化特区蓝图》，河南人民出版社1987年版，第1页。
③ 侯仁之：《黄河文化》，华艺出版社1994年版，第3页。

民出版社等组织出版了"黄河文化丛书"。2003 年，著名学者李学勤、徐吉军主编的三卷本的《黄河文化史》上、中、下三册由江西教育出版社出版，这是由历史学、文化学、考古学领域的 36 位学者共同撰写而成的鸿篇巨制，对黄河流域大区域文化进行了系统论述。2009 年前后，黄河水利出版社组织出版了"山东黄河文化丛书"。2013 年，科学出版社出版了李玉洁撰写的《黄河文化与日本》一书，阐述了黄河文明对日本文化的重大影响。这些著作的出现，都表明了学者们对"黄河文化"概念的高度重视和认同。与此同时，学术界还创办了以"黄河文化"为主题的一系列学术刊物，定期或不定期出版发行。例如，1998 年起，寒声主编的《黄河文化论坛》陆续出版，持续了十余年之久。1999 年开始，河南省社会科学院创办了定期刊物《黄河文化》，内蒙古黄河文化经济发展研究会创办了《黄河文化季刊》。从大量论著和刊物名称中即可看出，自 20 世纪 80 年代以来，"黄河文化"的概念已经在学术界被广泛应用，逐渐成为人们普遍接受和能够理解的"黄河学"的一个专门术语。

从历史来源上看，许多学者都把"黄河文化"等同于"黄河流域的文化"，认为"黄河文化"就是从古至今在黄河流域内形成和发展起来的文化总和。侯仁之提出："从古黄河阶段开始，黄河就与几乎同时出现的人类发生了相互作用、相互感应，黄河与黄河人就已经把各自的命运交融在一起，黄河文化便产生了。"[①] 彭岚嘉和王兴文（2014）认为："黄河文化凝聚了黄河流域独特的地理空间与人文空间所形塑的生活方式、社会制度、风俗习惯以及宗教信仰、审美情怀。"徐吉军（1999）认为，黄河文化的概念有广义和狭义之分，是黄河流域文化特征和文化集合的总和或集聚。牛建强（2019）认为："黄河文化不是独立和空泛的，而是扎根于黄河流域深厚的实践土壤之上、具有丰富内涵的。"黄河文化不断吸收、集聚周边文化而得到滋养并迅速成长，从而由局部地域文化跃升为中华文明的核心。根据流域内局部和地区的多样性，李学勤和徐吉军（2003）把黄河文化划分为若干"区域性"文化，包括三秦文化、中州文化、齐鲁文化三个核文化区和三晋文化、燕赵文化、河湟文化三个亚文化区。他们提出，黄河文化是一种以"黄河流域特殊的自然地理和人文地理占优势及以生产力发展水平为

---

① 侯仁之：《什么是黄河文化？》，腾讯网，2020 年 6 月 16 日，https://xw.qq.com/amphtml/20200616A09I2R00。

基础、具有认同性和归趋性的文化体系，是黄河流域文化特性和文化集结的总和或集聚。"在这些学者看来，黄河文化就是黄河流域内人们创造的文化，进而从区域的空间维度上定义了"黄河文化"概念。借用"黄河流域的文化"来定义"黄河文化"尽管有一定的道理，但并不能诠释"黄河文化"的核心内涵和本质界定。

在"黄河文化"与"黄河文明"的概念界定上，有学者把两个概念进行互释，甚至把"黄河文化"等同于"黄河文明"。比如，陈鹤琴、陈选善主编的《黄河文化》一书就把"黄河文化"与"黄河文明"混用。侯仁之主编的《黄河文化》一书也提到："黄河文化，有如黄河水系源远流长。在历史发展长河中，她萌发、成长、壮大，又逐渐融汇了黄河支流上多民族的地方文化，逐渐结成浩瀚渊深的黄河文化。"① 在该书中，侯仁之多次使用"文明发祥""黄河流域的古代文明""黄河文明"等术语，将"黄河文化"与"黄河文明"交替使用。也有学者指出："黄河文化是在黄河流域的黄土地带上滋生发展起来的一种旱地农业文化，它的发生与成长，都是与黄土、黄河的土质、水文条件紧密相连的。"② 黄河流域孕育了仰韶文化、马家窑文化、大汶口文化、龙山文化等灿若星河的古人类文明。显然，主张"黄河文化"就是"黄河文明"的观点的学者，不乏其人。严格来说，"黄河文化"不能等同于"黄河文明"，因为"文化"是指人类在社会历史发展过程中所创造的物质财富和精神财富的总和，尤其是指精神财富；而"文明"是指文化发展的有益成果所呈现的状态，尤其是指人类社会的进步状态和理性社会体系。

综合以上学者的论述，可以看出黄河文化是一个时空交织的多层次、多维度的文化共同体，具有区域内大体认同的标志性、可识别性等特征，可以抽象化、符号化、象征化。黄河文化随着历史的发展不断吸收、集聚周边文化而得到滋养并迅速成长，从而由局部的地域文化跃升为中华文明的核心。

那么，到底如何定义"黄河文化"？笔者认为，黄河文化应该是中国人与黄河交互作用过程中产生的"感应成果"，是具有黄河元素或打上黄河符号的文化。其包括如下含义：

---

① 侯仁之：《黄河文化》，华艺出版社 1994 年版，第 3 页。
② 黄保信：《河南与黄河文化》，河南人民出版社 1997 年版，第 5-6 页。

其一，黄河文化是"黄河人"创造的文化。如果没有黄河，那么就没有"黄河人"；如果没有"黄河人"，那么黄河文化就没有意义。美国当代哲学家蒂利希曾说过："没有世界的自我是空的，没有自我的世界是死的。"任何文化都是人的创造物，黄河文化自然就是生活在黄河流域的人们与黄河"对话"的结果。

其二，黄河文化是具有黄河元素的文化。在黄河流域这一地理空间和人文空间中，人们受到黄河日积月累的影响形成了特有的思维方式、生活方式、生产方式以及风俗习惯、宗教信仰、审美情趣等，构成了黄河文化的基本结构和基本内涵。

其三，黄河文化是打上黄河符号的文化。文化表现的本身就是一种符号，文化内涵需要借助符号载体来表达和传播。黄河文化同样以各种各样的文化符号表现出来，既有有形符号，也有无形符号，例如黄河源、壶口瀑布、九曲黄河、黄河故道、黄河母亲、羊皮筏子、黄河号子以及"河图洛书"等实然和演绎的文化符号。

其四，黄河文化是体现黄河精神的文化。"黄河落天走东海，万里写入胸怀间。"千百年来，在中国人的心目中，黄河已经被拟人化了，被赋予了丰富的精神内涵和精神象征。正如《黄河颂》歌词中赞叹的那样："啊！黄河！你一泻万丈，浩浩荡荡，向南北两岸伸出千万条铁的臂膀。我们民族的伟大精神，将要在你的哺育下发扬滋长！"

无论学者们怎样解析黄河文化的定义、诠释黄河文化的内涵，都不能否认黄河文化是历史悠久、内涵丰富的文化共同体。顺天应人、天人合一、海纳百川、博大包容、求同存异、自强不息、民胞物与、共生共荣等构成了黄河文化的精神内涵。

黄河文化与中华民族的形成与发展密切相关，对中华民族的生产方式、生活方式、思维方式以及中华民族的性格情趣都产生了重要影响。习近平总书记在黄河流域生态保护和高质量发展座谈会上的讲话中指出，黄河文化是中华文明的重要组成部分，是中华民族的根和魂。九曲黄河，奔腾向前，以百折不挠的磅礴气势塑造了中华民族自强不息的民族品格。习近平总书记的讲话，不仅充分肯定了黄河文化的重要历史地位，还强调了弘扬黄河文化对实现中华民族伟大复兴的重要现实作用。黄海涛（2020）认为，中华文化的主体是黄河文化，黄河文化的中心在中原地区的河洛文化圈内，河洛文化圈是古代中国的政治、经济、军事、文化中心。① 双槐树河洛古国遗址、二里头夏都遗址等连线成片的遗址群，也证明了这一点。黄河文化曾经辉煌数千年，未来必将被续写。因此，保护、传承和弘扬黄河文化，是当代中国人民义不容辞的使命和责任。

二、黄河文化产业的概念释义

在近代以来的商品经济时代，文化不仅具有塑造人、娱乐人的精神价值，而且具有可以生产、交换、消费的经济价值。于是，在欧洲便率先出现了"文化产业"的实践和概念。21世纪以后，随着我国改革开放和社会主义现代化建设的深入推进，我国产业细分的趋势更加明显，在理论上和实践上都广泛使用了"文化产业"的概念。

在西方，19世纪末至20世纪初自由资本主义加速向帝国主义转变，商业化的资本主义得到转型发展，艺术品商业化的发展趋势更加迅猛。在这样的社会背景下，1947年，德国法兰克福学派的代表人物马克斯·霍克海默和西奥多·阿多诺撰写并出版了《启蒙辩证法：哲学断片》一书，首次提出了"文化产业"的概念，其英语全称为"culture industry"，既可以翻译为"文化工业"，也可以翻译为"文化产业"。该书提出，那些适合大众消费的产品，或者在很大程度上决定着消费特性的产品，或多或少是按计划生产的，文化消费品就是这样的产品。他们强调，文化产业必须和大众文化严格区分开来，它们与其他商品一样，目的就在于向消费者提供消费品。因而，文化产业具有商品性、规模化生产、意识形态性等特点（霍克海默、阿多诺，2006）。

澳大利亚学者戴维·思罗斯比（2015）认为，文化产品与文化服务在生产过程中都涉及了创意，传递了某种象征性意义的功能。在《经济学与文化》一书中，思罗斯比建立了文化产业的同心圆模型，并将其分成三个层次：处于核心层的是音乐、舞蹈、戏剧、文学、视觉艺术和手工艺等创意艺术；围绕核心层的是那些既具有上述文化特质又生产其他非文化性商品与服务的行业，如图书和出版行业，广播电视和电影等行业；位于最外层的则是那些部分产品具有文化内容的行业，如广告业、旅游业和建筑服务业等。

---

① 资料来源：大河网，https://dhh.dahe.cn/con/167396。

联合国教科文组织 1998 年对"文化产业"的定义是：文化产业就是按照工业标准，生产、再生产、储存以及分配文化产品和服务的一系列活动。文化产业以创造、生产、销售精神产品为主要活动，以满足人们的文化需求为主要目标，从而实现文化意义本身的创造与转化。

全球各国和地区对"文化产业"这一术语的叫法不尽相同，如在欧洲一些国家被称为"文化产业"；在英国、韩国等国家被称为"创意产业"；在美国则被称为"版权产业"。无论是何种叫法，都可以看出"文化产业"是资本、人才、技术和文化的融合产物，都突出了文化和创意的本质，是一种"文化软实力"。作为 21 世纪的朝阳产业，文化产业对国民经济的贡献非常大，因而成为各国学界研究的重点。

改革开放以来，我国文化产业得到了快速发展，人们对"文化产业"的理解也有了进一步深化。党和国家领导人特别重视文化建设，大力提倡和积极推进中国特色社会主义文化繁荣昌盛，先后提出了"文化事业"和"文化产业"的概念。2000 年 10 月，党的十五届五中全会通过的《中共中央关于制定国民经济和社会发展第十个五年计划的建议》中指出："……在全社会形成共同理想和精神支柱。""完善文化产业政策，加强文化市场建设和管理，推动有关文化产业发展。"这是我国首次在中央正式文件中使用"文化产业"这一概念。2002 年 11 月，党的十六大指出，"积极发展文化事业和文化产业。发展各类文化事业和文化产业都要贯彻发展先进文化的要求，始终把社会效益放在首位。""发展文化产业是市场经济条件下繁荣社会主义文化、满足人民群众精神文化需求的重要途径。"2007 年 10 月，党的十七大报告要求："大力发展文化产业，实施重大文化产业项目带动战略，加快文化产业基地和区域性特色文化产业群建设，培育文化产业骨干企业和战略投资者，繁荣文化市场，增强国际竞争力。"2012 年 11 月，党的十八大报告强调："促进文化和科技融合，发展新型文化业态，提高文化产业规模化、集约化、专业化水平。"2017 年 11 月，党的十九大报告继续强调："推动文化事业和文化产业发展。满足人民过上美好生活的新期待，必须提供丰富的精神食粮。""健全现代文化产业体系和市场体系，创新生产经营机制，完善文化经济政策，培育新型文化业态。要深入学习贯彻党的十九大报告精神，坚持中国特色社会主义文化发展道路，推动产业融合创新引领，大力培育新型文化业态，做大做强现代文化产业体系，建设社会主义文化强国。"党中央集中全党和全国人民智慧，提出"发展文化产业""繁荣文化市场""健全现代文化产业体系""培育新型文化业态"等概念，表明中国共产党和中国人民对"文化产业"的认识更加全面、更加深刻、更加科学。

在产业政策方面，国家明确了文化产业作为国民经济支柱性产业的定位，制定实施了一系列促进文化产业发展的政策措施。2009年，国务院印发了《文化产业振兴规划》，该规划以党的十七大精神为指导，明确了八个方面的重点任务，即发展重点文化产业、实施重大项目带动战略、培育骨干文化企业、加快文化产业园和基地建设、扩大文化消费、建设现代文化市场体系、发展新兴文化业态和扩大对外文化贸易。规划从国家战略高度上对文化产业发展进行的重大部署，极大地促进了我国文化产业发展，使文化产业成为我国经济社会发展重要领域。同年，国家统计局依据《国民经济行业分类》，研究制定了《文化及相关产业分类》，作为国家统计标准颁布实施。2012年，国家统计局参考联合国教科文组织《2009年联合国教科文组织文化统计框架》，对文化产业统计标准进行了修订完善，形成了《文化及相关产业分类（2012）》，首次明确了我国文化产业的统计范围、层次、内涵和外延。2017年，中共中央办公厅和国务院办公厅联合发布了《国家"十三五"时期文化发展改革规划纲要》，明确提出，要以"'十三五'末文化产业成为国民经济支柱性产业"为目标，支持实施一批具有示范带动效应的重点文化产业项目，培育一批集聚功能和辐射作用明显的国家级文化产业园，打造3~5个市场化、专业化、国际化的重点文化产业展会。2018年，国家统计局再次修订并发布了《文化及相关产业分类（2018）》，将"文化及相关产业"定义成"为社会公众提供文化产品和文化相关产品的生产活动的集合"，更加准确地反映了我国文化产业发展的新变化、新业态。其范围包括两方面：一是以文化为核心内容，为直接满足人们的精神需求而进行的创作、制造、传播、展示等文化产品（包括货物和服务）的生产活动。具体包括新闻信息服务、内容创作生产、创意设计服务、文化传播渠道、文化投资运营和文化娱乐休闲服务等活动。二是为实现文化产品的生产活动所需的文化辅助生产和中介服务、文化装备生产和文化消费终端生产（包括制造和销售）等活动。至此，我国对"文化产业"的概括边界更加清晰了。2019年12月，司法部就《中华人民共和国文化产业促进法（草案送审稿）》向全社会公开征求意见。该草案提出："本法所称文化产业，是指以文化为核心内容而进行的创作、生产、传播、展示文化产品和提供文化服务的经营性活动，以及为实现上述经营性活动所需的文化辅助生产和中介服务、文化装备生产和文化消费终端生产等活动的集合。"该草案送审稿还明确规定："国家将促进文化产业发展纳入国民经济和社会发展规划，并制定促进文化产业发展的专项规划，发布文化产业发展指导目录，促进文化产业结构调整和布局优化。"这表明，促进文化产业健康持续发展，正在走向法治化的道路。

在实践层面上，改革开放以来，我国文化产业迎来了千载难逢的机遇，得到了快速发展。根据《中国文化及相关产业统计年鉴2020》的统计数据，2019年，全国共有文化及相关产业法人单位209.31万个，其中文化制造业21.32万个，文化批发和零售业30.90万个，文化服务业157.09万个，文化及相关产业增加值达到45016亿元，占GDP的4.54%。文化及相关产业法人单位数和增加值都在快速提升，在GDP中的比重也在不断增加。从近五年全国文化及相关产业统计数据来看，法人单位数和增加值大约翻了一番，占GDP的比重增加了0.59个百分点。具体数据如表1-1所示：

表1-1   2015~2019年我国文化及相关产业法人单位数量

年份	法人单位数（万个）	增加值（亿元）	占GDP比重（%）
2015	114.03	27235	3.95
2016	130.02	30785	4.12
2017	139.83	35427	4.26
2018	210.31	41171	4.48
2019	209.31	45016	4.54

资料来源：国家统计局社会科技和文化产业统计司、中宣部文化体制改革和发展办公室：《中国文化及相关产业统计年鉴2020》。

随着中国文化产业的快速发展，黄河文化产业作为我国文化产业链上的重要一环，也呈现出蓬勃的发展生机，展现出良好的发展势头，一批命名为"黄河文化产业"的企业或产业园区如雨后春笋般出现。例如，宁夏回族自治区境内创办的宁夏黄河坛文化产业发展有限责任公司，山东省境内创办的黄河文化产业开发集团，河南省境内创办的黄河文化产业股份有限公司、黄河两岸文化旅游开发有限公司等。特别是习近平总书记发出"深入挖掘黄河文化蕴含的时代价值，讲好'黄河故事'"的号召以后，沿黄河的各省区更是争先恐后、奋勇当先，纷纷创建或扩大了与黄河相关联的文化企业，呈现万马奔腾的良好态势。

那么，什么是"黄河文化产业"？在实践基础上，学术界也进行了一些探讨，提出了一些有价值的见解。2008年3月，由北京大学、清华大学、山东省滨州市人民政府主办的"中国首届黄河文化产业发展论坛"在北京举行，与会学者围绕"弘扬黄河文化，发展文化产业，建设和谐社会"这个主题开展了探讨，倡导深度挖掘黄河文化资源，推动黄河文化产业发展。2010年7月，文化部、国家民族事务委员会、国家广播电影电视总局、国家旅游局、中国人民对外友好协会和宁夏回族自治区人民政府共同举办的"首届黄河文化论坛"在银川举行，200多位专家和学者与会，共同探讨了黄河文化、传承发展黄河文化、精心打造黄河文化品牌等问题。2020年5月，河南省登封市人民政府主办的"黄河文化与文旅产业创新发展论坛"在登封举行，与会学者和政府官员共同探讨了黄河文化与文化旅游产业创新发展的现状和未来。在总结实践经验基础上，结合文化发展逻辑和产业发展规律，学者们纷纷解析了"黄河文化产业"概念。其中，有学者认为："黄河文化产业是以弘扬与传播黄河文化为根本目的，通过开发与生产黄河文化产品以及提供黄河文化相关服务，由市场化的行为主体实施，并最终将其文化价值转化为经济价值的一系列生产经营活动的总称。"[①] 这个界定基本反映了黄河文化产业的内涵和外延，但是，把"弘扬与传播黄河文化"作为发展黄河文化产业的"根本目的"，则有待商榷。

笔者认为，所谓"黄河文化产业"，就是指以黄河文化为生产要素的新型文化产业。黄河文化产业与其他产业的最大区别，就在于它把"黄河文化"作为生产经营的基本要素，在满足人们精神文化需求的过程中实现其经济价值。

其一，以黄河文化为要素。黄河文化是历史积淀的一种宝贵资源，这种资源在商品经济时代可以转化为企业的生产要素。换句话说，黄河文化产业就是利用黄河文化资源进行生产经营的产业。

其二，以企业化生产为方式。现代企业是以企业法人制度为主体，以公司制度为核心，以产权清晰、责权明确、政企分开、管理科学为条件的新型企业。发展黄河文化产业，就要遵循现代企业制度，培育和构建企业主体，独立从事生产经营活动，自负盈亏。

---

① 韩佳佳：《山东省黄河文化传承与产业化发展路径研究》，《人文天下》2017年第3期。

其三，以市场化运营为机制。文化产业不同于文化事业，文化产业主体必须通过市场机制和市场配置，才能获取资源、实现盈利。黄河文化产业发展，也要遵循市场经济规律，通过市场机制作用，实现黄河文化的文化价值向经济价值的转换。

其四，以满足人们精神文化需要为目的。黄河文化产业就是利用黄河文化资源向人们提供相关产品和服务，在满足人们精神文化需求的过程中实现企业主体盈利。黄河文化产业是文化产业的组成部分，是基于黄河文化而形成的相对具体的新型文化产业。

三、黄河文化产业化发展的话语解读

"产业"（Industry）是一个经济学概念，从宏观的国民经济体系而言，包括第一产业、第二产业和第三产业；从微观的国民经济结构而言，包括国民经济的各个生产行业和部门。在英文语境中，"产业"与"工业"是相通的。根据美籍奥地利经济学家约瑟夫·熊彼特在1912年发表的《经济发展理论》提出的"创新理论"，近代以来，人类先后经历了蒸汽机时代、电气化时代、信息化时代的产业革命，产业呈现出分化、细化与集合、集群等多维特征。

"产业化"（Industrialization）概念是从"产业"概念延伸而来的，是指在市场经济条件下，某种产业以社会需求为导向，以实现效益为目标，依靠专业经营和管理而形成的系列化和品牌化的经营方式和组织形式。"化"的本身是转变的过程，"化"的结果是转变后的形态，"产业化"的结果将会形成"产业性"。美国经济学家保罗·萨缪尔森和威廉·诺德豪斯指出："生产活动犹如生活一样丰富多彩。"① 虽然人们可以从不同视角下解读"产业化"的内涵，进而得出不同的结论，但人们还是普遍关注到一些基本要素，即产业主体的生产要素、组织形式、经营方式、市场机制、追求盈利等。

"黄河文化产业化发展"就是把黄河文化资源通过产业的方式转化为文化产品或服务的过程，从而实现文化价值和经济价值的彰显与增值。经济学家所讲的生产要素，主要包括自然资源、劳动力和资本三个方面，如果各种生产要素成比例增加，那么，产量就一定会增加。改革开放以来，我国的劳动力素质有了极大

---

① ［美］保罗·萨缪尔森、威廉·诺德豪斯：《经济学》，萧琛等译，华夏出版社1999年版，第81页。

提高，资本积累有了极大改善，但是，物质性自然资源稀缺的困境依然严峻。文化资源尤其是理念性的文化资源由于其特殊性，不会因为被使用而枯竭；相反，会在被使用中而增加。推动黄河文化产业化发展，就是用产业的方式方法来开发利用黄河文化。这个定义至少包含了以下几个方面的内涵：

第一，将黄河文化资源作为产业化发展的生产要素。黄河文化既是黄河文化产业主体进行生产经营的原材料，也是黄河文化产业主体向社会提供产品和服务的元要素。黄河文化是黄河文化产业的底色。黄河文化产业化发展，就是黄河文化资源用于企业生产，把资源禀赋转化为生产要素，将文化禀赋转化为经济价值。

第二，组建专业化的企业开展生产经营活动。文化产业机构是企业单位，现代企业制度的主要形式是公司。例如，在2008年，黄河文化产业股份有限公司在山东滨州正式成立，主营艺术品交易和艺术品互联网综合服务，其组织形式就是公司。2015年该公司挂牌上市，成功登陆资本市场。因此，黄河文化的产业化发展就是要创办一系列以产权清晰、权责明确、政企分开、管理科学为条件的新型公司制企业，以生产经营的思维，开发利用黄河文化资源，创造社会经济价值。

第三，通过市场配置资源销售黄河文化产品与服务。在促进社会主义文化大发展、大繁荣的实践中，"文化事业"侧重于政府主导以提供公共性文化产品和服务；"文化产业"侧重于市场调节以提供商品性文化产品和服务。黄河文化产业化发展，就是要在市场经济条件下，依靠市场机制、遵循价值规律、追求经济效益，开展一系列经营活动，出售与黄河文化相关的商品和服务。

第四，培育和拉长黄河文化产业链。产业链起于自然资源，介于产业关系，止于消费市场，是现代产业发展的基本形态。一个主体产业一般都会带动一系列下游产业发展，或者由一系列上游产业支撑。例如文化旅游产业，离不开交通、餐饮、创意、服务等相关产业的配套。所以，推动黄河文化产业化发展，就要不断培育、构建、拉长、壮大产业链，构建良好的黄河文化产业发展生态。

"以文兴业，以业彰文。"一言以蔽之，推动黄河文化产业化发展，基础在"黄河文化"，重点在"产业"，关键在"化"，就是要用发展产业的方式"讲述黄河故事"，与时俱进地保护、传承和弘扬黄河文化。根据法国学者布尔迪厄的观点，资本可以划分为经济资本、文化资本、社会资本三种类型，不同的资本之间可以进行相互转化。"文化资本的积累是处于具体状态之中的，……它预先假定了一种具体化、实体化的过程。"① 作为一种文化资本，拥有自然禀赋的黄河文化可以通过一系列产业化的操作转换为经济资本，形成特定的文化产品形式而存在，是可以在不同领域和地区，在不同的人群之中进行传递和扩散的。推动中原黄河文化产业化发展，就是要对中原黄河文化资源进行规模化、集约化、专业化、市场化的开发利用，即"产业化"的生产经营活动，既创造和增加经济效益，又传承和弘扬黄河文化，实现经济发展与文脉赓续的统一，助推中原更加出彩，更好地满足广大人民群众对美好生活的向往。

第二节　中原黄河文化产业发展概况

　　河南省因黄河而得名，古称中原、中州、豫州，是中华文明的主要发祥地之一。自古以来，黄河滋润了中原大地，孕育了中原文明，成就了中原辉煌。本书所说的"中原"是指"河南省"域内，"中原黄河文化产业"就是指"河南省黄河文化产业"，"中原黄河文化产业化发展"就是指"河南省黄河文化产业化发展"。近年来，河南人民响应党中央号召，在省委省政府领导下，积极保护黄河、利用黄河，开发黄河文化资源，发展黄河文化产业，掀开了中原黄河文化产业化发展的扉页。

一、中原黄河文化资源的显著优势

　　2005 年，王全书为《厚重河南》丛书所作序言中说："厚重——当我们用这个词来表述河南的文化时，常常会伴着崇高、神圣和自豪的地域情感。'厚'，是一种深刻，是历史长河几千年积淀下来的基石；'重'，是一个量级，是先祖几千年跨越的登峰造极的高度。的确，每当我们站在黄河边，回望历史，感知脚下黄土深处先祖的脉动，心中的热血便会慢慢地燃烧起来。"② 站在"黄河边"

---

　　① ［法］布尔迪厄：《文化资本与社会炼金术——布尔迪厄访谈录》，包亚明译，上海人民出版社 1997 年版，第 194 页。

　　② 大河报社编：《厚重河南》第 5 辑，河南大学出版社 2005 年版，第 3 页。

上的河南人，既哀叹黄河造成的损失，又感激黄河带来的恩赐。河南人创造了具有区域特点的黄河文化，黄河也让河南人拥有了既"厚"且"重"的黄河文化。正如毛泽东感慨的那样："这个世界上什么都可以藐视，就是不可以藐视黄河；藐视黄河，就是藐视我们这个民族啊！"不可以藐视黄河，既指黄河之忧患，也指黄河之福祉，还指黄河对中华民族以及中华文明影响之巨大。与其他省份相比，中原地区的河南省拥有得天独厚的黄河文化资源。

一是中原黄河的自然性文化资源极其丰富。黄河自陕西省潼关进入河南省，横贯三门峡、洛阳、济源、焦作、郑州、新乡、开封、濮阳共8市26县，境内河道全长711千米，约占黄河全长5464千米的1/8。黄河两岸，有高山峡谷，也有平原湖泊，有牛羊成群，也有瓜果飘香，总能给人们带来无限遐想和美的享受。历史上，黄河每次大改道几乎都始于河南境内，留下了大量的"黄河故道"遗存。据史书记载，上古大禹治水后的"禹河故道"沿着太行山东麓经安阳到天津入海。据《安阳市志》记载："禹治水，大河经武陟北流，过淇县东，浚县东、滑县西，内黄西，汤阴东，安阳东，临漳东，成安东，由沧州入渤海。"周定王五年（公元前602年），黄河第一次大改道，形成了"春秋故道"，大致流经河南濮阳、河北大名、山东德州，由沧州入海。王莽建国三年（公元11年），黄河第二次大改道，起于河北大名附近，形成了"西汉故道"。宋朝景祐元年（公元1034年），黄河第三次大改道，起于河南濮阳横陇，经河北大名至滨州入海，形成了"北宋故道"。南宋建炎二年（公元1128年），黄河第四次大改道，由河南滑县决口东流，经濮阳、东明、巨野、金乡夺淮河入海，形成了"南宋故道"。明朝弘治年间，黄河第五次大改道，起于河南兰考、流经商丘、砀山、徐州、淮安、滨海入黄海，形成了"明清故道"。清朝咸丰五年（公元1855年），黄河第六次大改道，由兰考附近重新北移至营口入渤海，大体上形成了现在的河道。千百年来，黄河大小决口不计其数，大多处于河南境内，留下了众多的历史记忆。黄河及其故道，鬼斧神工地雕刻了河南省的壮美版图，潜移默化地刻画了中原人民的精神世界。本来是自然之在，却成为文化之思，积累了厚重的文化资源。黄河孕育了古老农业文明，却也为现代人提供了观光的好去处，并在此过程中转化为可以量化的经济价值。例如，三门峡市因为有得天独厚的黄河生态资源，积极打造"黄河三门峡·魅力天鹅城"文化旅游品牌，倡导"游黄河、看天鹅、泡温泉、览胜地坑院、问道函谷关、品尝豫西美食"，吸引了大量游客到三门峡旅游观光、深度体验，产业链不断拉长。据三门峡市文化广电和旅游局统计，2019年"十一"黄金周期间，该市共接待游客254.8万人，实现综合旅游收入8.91亿元，旅游星级饭店平均入住率达到93%以上。① 从这些数据足以窥见黄河文化旅游的热闹场景。

二是中原黄河的历史文化资源极其厚重。千万年来，黄河两岸人民与黄河交往、对话中，形成了难以计数的"黄河故事"，积淀了丰富的历史文化资源。河南省拥有全国规模最大的黄河历史文化遗址群，境内沿黄地区就有世界文化遗产5处，国家考古遗址公园11个，纳入国家规划的大遗址15处。二里头夏都遗址的发掘，改写了中华民族的都城发展史；双槐树遗址引发了人们探寻黄河文明起源的热潮。对于河南省而言，如果我们沿着黄河顺水而下，大河两岸到处都是"人水交往"的遗迹，既有像裴李岗文化、仰韶文化、大河村文化、河洛文化等连续不断的大型文化遗存，也有三门峡、小浪底、花园口等现代水利工程，还有黄河铁牛、澄泥砚、楼台亭榭等"文创产品"，留下了诉说不完的"历史记忆"，展现了源远流长的文化谱系。在治理黄河的历史中，涌现出了众多的英雄人物。中国历史上众多的政治家、军事家、思想家、文学家，众多的英雄豪杰和文人墨客，都与黄河有过亲密接触，在黄河两岸留下了历史足迹。为了黄河安澜、造福人民，一代又一代"治水能人"前赴后继，谱写了壮丽诗篇。例如，大禹、王景、贾鲁、刘大夏、靳辅、李仪祉、林则徐等，都与黄河安澜结下了不解之缘，在中原大地留下了深深足迹，成为历代人民群众追忆和推崇的对象。元朝的贾鲁因治河有功，人们曾赋诗称赞："贾鲁治黄河，恩多怨亦多。百年千载后，恩在怨消磨。"为了纪念大禹治水之功，明朝修建了开封禹王台的禹王殿，康熙亲题"功存河洛"匾额，殿内有一副楹联写道："自夏而来，四千余岁，经多少沧桑变易，全资人力维持，配食当馨百世祀；由周以降，二十九臣，溯后先水土焦劳，共助神功保障，神禋新奉八贤升。"开封禹王台内部的水德祠供奉着自夏朝至清代治河有功者37人，受到后人顶礼膜拜。这仅仅是治理黄河水患的典型代表而已，流传民间的治河能工巧匠更是不计其数。在中原大地上，与黄河有关的古迹遗存、风流人物、特色器物，比比皆是，各呈光辉。

三是中原黄河的文艺性文化资源极其多样。在中原人民群众之中，关于黄河

---

① 资料来源：大河网，https://news.dahe.cn/2019/10-08/544339.html。

的传说不计其数，演绎出经久不衰的黄河故事。在历朝历代的诗词歌赋、戏曲绘画作品中，描写与讴歌黄河的美文佳篇可谓是车载斗量，续写着波澜壮阔的黄河诗篇。中国最早的诗歌总集《诗经》中，绝大多数诗篇都是在黄河两岸形成的，其中，涉及黄河的诗篇就有 20 多首。《诗经·卫风·硕人》写道："河水洋洋，北流活活。施罛濊濊，鳣鲔发发，葭菼揭揭。庶姜孽孽，庶士有朅。"此诗的大意是：黄河之水白茫茫，北流入海浩荡荡。下水渔网哗哗动，戏水鱼儿刷刷响，两岸芦苇长又长。陪嫁姑娘好美丽，随从男子貌堂堂。好一派渔猎欢歌、人间盛景。在中华民族的历史长河中，歌颂黄河的诗词歌赋，描绘黄河的雕塑图画，层出不穷，难以计量。李白在《将进酒》一诗中说："君不见黄河之水天上来，奔流到海不复回。"现代以来，文艺工作者在中国共产党领导下，纷纷创作了《黄河颂》《黄河魂》《黄河儿女》《黄河之歌》《保卫黄河》《黄河大合唱》等文艺作品，鼓舞着中华儿女奋勇向前，影响深远。这些文艺作品，既能够鼓舞斗志、陶冶情操，也能够转化演绎、促进发展。因而，它们是极其重要的文化资源。

四是中原黄河的精神性文化资源极其丰盈。黄河是一条自然之河，也是一条精神之河，体现和承载着中国人的精神世界和精神寄托。如果没有黄河，就没有中华民族。黄河既是中华民族的象征，也是中华民族的灵魂。黄土、黄海、黄帝、黄色、黄种人，皆源自"母亲河"，成就了中华民族的生理基因和文化基因。黄河因为浑浊而被称为黄河，中华人文始祖因为黄河而称为黄帝。习近平总书记在黄河流域生态保护和高质量发展座谈会上指出，九曲黄河，奔腾向前，以百折不挠的磅礴气势塑造了中华民族自强不息的民族品格，是中华民族坚定文化自信的重要根基。长期以来，中原人民在同黄河交往过程中，形成和积淀了比较稳定的价值理念、奋斗精神，诸如"天人合一""自强不息""包容并蓄""和合共生"等理念，已经深深融入中原人民的血液和灵魂之中，影响着中原人民的思维方式和生活方式。河南人民大力弘扬的愚公移山精神、焦裕禄精神、红旗渠精神，都是以艰苦奋斗、自强不息为基调的，正是"黄河之水天上来，奔流到海不复回"的伟大精神。这些伟大精神财富，具有跨越时空的永恒价值。黄河沿岸的中原人民长期与黄河交往过程中，深受黄河浸润滋养，日积月累，便形成了特有的生活方式和民间习俗，培育了浓郁的"黄河情结"，延续了独特的文化基因。

中原黄河文化资源是一座内涵丰富、气象万千的宝藏，既有物质文化遗产，也有非物质文化遗产；既有黄河元素，也有文化禀赋；既有人文价值，也有经济价值。如果利用得当，必将有利于繁荣中华文化，满足人民群众精神生活需要，也必将有利于促进经济社会发展，满足人民群众物质生活需要。有学者甚至认为，黄河是中华民族的摇篮，河南段的黄河在母亲河中占据突出的地位。"河南段黄河地貌景观的丰富性、支津文化的代表性、历代治河的关键性、中心地位的特殊性、民族形成的根源性等方面足以证明，河南段黄河为中华文化圣河。"①正因为"河南段黄河为中华文化圣河"，所以，河南省具有得天独厚的黄河文化资源，在社会主义市场经济环境下，客观地为河南省产业化发展提供了充分的前提条件。

中原不仅有深厚丰富的黄河文化资源，而且有进一步发展黄河文化产业的基础和优势。河南省地处中原，交通便利、人口众多、城市密集、产业兴旺，文化生产、文化交流和文化消费都呈现强劲的上升态势。在河南段的黄河两岸，从西到东有三门峡市、洛阳市、济源市、焦作市、郑州市、新乡市、开封市、濮阳市等省会城市和地级城市，还有渑池、义马、新安、孟津、偃师、孟州、巩义、温县、荥阳、中牟、原阳、封丘、兰考、长垣、范县、台前等众多县级城市，构成了连续不断的"城市带"，经济发展基础和文化产业生态良好，文化产品和文化服务消费规模巨大，为实现黄河文化产业化发展提供了难得的历史基础和现实条件。焦作市国民经济和社会发展统计公报显示，2019 年，焦作市实现旅游综合收入 480.18 亿元，比上年增长 10.8%；旅游综合收入相当于 GDP 的比重 17.4%，比上年提高了 0.1 个百分点。接待国内游客 5819 万人次，增长 10.9%；接待入境旅游者 39.52 万人次，增长 4.2%；旅游外汇收入 11.28 亿美元，增长 4.0%。被誉为"中国黄河文化之乡"的焦作市武陟县，有 20%以上的村名、地名与黄河直接相关，黄河文化已经融入了武陟人民的血脉之中。近年来，武陟县充分发挥区位优势，挖掘黄河文化资源，壮大黄河文化产业，弘扬黄河文化精神，已经取得了可喜的成绩。武陟县加快推进文化和旅游的融合发展，将城市水系、黄河沿线自然景观与人文景观结合起来，以 9.2 千米城市水系建设为契机，与黄河文化充分融合，通过路、桥、公园、景点的精心打造，让黄河文化融入人们生活休闲中。武陟县以 43 千米王园公路为轴线，规划建设沿黄生态经济带，谋划实施黄河文化旅游区，扎实推进建业绿色基地田园综合体、大封黄河滩区田

---

① 张新斌：《论河南段黄河为中华文化圣河》，《学习论坛》2008 年第 2 期。

园综合体等项目，打造大河风光体验之旅、治黄水利水工研学之旅和田园休闲之旅。① 武陟县积极探索黄河文化产业化发展之路，打造自然风光、人文景观与企业管理、市场机制相结合的黄河文化产业，既推进了黄河文化创造性转化和创新性发展，又推动了文化产业扩张与升级，产生了较好的社会效益和经济效益。2020 年武陟县人民政府工作报告中写道："旅游产业逐步壮大。盘活四方城，建成建业大食堂，嘉应观景区通过国家 4A 级景区暗访复核，何瑭纪念馆成功创建焦作市首批社会资源旅游访问点，西滑封村、万花村入选河南省乡村旅游特色村，依依甜蜜小镇入选河南省休闲观光园区。"② 这些实例和数据都证明，河南省推动中原黄河文化产业化发展的基础良好、优势明显、潜力巨大、前景美好。

二、中原黄河文化产业的发展现状

改革开放以来，随着全面建成小康社会的发展进程，中原人民生活水平逐年提高，文化消费逐年增加，拉动了文化产业发展。据统计，2018 年，河南省文化及相关产业法人单位有 11.71 万个，比 2013 年的 3.51 万个增加了 8.2 万个；从业人员 123.7 万人，比 2013 年的 84.8 万人增加了 38.9 万人；资产总计 6068.6 亿元，比 2013 年的 3047.4 亿元增加了 3021.2 亿元；总营业收入 4447.0 亿元，比 2013 年的 2839.6 亿元增加了 1607.4 亿元。③ 根据统计部门公布的数据，河南省文化及相关产业增加值占 GDP 比例在内陆省份中居于前列。尽管目前没有黄河文化产业发展的专项统计数据，但是从发展现实和统计数据可以看出，黄河文化产业也得到了快速发展，各项指标逐年递增。根据河南省市场监督管理局注册企业数据资料，截至 2020 年 9 月底，河南省冠名有"黄河"二字的企业共计 1169 家，其中，郑州市有 285 家。这些冠名"黄河"的企业，虽然并非都是文化企业，但至少说明了"黄河"在人们心目中的崇高地位，人们心中已被深深打上了"黄河"的鲜明烙印。由于"黄河文化产业"没有确切的边界，缺少周全的统计资料，因此难以精准量化中原黄河文化产业现状，只能从相关实

---

① 资料来源：澎湃在线，https：//m. thepaper. cn/baijiahao_9187845。

② 资料来源：武陟县人民政府 2020 年政府工作报告，http：//www. wuzhi. gov. cn/html/wzx/cms/20200507101110000001. html。

③ 国家统计局社会科技和文化产业统计司、中宣部文化体制改革和发展办公室：《中国文化及相关产业统计年鉴 2020》，中国统计出版社 2020 年版，第 34~35 页。

例和数据中管中窥豹，见其大概。

其一，中原黄河文化旅游产业蓬勃发展。根据河南省文化和旅游厅的统计，2019年"五一"假期（4天）全省共接待游客3639.12万人次，实现旅游总收入230.37亿元[①]。2020年，受新冠肺炎疫情影响，旅游行业遭到重创，但仍然取得了不俗的成绩。按照河南省政府的规划，在"十四五"期间，将实施黄河文化本体保护工程，开展黄河历史文化资源摸底普查工作，谋划建设更高质量的三门峡—洛阳—郑州—开封—安阳世界级大遗址公园走廊和文化旅游圈。2020年5月，中共河南省委、河南省人民政府印发的《关于建设文化旅游强省的意见（讨论稿）》中提出"建设体现中华悠久文明的黄河文化旅游带"，让人们在旅游中感知黄河、感悟黄河文化。2020年7月，河南省文化和旅游厅又推出了河南省黄河沿线文化旅游"十大"主推产品，即"穿越五千年"华夏文明溯源之旅、"大河安澜"水利水工研学之旅、"黄河岸边古村落"探秘体验之旅、"我是非遗传承人"黄河传统文化传承之旅、"慢行黄河生态廊道"自驾骑行之旅、"泛舟黄河"水上体验之旅、"老屋中的新时光"精品民宿体验之旅、"黄河岸边潮生活"时尚生活休闲体验之旅、"黄河味道"特色美食之旅、"点亮夜经济"沿黄城市休闲夜游之旅。这"十大"主推黄河文化旅游产品，全面展示了中原地区作为"华夏文明之源、黄河文化之魂"的主地标地位，让人民群众在旅游体验中感悟并传承黄河文化。当前，河南省已经建成了沿黄快速通道和沿黄生态旅游公路，旅游景点穿珠成链，观光人数急剧上升。2021年春节期间，在这条"观光大道"上自驾游者成群结队、络绎不绝。这些规划、意见和举措，必将有利于构筑中原黄河文化旅游的精品线路，推动中原黄河文化旅游产业进一步发展兴旺。

其二，中原黄河文化创意产业方兴未艾。早在2015年8月，河南省人民政府印发的《河南省文化创意和设计服务与相关产业融合发展规划（2015—2020年）》（以下简称《规划》）表明，全省文化创意和设计服务领域实现较快发展，已渗透到经济社会各领域、各行业，呈现多向交互融合态势。该《规划》提出，在创意人才集聚、历史文化资源丰富、生态环境良好的区域，规划建设一批文化旅游、工业设计、广告服务、工艺美术、影视动漫、出版传媒等文化创意

---

① 资料来源：河南省人民政府，https：//www.henan.gov.cn/2019/05-06/790824.html。

产业园区，加快推进郑州国际文化创意产业园、中原广告产业园、白鸽文化创意园、石佛艺术公社等重点园区建设，鼓励原创内容产品生产，推动产业集聚和跨界融合发展，形成一批创意驱动、科技引领、产业支撑的文化创意产业集群。2020 年 7 月 27 日，中共河南省委宣传部发布《关于举办"学习强国"暨"黄河文化"文创产品设计大赛的通知》（以下简称《通知》）指出，参赛作品应以"黄河文化"为主题，从中原灿烂文化、风景名胜、民俗非遗、文博珍藏、民间艺术、特色产业、地方美食等多角度出发，充分体现中原文明与时代新风新貌。该《通知》发出后，得到了社会相关方面和人士的积极响应，踊跃参与。2020 年 10 月，第七届中原（鹤壁）文化产业博览交易会在鹤壁举行，黄河流域博物馆联盟的 28 家博物馆带来各自的文创精品参展。博览会上，河南博物院展出了 50 多款代表性的文创产品，多以书籍、折扇为载体，呈现了杜岭方鼎、贾湖骨笛等镇馆之宝的风貌，吸引了众多观众观赏购买。这些个例足以折射出中原黄河文化创意产业的"新风新貌"。

其三，中原黄河文化衍生品生产欣欣向荣。2019 年，河南省共有规模以上文化制造企业 883 个，年末从业人员约 17.52 万人，总资产约 1142.93 亿元，营业收入约 1248.54 亿元，利润总额约 117.95 亿元，超过了北邻的河北省和南邻的湖北省。[①] 这些文化制造企业当中，有一部分生产的文化产品是具有黄河文化元素或黄河文化符号的物质形态产品。例如入选"全国文化企业 30 强"的中原出版传媒投资控股集团有限公司就出版了大量以黄河为内容的图书，其中河南人民出版社先后出版了《黄河志》《黄河传》《黄河文化丛书》《河洛文化研究丛书》等，均产生了较好的社会效益和经济效益。又例如，黄河澄泥砚曾经是历史上的"四大名砚"之一，受到历代文人骚客的青睐，但是到了清末民初，澄泥砚工艺逐渐衰微。历史脚步踏进 21 世纪之后，一批民间艺人通过深入研发，重现了黄河澄泥砚的迷人风采，在河南境内的三门峡、洛阳、郑州三地再度形成了各具特色的澄泥砚生产基地，生产规模日渐壮大。三门峡市的生产厂家主要有人马寨澄泥砚文化传播有限公司、人马寨永兴泰记澄泥砚陶艺馆、玉瑞堂澄泥砚手工制作工作室等，洛阳市的生产厂家主要有新安县龙黾澄泥砚厂、新安县虢州澄

---

① 国家统计局社会科技和文化产业统计司、中宣部文化体制改革和发展办公室编：《中国文化及相关产业统计年鉴 2020》，中国统计出版社 2020 年版，第 65 页。

泥砚厂、洛阳新安澄泥砚厂、洛阳新安墨宝斋黄河澄泥砚厂等，郑州市的生产厂家主要有黄河金沙泥艺术研究所、洛阳黄河澄泥砚制品厂、河南李氏澄泥砚有限公司等。河南省相继涌现出一批黄河澄泥砚非物质文化遗产代表性传承人：王玲、李伟、王驰、李中献、游敏、刘存献。众多实例表明，体现黄河元素或符号的文化产品正如雨后春笋般被创造出来，成为人民群众的日常生活用品。

其四，中原黄河文化演艺产业齐头并进。近年来，新郑黄帝故里拜祖大典、洛阳牡丹节、禅宗少林音乐大典、清明上河园《大宋·东京梦华》等一批精品节会、演艺品牌，已经叫响全国、誉满世界。除了这些世人皆知的文化品牌之外，黄河沿岸的庙会表演、戏曲表演、歌唱表演等群众性演艺产业欣欣向荣。河南省自古就有赶庙会的习俗，形成了众多具有地方特色的庙会，诸如芒砀山古庙会、浚县古庙会、开封万岁山春节庙会、滑县道口火神庙会、郑州城隍庙会等。在庙会期间，民间艺人载歌载舞，传承着中原文化精髓，也讴歌着黄河文化精神。河南电视台举办的2021年春节晚会上推出了《唐宫夜宴》《天地之中》等优质节目，无论是在舞台设计还是内容选择上，都惊艳众人，广受欢迎。这些节目之所以收获好评无数，根本原因在于充分挖掘了河南的文化底蕴，将根文化发挥得淋漓尽致。从《中国文化及相关产业统计年鉴2020》的统计资料看，2019年，河南省的艺术表演团体数和演出场次，比周边省份都多，主要指标都位居第一位（见表1-2）。

表1-2　河南省与周边省份艺术表演团体数和演出场次对比

省份	机构数（个）	从业人员（人）	演出场次（万）	观众（万人次）
河南	2221	51542	39.0	20174.1
山东	1306	25071	13.7	7055.9
陕西	516	18717	5.6	4719.9
河北	749	16458	9.3	6854.1
湖北	388	10024	5.1	6048.5

当前，中原黄河文化产业已经形成了以文化旅游为主导、多种类文化产业共同发展的综合生态，可谓是"满天星斗""量增质升"。在本书中，笔者选取了中原黄河旅游文化、文化创意、文化遗址、生态文化、会展文化、非遗文化、数

字文化七个方面作为观察和研究对象，力求从不同侧面把握中原黄河文化产业化发展的现状和趋势。在此基础上，旨在总结"中原经验"，探索"中原路径"，更好地用"产业化"方式和方法"讲好黄河故事"，弘扬黄河文化，造福中国人民。

三、中原黄河文化产业的发展困局

近年来，河南省沿黄两岸人民高度重视开发中原黄河文化产业，创造了大量财富，中原黄河文化产业呈现丰富多彩、欣欣向荣的局面。河南省虽然是文化资源大省，"伸手一摸就是春秋文化，两脚一踩就是秦砖汉瓦"，但是，河南省不是文化产业大省，与其他发达先进地区取得的成绩相比还有一定差距，与人民群众期盼相比还有较大的进步空间。开封市委市政府在 2008 年决定设立"开封宋都古城文化产业园区"，着力打造宋韵独特、风貌别致、产业发达、效益显著的文化产业园区，决心把大宋文化"化"成文案，"化"成项目，"化"成商品，"化"出经济效益和社会效益，园内举办的《大宋·东京梦华》2007 年上演至今，观众超过 400 万人次。而位于杭州市的大型人造主体公园"宋城"则在 1996 年就已开业运营，宋城坚持"建筑为形，文化为魂"的经营理念，还原宋代都市风貌，年接待游客超过 1000 万人次，园内举办的大型歌舞《宋城千古情》自 1997 年上演至今，已经演出 2 万多场，观众超过 7000 万人次。"北宋开封"与"南宋杭州"对文化资源的利用和开掘现状相比，各项文化产业指标都存在较大差距。

中原黄河文化产业发展的基础较为薄弱，整体态势不平衡、不充分，主要表现在两个方面：一方面，中原黄河文化资源开发利用不够充分。例如，被誉为"黄河文化之乡"的武陟县有一处著名的历史古迹——嘉应观，其坐落在距武陟县城东南 10 千米的黄河北岸，邻近焦作，遥望郑州，集庙宇、宫殿、官衙于一体，雄伟壮观，雕梁画栋，历史悠久，故事丰富，号称"黄河第一观"。这样一座可游、可看、可闻、可品的旅游胜地，常年冷清落寞，游人稀少，年旅游收入仅有 10 余万元。巩义石窟是北魏皇室开凿的一座石窟，孝文帝时创建寺院，宣武帝时凿石为窟，刻佛千万像，唐、宋续建，1982 年被定为国家级文物保护单位，具有极高的历史价值和艺术价值。然而，它似乎被世人遗忘了，知者甚少，观者可数，门票收入微乎其微。中原黄河文化是一座取之不尽的宝库，可以挖掘利用的资源层出不穷，需要我们继往开来，顶层设计与基层探索相结合，文化保护与文化利用相统一，推动"文产融合"发展。

另一方面，中原黄河文化产业发展不够理想。进入 21 世纪之后，黄河沿线各省份都在积极开发黄河文化产业，着力打造文化高地，效果卓著，成绩斐然。与黄河上游的甘肃、黄河下游的山东相比，中游的河南黄河文化产业发力较晚，截至目前尚未形成具有规模化的产业经济带，影响力与其他两省相比也较为薄弱。2013 年，黄河上游的甘肃省实施创建的华夏文明传承创新区成为我国第一个国家级文化发展战略平台，确立了"一带、三区、十三板块"的建设布局。其中"一带"是指丝绸之路文化发展带；"三区"是指以始祖文化为核心的陇东南文化历史区、以敦煌文化为核心的河西走廊文化生态区、以黄河文化为核心的兰州都市圈文化产业区。兰州市以打造"黄河文化之都"为主题，重点发展文化创意产业，大力发展影视制作业、文化旅游业、出版业、发行业、印刷业、广告业、演艺业、会展业、数字内容和动漫等文化产业，初步形成了以产业发展为突破口的高层次文化产业圈。黄河下游的山东省主打"黄河文化牌"，从规划到建设，全面推动黄河文化产业发展，成绩喜人。2011 年 4 月，山东省民政厅批准成立了山东黄河文化研究院，致力于研究、传承、弘扬黄河文化。2012 年 4 月，位于山东省滨州市的黄河三角洲文化产业园项目正式开工建设，秉承科技与文化相融合的理念，着力打造国内一流的文化产业基地。2020 年 6 月，山东省文化和旅游厅批准成立了山东黄河文化经济发展促进会，致力于促进山东省黄河文化经济协调持续发展。目前，山东省有一批署名"黄河文化"的市场主体日渐壮大，创造了良好的效益，如黄河文化产业开发集团、山东黄河文化创意产业有限公司、山东黄河口文化产业有限公司、山东黄河泰山文化产业有限公司等。与以上案例相比，河南省对各类文化产业资源的开发时间相对较晚，资金投入相对不足，宣传手段较为滞后，再加上管理体制、管理方法不够先进，导致文化产业的技术含量不高，其专业化效应和产业集聚效应未能充分发挥。以上虽然只是个例，不能反映普遍现象，但至少可以在一定程度和角度上说明一些问题。与周边省份相比，河南省的黄河文化产业虽然有自己的特色和优势，但是依然有改进和提高的地方。比如总体规模较小，龙头企业较少，品牌效应欠佳，产品同质化严重，产业链条不长，市场占有率不高，等等。这些都与河南省占有的黄河文化资源体量不匹配，与人口大省的地位不相称。

推动中原黄河文化产业化发展，既有得天独厚、千载难逢的有利条件，也有不利因素。其中，主要有三大历史性难题制约着中原黄河文化产业化发展，造成了产业发展困局。

一是中原黄河文化的时代性转化难题。中原黄河文化源自古老的农耕时代，传统性多于现代性，实现其时代性转化的任务较重。例如，"黄河号子"曾被誉为黄河文化中的璀璨明珠，但时至今日，随着生产生活方式的变化，因集体参与劳动而形成的抢险号子、土硪号子、船工号子等，尽管有极高的历史价值和文化价值，但是，已经失去了其存在的社会基础，因而只能变成"艺术再现"的产物了。虽然"黄河号子"2008年正式入选"国家级非物质文化遗产名录"，在历史上形成了一道亮丽的文化风景线，但是如何将这一历史文化符号进行广泛传播，让广大人民熟知，这依然是一个时代性的大难题。又比如，在浚县、滑县生产的泥咕咕已经有1300多年历史，民俗学家称之为历史的活化石，2006年就被列为"国家级非物质文化遗产名录"。尽管当地政府和有志之士竭力传承和发展这项具有黄河文化特色的泥咕咕文化，甚至创办了展览馆。然而，截至目前，泥咕咕并没有形成规模化、市场化生产，也未能产生有影响力和知名度的品牌。习近平总书记强调，要挖掘黄河文化的时代价值。当前，实现黄河文化的创造性转化和创新性发展的任务，道路依然漫长，任务依然艰巨。

二是中原黄河文化的物质性转化难题。中原黄河文化在本质上是中原地区黄河岸边民众与黄河对话的结果，已深入黄河两岸民众的灵魂深处，塑造着民众的集体性格。推动黄河文化产业化发展，必须借助物化的载体，把灵性存在的黄河文化转化为物化存在的产品或服务，即使是内容性产品或服务也是如此，就是"精神变物质"的过程。但这种转化绝非轻而易举就能实现的，而是相当大的难题。例如，大禹治水开启了黄河文化的本源，"他面对滔天洪水所呈现出来的英勇、智慧与壮怀，所产生的影响已经远远超越了地理空间的局限，成为中华民族文化的精神母体而泽被后世，启迪当下"。① 大禹治水的精神是中华民族宝贵的精神财富，是永远值得弘扬的，然而，如何把这种精神转化为"商品化"的产品进行物质化传播，却是极其困难的过程。

三是中原黄河文化的市场转化难题。企业主体生产出来的产品或提供的服

① 杨明：《极简黄河史》，漓江出版社2016年版，第21页。

务，必须得到市场的认可之后，方能转化为经济效益和社会效益，企业才能够保持可持续发展。仅就河南省域内居民文化消费水平而言，还没有达到全国的平均水平。据统计，2019 年，全国居民人均文化娱乐消费支出是 848.6 元，河南省居民人均文化娱乐消费支出仅有 539.2 元，与全国平均水平相差 309.4 元。"生产直接是消费，消费直接是生产。"[1] 居民的文化娱乐消费水平对应的是文化娱乐产业的产量。居民的文化娱乐消费水平低，在一定程度上表明了文化娱乐的生产水平低。

联合国教科文组织在一份报告中强调："脱离人或文化背景的发展是一种没有灵魂的发展"，"文化的繁荣是发展的最高目标"[2]。河南省早在"十三五"期间就决心"加快构筑全国重要的文化高地"，这在一定程度上统筹了文化建设与经济社会发展，促进了文化产品、文化项目、文化产业等创新发展。尤其是近年来，河南省着力"擦亮黄河文化的河南名片"，促进了中原黄河文化事业和文化产业比翼齐飞。总体来看，中原黄河文化产业化发展的时代已经到来，但是，这场文化资源产业化的大戏才刚刚开始，立足黄河文化资源，开掘黄河文化资源，将文化资源转化成经济资源，未来的道路依然漫长。

第三节　中原黄河文化产业化发展实践

弘扬黄河文化，既要依靠政府的主导作用，也要发挥市场的主体作用。正如学者们指出的那样，"追溯世界文化产业发展历程可以发现，其兴起是源于一种消费市场的自觉意识的觉醒，政府对产业演进具有推动和调节作用，但不能'越俎代庖'成为产业的主导力量，更不应该直接扮演产业主体的角色"[3]。在实现第二个"一百年"奋斗目标的新征程中，推动中原黄河文化产业化发展，必有所为、大有可为。

---

[1] 《马克思恩格斯选集》第 2 卷，人民出版社 1995 年版，第 9 页。

[2] 联合国教科文组织、世界文化与发展委员会：《文化多样性与人类全面发展：世界文化与发展委员会报告》，广东人民出版社 2006 年版，第 23 页。

[3] 张振鹏、栾晓平：《黄河三角洲文化产业发展再思考》，《山东社会科学》2013 年第 2 期。

一、推动中原黄河文化产业化发展的新意义

从世界范围看，人类对待重要的历史文化资源不再是简单的保护，而是在主动保护的前提下积极利用，保护并重。积极利用历史文化资源发展文化产业，建设现代博物馆、遗址公园、历史公园、文化创意中心、文化产业开发公司等，开发文化产品，提供文化服务，打造文化品牌，实现产业化发展，是世界各国共同的做法。推动中原黄河文化产业化发展，培育"文化资源支撑文化产业、文化产业反哺文化资源"的良性机制，无疑具有多重的战略意义。

第一，有利于保护、传承和弘扬黄河文化。习近平总书记在黄河流域生态保护和高质量发展座谈会上强调，黄河文化是中华文明的重要组成部分，是中华民族的根和魂。保护、传承和弘扬黄河文化，是当代中国人的重要使命。弘扬黄河文化，传承历史文脉，既要靠政府，也要靠市场。20 世纪 80 年代，一部《少林寺》电影公映，不仅推动了少林寺文化产业发展，而且极大地弘扬了少林文化，产生了重要而深远的影响。如今，嵩山少林寺已经成为中原文化旅游的重要目的地，每年都吸引了大量游客前往，成为河南省的旅游名片，创造了极为可观的经济价值。每年在该地习武的学生就高达 10 万余众，学费收入高达 10 多亿元，形成了庞大的武学产业链。"天下功夫出少林，少林功夫甲天下"，少林寺文化产业发展，进一步张扬了少林文化，使少林寺以少林武学名扬天下，妇孺皆知。近年来，沿黄各地加大了文化旅游开发力度，不仅带来了可观的经济收入，而且弘扬了黄河文化。"政府有为"与"市场有效"是保护、传承和弘扬黄河文化的两大驱轮。例如，位于郑州市北郊黄河中下游分界处的郑州黄河文化公园，2019 年游客达 70.8 万人次，景区旅游收入达 3507.64 万元。

第二，有利于推动文化强省的建设。早在 2005 年，中共河南省委、河南省人民政府就召开了河南省文化产业发展和文化体制改革工作会议，提出了《中共河南省委河南省人民政府关于大力发展文化产业的意见》，制定了《河南省建设文化强省规划纲要（2005—2020 年）》，着力推动文化强省建设。这两份文件提出了河南省文化产业发展的总体思路和具体政策措施，决定实施体制创新战略、龙头带动战略、名牌提升战略、科技推动战略、人才兴文战略，提高公民整体思想道德水平，推进文化领域改革开放，规划建设一批标志性文化工程，全面繁荣文化事业。2016 年，中共河南省委第十次党代会明确提出，要"加快构筑全国重要的文化高地"的宏伟目标。这一年，河南省文化产业增加值已经突破千亿元大关，占全省 GDP 比重突破 3%，文化产业已经成为拉动河南省经济增长的重要引擎。2020 年 12 月，中共河南省委十届十二次全会暨省委经济工作会议审议通过了《中共河南省委关于制定河南省国民经济和社会发展第十四个五年规划和二〇三五年远景目标的建议》。会议强调，河南省要在文化软实力上实现更大提高，把厚重的历史文化资源用好用足，把文旅融合产业做大做强，构筑华夏儿女的心灵故乡，打造新的增长点。会议还强调，"要突出黄河流域生态保护和高质量发展，加快推进生态文明建设"。但是，要把河南省由"文化资源大省"建设成为"文化强省"，构筑"文化高地"，仍然需要全省人民付出长期而艰辛的努力。推动黄河文化产业化发展，顺应时代要求，契合发展大势，支撑河南战略，必将有利于建设文化强省、构筑文化高地，推动中原更加出彩。

第三，有利于促进河南经济社会融合发展。洛阳市委市政府充分利用古都文化优势，花费巨资扩建、新建各类博物馆100座，着力打造"东方博物馆之都"，初具规模，亮点纷呈，构筑了以博物馆为主体的产业链。商丘市委市政府则"一体化"谋划黄河故道生态、经济、文化发展，于2019年制定了《商丘市黄河故道总体规划》，着力打造"生态廊道、经济廊道、文化廊道、旅游廊道"，规划总面积达到102.05平方千米，其中陆地面积51.74平方千米，河道水域面积50.31平方千米。虞城县依据商丘市的总体规划，提出把虞城段黄河故道打造成"生态之廊、果乡之廊、旅游之廊、文化之廊、致富之廊、美丽之廊"的构想，积极谋划县域经济文化高质量发展，掀开了文化与经济相结合的新篇章。近年来，地处豫东平原的虞城县田庙乡利用黄河故道创办了河南懂菜农业科技有限公司，挖掘黄河文化资源，开发生态观光农业，构建果、林、牧、农、水"五点一线"生态文化休闲观光旅游区，取得了良好效果，当地农民每年靠旅游区的"地摊经济"就增收500多万元。众多事实表明，文化产业作为朝阳产业，已经带来了巨大的经济效益和社会效益，推动中原黄河文化产业化发展，必将凸显经济价值和社会价值。

第四，有利于满足人民群众的精神生活需要。随着全面建成小康社会目标的实现，人民群众过上了"两不愁三保障"①的美好生活，对文化生活的需求比以往任何时候都更加突出。充分利用社会力量和社会资源，推动黄河文化产业化发展，必将有利于满足人民群众追求高质量文化生活的需要。据黄河博物馆馆长王建平介绍，自 2019 年 9 月习近平总书记在郑州视察黄河以后至 2019 年底 3 个多月时间里，到黄河博物馆参观的人数多达 5.2 万人次，团队近 900 批次，接待人数和批次均超过往年同期 6 倍以上。2019 年，郑州黄河文化公园共接待游客 68.08 万人次，景区旅游收入达 3498.64 万元。据统计，2019 年，小浪底库区洛阳、济源、三门峡水上客运量约 100 万人，水上旅游收入约 2000 万元（其中洛阳 700 万元、济源 1000 万元、三门峡 300 万元），预计 2025 年客运量约 335 万人，2030 年客运量约 540 万人②。2020 年 9 月 12 日，时任中共河南省委书记王国生在河南省黄河流域生态保护推进会暨省黄河流域生态保护和高质量发展领导小组第四次会议上讲话时指出，黄河文化是中华民族的根和魂，中原儿女对黄河文化力量的感受格外深切。央视 2020 年春晚郑州分会场展现九曲黄河的雄浑气势，黄帝故里拜祖大典增进海内外华人的民族认同，黄河鲲鹏服务器打上了黄河文化的印记，在郑州举办的中国金鸡百花奖电影节、在洛阳承办的央视中秋晚会，都进一步展现了黄河文化的魅力。这些事例和数据都说明，人民群众的文化需要在增加，充分利用好、挖掘好河南的黄河文化资源，推动黄河文化产业化发展，才能够更好地满足人民群众日益增长的美好生活需要，尤其是文化生活需要。

中原黄河文化拥有丰富的文化内涵和实践经验，保护和传承好黄河文化是时代赋予我们的责任和使命。在中国特色社会主义新时代，只有赋予黄河文化新的生机与意义，使其成为新的经济增长点，才能创造出更多的经济价值和社会价值。推动中原黄河文化产业化发展，实现经济价值、文化价值和社会价值共生共荣，既可以增加社会物质财富，又可以增加社会精神财富，增强文化自信，激发奋斗精神，让中原更加出彩。黄河文化源远流长，早已成为华夏文明的精神符号。

二、推动中原黄河文化产业化发展的新契机

当前，推动黄河文化产业化发展遇到了千载难逢的大好时机。2020 年 9 月

---

① "两不愁"是指稳定实现农村贫困人口不愁吃、不愁穿；"三保障"是指保障其义务教育、基本医疗和住房安全。

② 资料来源：河南省人民政府，http：//www.henan.gov.cn/2020/11-14/1890344.html。

12 日，时任河南省省长尹弘在河南省黄河流域生态保护推进会暨省黄河流域生态保护和高质量发展领导小组第四次会议上讲话时指出，河南省是黄河文化的重要发源地，保护、传承和弘扬黄河文化是我们必须承担的历史责任。要深刻认识到黄河文化保护开发是一项系统工程，把注意力放在文化遗产保护和时代价值挖掘上，不断增强民族自信和文化自信。国家政策、社会舆论、人才储备、资本积累、科技发展等因素，都为推动中原黄河文化产业化发展提供了有力支撑。

（1）国家文化产业政策的大力支持。党的十七届六中全会审议通过的《中共中央关于深化文化体制改革、推动社会主义文化大发展大繁荣若干重大问题的决定》强调指出："加快发展文化产业、推动文化产业成为国民经济支柱性产业。"习近平总书记曾明确指示，要保护传承弘扬黄河文化。党的十九大报告进一步明确指出，要推动文化事业和文化产业发展，健全现代文化产业体系和市场体系，创新生产经营机制，完善文化经济政策，培育新型文化业态。近年来，从中央到地方，各级党委和政府纷纷出台了一系列保护、传承和弘扬黄河文化的政策措施，为推动黄河文化产业化发展提供了政策保证。国家正在推进顶层设计，强化协调推进。国家制定的经济社会发展"十四五"规划，对文化产业发展作出了总体规划，对黄河文化产业发展作出具体部署。2020 年，国家发展和改革委员会编制了《黄河流域生态保护和高质量发展规划纲要》，不仅要制定新的黄河治理路线图，而且要描绘黄河流域高质量发展的宏伟蓝图。2020 年 5 月，时任中共河南省委书记王国生在全省文化旅游大会上讲话时指出，要"大力弘扬黄河文化，铸牢文化旅游强省之魂"。中共河南省委、河南省人民政府印发了《关于推进黄河流域生态保护和高质量发展的意见（讨论稿）》《河南省黄河流域生态保护和高质量发展规划（讨论稿）》等纲领性文件。这些都强调，要统筹推进黄河流域生态保护和高质量发展，加快动能转换，弘扬黄河文化，增强民族文化自信；要加强对黄河文化研究阐释，加强黄河文化遗产保护和时代价值挖掘，促进黄河文化产业发展，讲好新时代"黄河故事"。与此同时，中共河南省委、河南省人民政府还先后印发了《关于建设文化旅游强省的意见（讨论稿）》《关于加快乡村旅游发展的意见》《关于进一步激发文化和旅游消费潜力的通知》等重要文件，出台了一系列政策措施，全方位推动中原黄河文化产业发展。

（2）民众的文化消费需求旺盛。古今中外历史表明，每当人们的基本生活需求满足之后，对文化的需求就会大幅度增加，甚至呈现倍增效应。据国家文物局原局长刘玉珠介绍，2018 年全国有 11.3 亿人次走进博物馆，红色旅游人数超过 13 亿人次，红色旅游收入超过 4000 亿元，可见文化消费需求巨大。据 2020 年 2 月 13 日河南省统计局发布的《河南省第四次全国经济普查公报（第六号）》显示，2013~2018 年，河南省文化及相关产业的企业数、从业人员数、产值均增加了 70% 左右，大大超过了同期传统产业的增速。2018 年末，河南省全省共有文化及相关产业法人单位 11.71 万个，比 2013 年末增长 233.7%；从业人员 123.74 万人，比 2013 年末增长 45.8%；资产总计 6068.59 亿元，比 2013 年末增长 77.7%。2018 年末，全省有经营性文化产业法人单位 10.92 万个，比 2013 年末增长 355.1%；从业人员 114.67 万人，比 2013 年末增长 69.5%；资产总计 5718.54 亿元，比 2013 年末增长 87.7%；全年实现营业收入 4447.03 亿元，比 2013 年末增长 56.6%。2018 年末，全省有公益性文化事业（含社团）法人单位 0.78 万个，比 2013 年末下降 29.2%；从业人员 9.07 万人，比 2013 年末下降 47.2%；资产总计 350.05 亿元，比 2013 年末下降 4.8%；全年支出（费用）155.56 亿元，比 2013 年末增长 1.5%[①]。由此可见，公益性文化事业比重有所下降，市场性文化产业比重有所上升。这"一降一升"表明，人民群众的文化消费逐年增加，市场需求日益旺盛。河南省文化和旅游厅官网公布的数据显示，2020 年国庆假期（8 天），全省共接待游客 7234.98 万人次，与 2019 年国庆假期（7 天）相比增长了 9.09%；旅游收入 360.71 亿元，与 2019 年国庆假期（7 天）相比恢复了 71.86%。全省县级以上公共图书馆、文化馆、博物馆进馆及参与活动人数 401.12 万人次。其中，沿黄两岸是河南省城市最集中的区域，也是人口最多的区域，当然也是文化消费最多的区域。可以预见，随着中国现代化进程的推进，人民日益增长的美好生活需求就会越来越倾向于文化消费，必将拉动文化事业和文化产业可持续发展。

（3）中原文化产业基础较好。河南省的文化旅游、出版、影视、绘画、戏剧、表演等各类文化企业齐全，初步形成了富有地方特色的文化产业格局。其中，针对推动黄河文化产业发展的投资、生产、服务、消费等，都呈现持续发展壮大的态势。根据河南省社会科学院课题组《河南文化强省发展战略研究》报告分析，随着经济社会的快速发展，河南省的文化产业也得到了迅速发展，文化

---

① 河南省统计局：《河南省第四次全国经济普查公报（第六号）》。

产业已经初具规模，发展势头良好，在国民经济运行中占据的份额越来越大①。河南报业集团、河南出版集团、河南电影电视制作集团、河南杂技集团等一大批文化产业集团不断壮大。河南电视台主办的"武林风""梨园春"等一批富有中原特色的文化品牌"拿得出"且"叫得响"。银基国际旅游度假区的动物王国、黄帝千古情、建业电影小镇等新业态、新产品吸引了大量游客。2020年国庆假日期间，银基国际旅游度假区共接待游客38万人次，比上年假期人数增长515%，营业收入8900万元，比上年假期增长635%。黄帝千古情演艺节目每天演出8场，每场观众2000多人。郑州建业电影小镇每天上演49个演出节目，共吸引游客21.65万人次，比去年假期增长23%。2020年7月24日，"郑州市黄河流域生态保护和高质量发展核心示范区重大文旅项目集中开工仪式"在郑州大河村国家考古遗址公园举行，郑州市共集中开工重大项目6个，总投资额达165.6亿元。这些事例均表明，资源、资本、人才、政策、市场等方面，河南省已经具备了推动中原黄河文化产业化发展的产业基础。

在谋划河南省"十四五"期间文化事业和文化产业发展时，时任河南省文化和旅游厅党组书记宋丽萍表示，河南省在"十四五"文化旅游发展规划中，紧紧抓住黄河流域生态保护和高质量发展重大战略机遇，大力弘扬黄河文化，推动文化旅游高质量发展。以保护、传承和弘扬黄河文化促进中原文化繁荣兴盛为主线，从高标准建设国家文化公园，全力打造郑汴洛黄河国际文化旅游目的地，加快"一带一核三山五区"文化旅游发展格局，完善新时代公共文化服务供给体系，实施文艺精品创作生产工程，激发国有文艺院团发展活力等方面谋划全局，推动文化旅游大省向文化旅游强省转变，加快提升"老家河南"文化旅游的软实力和影响力，为出彩河南高质量发展增添新动能。2020年12月，中共河南省委十届十二次全会暨省委经济工作会议通过的《中共河南省委关于制定河南省国民经济和社会发展第十四个五年规划和二〇三五年远景目标的建议》提出，展望2035年，河南省将紧紧围绕奋勇争先、更加出彩，坚持以党建高质量推动发展高质量，基本建成"四个强省（经济强省、文化强省、生态强省、开放强省）、一个高地（中西部创新高地）、一个家园（幸福美好家园）"的现代化河南。展望未来，我们完全有理由相信，中原黄河文化产业以及黄河文化产业化发

---

① 河南省社会科学院课题组：《河南文化强省发展战略研究》，2007年。

展，必将迎来更加美好的春天。

三、推动中原黄河文化产业化发展的新动力

推动中原黄河文化产业化发展，既要尊重文化发展规律，也要尊重产业发展规律，用"产业化"方式方法保护、传承和弘扬黄河文化。狭义的文化是伴随人类发展而发展的"精神状态"，狭义的产业是近现代以后而出现的"物质状态"。特定的"精神状态"外在表现为特定的"物质状态"，特定的"物质状态"内在蕴含着特定的"精神状态"。"中原黄河文化"作为特定区域和特定属性的文化，要实现"产业化"生产和消费，必须遵循"文产融合"的发展规律。推动中原黄河文化产业化发展，就应该做到"政府有为、市场有效"，既需要政府发力，也需要市场给力，让"企业得利、民众获益"。

第一，更新中原黄河文化产业化发展观念。改革开放以前，我国各地政府和民众普遍重视文化事业、轻视文化产业。改革开放以后，党和政府积极推动文化事业和文化产业"两轮"驱动，观念、行为、效果均有历史性改观，呈现文化事业和文化产业并驾齐驱的大好局面。然而，与人民群众对美好生活需要的期盼相比，中原地区的文化产业仍然存在着不平衡、不充分的"短板"，市场作用没有得到有效发挥，文化产业化发展不够理想。在思维方式上，与北京、上海、广州、深圳等市场经济发达地区相比，中原地区的人们思想相对保守，存在"等、靠、要"的观念，在某种程度上依然制约着人们开拓创新的行为。在推动黄河文化保护传承弘扬的新时代，许多人的思想观念跟不上新形势、新环境、新任务等新变化。保护、传承和弘扬黄河文化，既要依靠政府主导性谋划和推动，也要依靠市场主动性建设和拉动，面向市场求发展。这是我们应该遵循的"讲好'黄河故事'"的新发展理念。

第二，提供更加有效的文化产业政策支持。美国经济学家理查德·佛罗里达（2010）在其《创意阶层的崛起》一书中认为，创意在当代经济中的异军突起表明了一个职业阶层的崛起。他对美国超过百万人口的124个城市进行数据分析后提出，人才、技术和宽容的社会文化环境，是促进文化创意产业发展的三大因素。政府政策支持和城市基础设施的完善程度至关重要，是影响创意产业或文化产业的关键因素。良好的制度环境和产业政策，在各国文化产业发展中起到关键性作用，发展中国家要想发展文化产业，就必须由政府予以政策性引导和调整。

当今中国，从中央到地方，各级政府都在积极探索和制定推动黄河文化保护、传承、弘扬的大政方针和具体政策，已经有了良好开局。例如，沿黄河各省份在"十四五"规划中提出一系列具体对策措施，引导和推动区域文化产业发展。比如，陕西省政府组织编制了《陕西省黄河文化保护传承弘扬规划》《陕西省黄河流域非物质文化遗产保护传承弘扬专项规划》，深入实施黄河文化记忆、保护、传承、弘扬，文化和旅游融合发展，黄河文化公园群落建设，红色革命文化高地建设，黄河文化数字化创新等工程，有效保护、创新传承和创造性弘扬陕西黄河文化。河南省政府和人民也不甘人后，采取了一系列举措，挖掘并弘扬黄河文化。毋庸置疑，河南省在鼓励、扶持、推动中原黄河文化产业化发展的具体制度供给方面，还不够充分、不够到位。所以，河南省在这方面还有大量工作要做，进而释放出更多的政策红利。

第三，培养更多的文化产业创意人才。创意是文化生产和变革的重要推动力。"变革的推动力是人类创造力的提升，人类的创意在我们的经济和社会中扮演重要角色，无论是在工作中还是生活的各个方面，我们对创意都越来越重视，对创意的挖掘也越来越深入。"[①] 习近平总书记曾多次强调，发展是第一要务，人才是第一资源，创新是第一动力。横向比较，河南省是全国人口大省，人力资源丰富，但不是人才强省，高端人才相对缺乏。2020年公开的全国博士研究生招生计划数的统计，在全国31个省份中，平均每万名在校大学生中拥有的博士生计划数是27.1人，河南省周边的陕西省是29.7人，湖北省是43.8人，安徽省是24.6人，山东省是14.9人，而河南省仅有4.4人。由此可见，河南省高端人才的培养能力和拥有量都有较大的提升空间，目前还难以满足经济社会发展需要。其中，推动中原黄河文化产业化发展的"管理精英"和"生产匠人"也不够理想，在数量上和质量上都需要扩容。实践证明，许多文化企业都是"因人才而衰落，因人才而兴盛"。河南省在"十四五"期间，应该更加重视统筹兼顾，创新机制，高端引领，普遍提高，政府与社会携手，引进与培养并重，努力造就一大批能够推动黄河文化产业化发展的经营管理人才、文化创意人才、生产制作人才、歌舞表演人才等。同时，一定要注重发现、培养民间手工艺者，支持、培育民间小微企业。

---

① ［美］理查德·佛罗里达：《创意阶层的崛起》，司徒爱勤译，中信出版社2010年版，第5页。

第四，创设中原黄河文化产业化发展专项基金。例如，韩国的文化产业已经成为其支柱性产业之一。韩国政府成立文化产业振兴院，并在该院下设企业培育中心，主要任务就是帮助创业者将创意商业化，培育和扶持文化初创企业。2015~2019年，入驻文化产业振兴院的企业培育中心的企业累计销售额达2000亿韩元，企业离开中心后，存活率达94%。2020年，为鼓励"青年中小规模文化企业"发展，韩国专门设立了"风险投资基金"，预计2020年之后的5年内拨款1万亿韩元，用于扶持文化内容制作①。2021年，为促进电子游戏开发，韩国文化体育观光部预计投入20亿韩元，支持游戏产业创业，持续加大对文化科技融合类企业的支持力度。韩国的做法，解决了"钱从哪里来"的问题，极大地促进了文化产业发展。这对推动中原黄河文化产业化发展有着重要的借鉴和启示作用。

第五，坚持贴近生活日用的发展方向。生活日用是人民大众的生存底色，是经济社会发展的普遍根基，亦是中原黄河文化产业化发展的重要遵循。有学者指出，历史文化的滋养，既在思接千载、视通万里的历史回眸之中，也在可感、可知、可参与的日常生活之中。"让文化遗产与生活相遇，让它们亲民而不再'高冷'，有趣但不失厚重，这恐怕是擦亮文化瑰宝的必由之路。"② 千年瓷都景德镇依旧是中国陶瓷的地标，是全世界陶瓷艺术家的圣地，不仅在于它能够生产出艺术品位极高的艺术品，更在于它能够生产出实用性极强的日用品，诸如碗、碟、瓶、罐等精美绝伦的生活用品，深受中国人民乃至世界人民的喜爱，占据了大量高端瓷器市场份额。河南省内钧瓷、汝瓷，同样历史悠久、光彩夺目，但是，由于走"艺术路线"，远没有景德镇瓷器那般的市场地位和经济效益。近年来，故宫博物院开发的上万款文创产品颇受群众欢迎，赢得市场青睐，创造了极大的经济价值和社会价值。故宫的文创产品，绝大多数是具有故宫元素的时尚生活用品，把文化内涵与实用器物融为一体，如"朝珠耳机""尚方宝剑笔""黄袍加身T恤""顶戴花翎官帽伞""皇帝皇后书签""皇后折扇""故宫台历"等，观赏性和实用性兼备，艺术性和器具性俱佳。这些成功案例启示我们，推动中原黄河文化产业化发展，研发具有地域特色的黄河文化产品，一定要走"群众路

---

① 张悦：《韩国：创业扶持政策助力文化产业发展》，《人民日报》2021年1月18日，第017版。

② 陈凌：《让文化遗产与生活相遇》，《人民日报》2020年6月12日，第005版。

线"，贴近大众生活，提供更多更好的"有用"之物，使之成为大众生活的必备美学，满足人民群众的物质生活需要，丰富人民群众的精神生活享受。

第六，培育和扩大中原黄河文化市场。2015 年 11 月起，我国提出并实施了供给侧结构性改革，着力从生产领域加强优质供给，减少无效供给，提高供给结构的适应性和灵活性，提高全要素生产率，使供给体系更好地适应需求结构变化，落实好以人民为中心的发展思想。2020 年 5 月，中共中央政治局常委会召开会议，首次提出了"构建国内国际双循环相互促进的新发展格局"，为今后一个时期做好国内经济社会发展工作提供了重要的指导思路。无论是供给侧结构性改革，还是构建新发展格局，都为推动中原黄河文化产业化发展、扩大中原黄河文化市场提供了契机。河南省政府集中统筹、各地市积极响应，坚持"谋划长远"与"干在当下"相结合，纷纷实施黄河文化标识工程，主动谋划建设黄河国家文化公园，扩建黄河国家博物馆、黄河文化园、黄河故道风情园，打造一批体现中华民族精神独特标识的地标体系，引起了强烈反响，受到了社会关注，展示了美好前景。推动中原黄河文化产业化发展，既要培育黄河文化产业主体，也要培养黄河文化消费群体，构建统一、开放、竞争、有序的文化市场体系，促进供给侧与消费侧双向"扩资放量、提质增效"。

大河奔流，中原形胜。推动中原黄河文化产业化发展，功在当代，利在千秋。借用多媒体技术、数字创意、网络文艺、虚拟技术、人工智能和大数据的先进生产力，充分运用"产业化"方式和方法，使中原黄河文化真正"活起来""动起来"，成为可生产、可交换、可消费的产品或服务。这需要社会各方面都行动起来，共襄共助，群策群力，携手推动。

第二章　中原黄河旅游文化产业化发展

黄河自青藏高原起源，经黄土高原蜿蜒而下，在平原之上奔流千里直至大海。大河奔涌中，塑造了独特的自然风光，滋养了丰富的人文资源，积淀了深厚的历史文化。中原黄河旅游文化拥有着独特而丰富的自然和人文资源，在国家发展战略和文旅融合背景下，中原黄河旅游文化产业化迎来了重要的机遇，黄河旅游文化资源的深度挖掘，对于实现中原地区产业经济效益和社会效益的全面发展有着重要的意义。

第一节　中原黄河旅游文化产业化释义

2013 年 3 月 22 日，习近平总书记在俄罗斯"中国旅游年"开幕式上致辞时指出，旅游是传播文明、交流文化、增进友谊的桥梁，是人民生活水平提高的一个重要指标。旅游是综合性产业，是拉动经济发展的重要动力。旅游的深入发展是宣扬文化的重要手段，文化发展又为旅游赋能，文化与旅游两者相辅相成、彼此成就，形成了产业化促进事业公益性的发挥，公益性功能又促进了产业市场扩大的良好局面。充分认识中原黄河旅游文化产业化的发展脉络，对于产业化将会有更显著的推动作用。

一、中原黄河旅游文化产业化的研究回顾

关于中原黄河旅游文化的产业化，我们首先要认识到黄河旅游文化的基本内

涵，而内涵的挖掘是有着不断深化的过程。在 20 世纪 90 年代，学界提出了"旅游文化是以一般文化的内在价值因素为依据，以旅游诸要素为依托，作用于旅游生活过程中的一种特殊文化形态，是人类在旅游过程中（一般包括旅游、住宿、饮食、游览、娱乐、购物等要素）精神文明和物质文明的总和"。[①] 此种说法在相当长的时间里是业界广为认可的概念定义。但在新时代的文旅发展中，旅游文化的实践不断发展创新，其原有概念范畴已经不能涵盖当前的旅游文化内容。尤其是我们根据新时代发展的需要，提出了文化和旅游融合发展的战略规划，其内涵和外延又得到了进一步拓展。因此，梳理清楚旅游文化发展的脉络、廓清旅游文化的内涵认知过程，有助于明确中原黄河旅游文化产业化发展的缘由及条件。

中原黄河旅游文化是其产业化的资源本体，黄河流域孕育发展的自然文化资源更是世界的瑰宝。中原黄河流域是自古以来帝王巡游、士人壮游、民众出游的必经之地、核心地区，中原黄河旅游文化作为我国旅游文化的重要组成部分，其认知与实践的过程既与人们对于旅游文化发展的认知相近，又由于特殊的地缘、经济、文化等因素影响显现出自己的特点。

（一）旅游和文化从并行到融合的关系变化过程

为了准确认识旅游与文化间的宏观相互关系，有必要厘清两者间从并行到融合的关系变化过程。改革开放以来，随着生活水平的不断提升，人们的生活更加趋于多元化，对于文化旅游的需求也不断提升，并且实践的发展也进一步推动了理论研究的深入。

20 世纪 80 年代，随着我国改革开放的步伐不断加快，旅游文化逐渐为学者们所重视。学界普遍公认将旅游文化进行早期研究的是 1980 年吴良镛所作的《试论历史古迹旅游城市的规划与建设——以曲阜规划为例》，该文提出了历史文化古迹在规划城市游览的独特价值。此后，业界学者又进行了多角度的解读。林洪岱（1983）在《论旅游业的文化特性》一文中，将旅游业归类为是经济事业、外事工作和文化事业，在国内旅游业尚处于不发达阶段时，强调了旅游中文化价值的系统性作用。徐崇云和顾铮（1984）在《旅游对社会文化影响初探》一文中，提出旅游的文化活动性质，以及旅游对社会文化的积极影响与消极影响。陆立德和郑本法（1985）的《社会文化是重要的旅游资源》一文，则把社

[①] 冯乃康：《首届中国旅游文化学术研讨会纪要》，《旅游学刊》1991 年第 1 期。

会文化定位为旅游目的地的重要吸引物。于光远（1986）在《旅游与文化》一文中提出了"旅游本身就是一种文化生活"，旅游活动属于文化生活的范畴。俞慈韵（1986）在《论旅游文化》中，进一步提出了"旅游文化"的概念，强调了其对文化的从属关系。此后，郭子昇（1988）在《历史文化名城与旅游》一文中，分析了保护和建设历史文化资源对发展旅游事业的意义和价值，这是较早提出文化资源对旅游事业发展起到推动作用的研究成果。20世纪80年代末，郁龙余（1989）在《论旅游文化》一文中，阐释了旅游文化在人类历史中的发展变化。在改革开放初期，有关旅游文化的研究相对集中于学术界探讨，其中概念阐释、功能定位、社会价值等是其主要研究方向，相关研究初步解决了文化与旅游两者之间的定位问题。从实践方面看，文化和旅游整体还属于两个不同的行业门类，其中文化的事业属性更强，旅游则更多地集中于外事接待、公务旅行等方面，还没有从根本上实现两者的融合发展，旅游文化的概念尚属于理论研究的范畴。

20世纪90年代，随着国家综合实力进一步增强，城乡居民收入快速增加，消费能力不断提升，居民出行意愿更加强烈，文化产品供需两旺，旅游文化的实践和研究进一步深入。1993年，国务院办公厅转发国家旅游局《关于积极发展国内旅游业的意见》强调，旅游业的发展，对满足人民群众文化需求，带动经济发展具有重要意义。该文件对旅游行业在人民文化生活中的重要地位做出了充分肯定，从国家政策层面对旅游和文化的相互关系进行了明确，肯定了其综合效益，对行业发展方向提供了重要的指导思路。国家政策的出台激发了各界对旅游文化的研究热情，各地的旅游文化开发产生的显著经济效益更推动了旅游文化产业的快速增长，地方区域、特色文化、行业产业、投资融资等方面的研究明显增加。例如，章采烈（1994）在《论旅游文化是旅游业发展的灵魂》一文中，认为旅游作为高层次的消费形式，本质上具备了高层次文化活动的特征，所以社会文化素质提升与旅游事业的发展为正相关关系。陈传康（1991）在《中国旅游资源的开发评价、途径和对策》一文中，明确了旅游文化在旅游资源评价体系构建中的指标价值。王德利（1995）的《构建现代旅游文化》一文从主体、客体以及媒体三个角度解读了现代旅游文化的体系架构。长期以来，地域旅游文化一直是学者比较关注的焦点内容，例如邓美成（1991）的《湖湘旅游地理史观》、许宗元（1994）的《论徽州旅游文化与文化旅游》以及丁季华（1994）的《关于上海旅游产业地位的若干问题》等相关研究，都将区域旅游资源作为分析对象，内容相对侧重于旅游资源、旅游产业、文化内涵等方面。区域旅游文化研究对旅游文化的针对性开发有着促进作用。另外，历史旅游文化也是相关研究的重要组成部分，如范能船（1991）的《先秦旅游文化散论》、陈宝良（1992）的《明代旅游文化初识》和姜樾（1993）的《中华旅游文化与中华民族凝聚力》等研究，从中国的旅游文化历史溯源、断代旅游文化和增强民族凝聚力等角度，将旅游文化视为中华传统文化、中国历史的重要载体，对旅游文化的历史地位和现象进行了分析定位。覃兆刿（1997）的《论档案的旅游文化价值》另辟蹊径地发掘了包括档案文书等蕴含的旅游文化信息，丰富了旅游文化资源的研究思路。此外，亦有沙向军（1997）的《旅游文化再考察》等研究，在时代变化背景下，进一步调整对旅游文化概念内涵的认知。总的来说，20 世纪 90 年代的旅游文化研究，内容更加具体和注重实践性，但黄河旅游文化的概念认识还未完全形成。

进入 21 世纪以来，我国学界对文化旅游融合问题进行了深入细致的探讨，研究内容更加多样，包括融合路径、模式、社会机制反馈、地区治理、地区形象和社会效益评价等多个角度。例如，陶伟（2000）的《中国"世界遗产"的可持续旅游发展研究》一文，从世界遗产的角度强调了旅游文化资源的保护意义和原则。潘鲁生（2000）在《关注旅游文化——少数民族文化生态保护与旅游资产开发》一文中，提出了开发少数民族文化旅游的价值和保护措施。石秀华（2002）在《中国古代旅游文化类型及其特征》一文中，分析了中国旅游文化的类型，总结了旅游文化资源的历史特征及其对现代旅游文化的影响。陈文君（2002）的《节庆旅游与文化旅游商品开发》一文，认为旅游文化是旅游发展的方向，并以节庆旅游为范例，提出旅游商品开发的建议。曹诗图和袁本华（2003）的《论文化与旅游开发》一文，强调了"文化是旅游开发的灵魂"的观点。地域性、行业性以及资源单体的旅游文化挖掘等内容，成为 21 世纪初期相关研究的集中领域，但针对黄河旅游文化的相关研究仍然比较薄弱。

直至 2009 年，文化部和国家旅游局出台了《关于促进文化与旅游结合发展的指导意见》，特别强调了"文化是旅游的灵魂，旅游是文化的载体"的指导思想。相关指导意见的提出，引起了学界的热议。通过研讨，学界形成了"旅游是文化重要但非唯一载体"的普遍共识，相关研究内容更加深入理性且多元化。旅游文化研究的高峰出现在 2010 年前后，其中从文化和旅游产业融合角度进行论述的内容居多。比较具有代表性的有张海燕和王忠云（2010）的《旅游产业与文化产业融合发展研究》一文，该研究认为文化产业和旅游产业结合具有必然性，并在机制、产业链以及融合理念等方面提出了融合的过程建议。罗明义（2009）的《论文化与旅游产业的互动发展》一文也认为，文化和旅游产业的融合是必然趋势，文化和旅游是灵魂与载体的相互关系。

党的十八大以来，文化与旅游融合程度日益加深，产业结构调整逐渐加快，社会生活实践日益丰富，尤其是"五大发展理念"和"高质量发展要求"的提出，从实践到指导思想的深刻变化，大大促进了旅游文化研究的深入发展。学术界在乡村旅游、产业创新、人才培养、非遗保护、全域旅游、城乡一体化等方面展开深入研究，思路更加多样，研究对象也更加具体，相关内容实现了从理论阐释向实践操作的方向性转变。在党的十九大作出社会主要矛盾变化的重要判断前后，关于品牌营销、民风民俗、金融管理、智慧化建设、法治管理等针对民众精神文化需求的研究内容更加丰富。例如，刘长江（2019）的《乡村振兴战略视域下美丽乡村建设对策研究——以四川革命老区 D 市为例》一文，从革命老区的乡村振兴着手，提出了通过旅游文化建设推进乡村文化建设的路径。吴耿安等（2018）的《旅游、文化产业与经济发展水平的空间错位分析》一文，通过对旅游产业、文化产业与经济发展水平进行分析，认为由于各地基础不同，文化和旅游产业对经济的促进作用有大有小。乌兰（2018）的《促进乡村旅游文化建设的对策探讨》一文提出，乡村旅游产业化和乡村文化保护传承应该相结合，以实现乡村旅游综合效益的充分发挥。黄河流域生态保护和高质量发展国家战略的出台，激发了以黄河流域为研究核心的成果不断涌现。面对乡村振兴和社会高质量发展的时代课题，结合乡村发展、地域经济等相关研究成果的逐渐增加，学术研究呈现由政策导向为主到服务民众需求为主的转变。

除学术研究以外，旅游文化在实践方面也展现出鲜明的融合特点。其中，旅游文化的组织架构合并是融合进度中的关键步骤。文化与旅游在过去长期分属两个部门，形成两个行业分别管理的模式，尽管管理领域深度交叉，但融合业务的工作开展容易受到体制壁垒的影响。推动文化和旅游融合发展是以习近平同志为核心的党中央作出的重要决策。为了不断满足人民群众对文化旅游的需求，解决"好不好、精不精"的结构性相对短缺问题，满足旅游文化产业发展的新要求，社会各界采取了一系列积极措施。2018 年 3 月，文化和旅游部正式组建，顺应了群众的呼声和社会的需求，实现了"诗与远方"的融合，从体制上解决了两大行业融合的发展障碍。文化和旅游的融合，经过了实践探索、理论研究、政策推进再到体制调整的过程，各自的优势逐渐在融合中得到强化，符合两大行业融合发展的必然趋势。

从宏观层面来看，旅游文化的研究内容呈现出实践性、区域性、需求导向更加突出的特点。但需要指出的是，旅游文化虽然与旅游和文化两者的发展高度关联，但又不能简单等同于旅游与文化融合的产物，而且受经济基础、政策环境、产业资源等因素影响，旅游文化的发展与文化旅游融合的推进并不完全同步。实际上通过产业的融合发展实现共同推进，尤其是旅游文化产业化奠定的经济基础，更加有利于文化和旅游融合的深入发展，文化旅游融合则通过旅游文化产业化实现了外延的进一步拓展。

（二）中原黄河旅游文化的理论和实践

由于产业化的高度实践性，所以认识中原黄河旅游文化的产业化，有必要对中原黄河旅游文化的具体认识和实践操作进行梳理。根据已有的研究和实践成果，大致可以从黄河文化的挖掘、中原黄河旅游文化的认识以及黄河旅游的发展三个层次来理解。

一是在黄河文化的挖掘方面，黄河流域是华夏文明的重要发祥地，在中华文化多元一体的空间格局中有着特殊地位，也是中国重要历史事件发生的主要舞台，黄河文化在民族精神、民众生活、学术界研究等方面，都是重要的组成部分。在近现代历史中，中国经历了沉重的屈辱沉沦，因此挖掘黄河文化的深刻内涵，激发民众的抗争决心，实现中华民族的自立自强，成为社会各界的共识。尤其是在20世纪二三十年代的中华民族生死存亡关头，黄河文化成为唤醒民众奋起抗争的精神图腾，在文艺作品、文学创作、历史研究等方面，社会各界进行了多方位、多角度的解读阐发，最终成为增强中华民族凝聚力、鼓舞民族解放独立文化内核的重要组成部分。

在新中国成立以后，黄河文化的挖掘在文物考古方面取得了重大突破。例如，赵全嘏（1953）的《略述黄河流域新石器时代三种文化和三种陶器》一文，通过考古发掘器物划分了黄河流域的生产力发展阶段的分期阶段和类型。安志敏（1959）的《试论黄河流域新石器时代文化》一文，基于史料文献和考古资料等内容，阐明了黄河流域从新石器时代文化向青铜文化的迭代关系。严文明

（1979）的《黄河流域新石器时代早期文化的新发现》一文，则对多地的考古资料进行比较分析，划分了黄河流域新石器文化的分布区域，并提出其文化价值。总的来说，这一时期的学者对黄河文化研究更多地集中于文献资料及文物发掘的分析探究。

在改革开放以后，对黄河文化的认识逐渐趋于多样化，学界也从文化交流、演化历程、文化形态等方面进行了多角度的分析研究。例如，戴英生（1987）的《黄河流域古中华文化的起源与演化》一文，探讨了黄河在中国文化、经济、政治中的独特地位。1988 年 11 月，在开封举行的黄河中下游地区经济资源开发研讨会，是学术界对黄河流域中下游文化、经济研究的早期探索，同时也是黄河流域协同发展的重要尝试。在 20 世纪 90 年代，安作璋和王克奇（1992）的《黄河文化与中华文明》一文肯定了黄河文明是中华文明最重要构成部分的地位。于希贤和陈梧桐（1994）的《黄河文化——一个自强不息的伟大生命》一文，通过文化学的视角，阐述了黄河文化在中华文化中的主体地位。梁留科和王庆生（1995）的《河南省旅游资源系统分析与评价》一文提出了黄河文化浓缩了中华民族文明史，是河南旅游资源的整体特征标志的观点，该研究也是较早对河南旅游资源中黄河文化影响因素的系统性分析。李振宏和周雁（1997）在《黄河文化论纲》一文中，分析了黄河文化体系的特征及分期特点。徐吉军（1999）的《论黄河文化的概念与黄河文化区的划分》一文强调了黄河文化与长江文化作为中华文化构成的主体，彼此交融发展给世界带来了深远影响。这一时期，学界的研究内容主要集中于黄河文化的地位、作用、价值、影响等层面，并通过具体内容阐释黄河文化以及文化类型的对比，成为这一阶段黄河文化研究的主流。

在进入 21 世纪以来，黄河文化研究更加趋于多样化。例如，许顺湛（2004）的《河洛文化与黄河文明》一文，分析了河洛文化在黄河文明发展历程中的特殊作用和地位。管华和张大丽（2005）的《"黄河学"论纲》一文，开展了"黄河学"的概念定义、价值意义及研究对象等方面的探讨。与此同时，人们对黄河文化资源的挖掘也更加深入，"黄河学"概念的提出使黄河文化研究更加的体系化，包括文化遗址、类型划分、区域交流等研究内容也逐渐丰富起来。

在习近平总书记对黄河流域生态保护和高质量发展作出重要指示之后，学术界将黄河文化研究的规模和深度推向了更高层次，研究成果也更加丰富务实。例如，苗长虹等（2019）的《黄河文化的历史意义与时代价值》一文，提出了对黄河文化遗产进行系统保护和时代价值挖掘的建议。王乃岳（2020）在《深入挖掘黄河文化的时代价值》一文中，从生态哲学、科技贡献、民族认同等八个方面探讨了黄河文化的时代价值。杨越等（2020）的《讲好"黄河故事"：黄河文化保护的创新思路》一文，概括了黄河文化保护发展的线索、基础、核心和载体，提出了相应的传承保护方案、管理体制改革等对策建议。在这一时期的研究中，对黄河文化在新时代的保护、挖掘和传承等方面占主要部分。

二是在中原黄河旅游文化的认识方面，随着黄河主题旅游的兴起，人们对黄河旅游文化的认识也在拓展深化并有突出的阶段性。例如黄河旅游的研究，其成果多数出现在 2006 年以后，其中又以 2007 年和 2020 年最为突出，其时间节点同以科学发展观治理黄河与黄河流域生态保护和高质量发展的重要决策的提出时间节点相关。黄河流域区域协调发展成为共识，例如张慧霞和刘斯文（2006）的《晋陕豫黄河金三角地区区域旅游合作研究》一文提出，晋陕豫黄河金三角地区开展区域旅游合作，有助于提升黄河区域旅游的竞争力。薛宝琪和范红艳（2007）的《黄河沿线旅游资源开发整合研究——对建设大黄河旅游走廊的构想》一文建议，通过黄河沿线旅游资源的整合，构建大黄河旅游走廊，构建共同旅游资源开发的机制。吕连琴和王世文（2000）的《黄河小浪底旅游开发的国内客源市场分析与预测》一文，以黄河流域的旅游资源单体进行了客源预测分析，认为黄河旅游开发的市场前景十分广阔。在 21 世纪前十年间的研究中，内容相对集中于资源分析评价、旅游单体分析、竞争力分析，但亦有水利工程、生态旅游等类型研究。2010 年以后，学术界更多地针对黄河文化旅游、生态旅游、节事活动等问题开展研究。文旅融合、黄河流域高质量发展等成为近年来黄河旅游的核心研究内容。

三是在黄河旅游的发展方面，由于黄河旅游产业自身的发展起步时间较晚，所以黄河旅游研究直到 21 世纪初才普遍展开。黄河以其丰富的历史资源和特殊地位，因此具有极高的旅游目的地知名度，但受市场意识不强、资源开发自觉性不高等主观因素影响，以及产业发展外部环境、经济条件、管理开发等客观因素的制约，导致了旅游实践活动开展较早而发展水平低的问题。甚至在 2000 年以前，以黄河为旅游目的地的游客数量长期不及以长城为旅游目的地的旅客数量的百分之一（赵静，2000）。

总的来说，黄河文化有着深厚的民众基础和文化记忆，经过了数十年的理论探索和实践积累，已经形成了初步的体系架构。客观来讲，在文化和旅游的研究中，黄河旅游文化研究和实践的起步是相对较晚的，黄河旅游发展的基础也比较薄弱。但是在旅游文化发展、产业推动、区域协同、政策支持等条件下，黄河旅游文化研究具有显著的后发优势，资源基础更加深厚，文化旅游活动更加丰富。因此，笔者认为黄河旅游文化是以黄河文化为基础，基于人民生活需求、经济发展、科技进步、学术研究、社会实践推进等前提下，从 20 世纪 80 年代开始，通过民众的参与、顶层设计的完善，尤其是产业化发展的推动，最终形成了较为成熟的中原黄河旅游文化体系，并服务于中原经济区建设和国家黄河流域生态保护与高质量发展战略。

二、中原黄河旅游文化产业释义

前文已经对黄河文化产业进行了阐释，即具备以满足人们精神文化需要为目的、以企业化生产为方式、以市场化运营为机制、以黄河文化为要素的四项特征，以黄河文化为生产要素的新型文化产业。中原黄河旅游文化产业作为区域性的文化产业，内容不仅具备了黄河文化产业基本特征，其文化产业发展体系也呈现出鲜明的自身特点。

首先，中原黄河旅游文化产业具有空间区域性特点。中原黄河旅游文化研究的空间范围之所以立足中原、着眼黄河，是由中原地区之于中华文明的特殊地位、中原黄河文化发展的独特性和长期性所决定的。一方面，中原空间范围的核心区域界定应在河南。有关于"中原"的范围认识，学界有多种观点，例如许顺湛（1983）认为"中原"应该包括陕西、山西、河北、山东等省的大部分地区或部分地区。严文明（1987）从考古文化学角度认为，"中原文化区"的范围几乎遍及陕西、山西、河北、河南全境。从传播范围及影响深度方面，学界所认为的中原文化核心区涵盖范围是比较广泛的。但从其核心区域而言，苏秉琦（1965）认为，华夏民族与中原其他民族交融的源流应为河洛之地。《史记·封禅书》中明确记载，"昔三代之居，皆在河洛"。在中国历史上起到深远影响的都城多数集中在黄河流域，其中位于河南的就有洛阳、开封、郑州、安阳，数千年形成的文化影响力不言而喻。因此陈昌远（2007）认为中原应以河南为中心，并包括山西、陕西和河北部分地区。在 2012 年中央批复的《中原经济区规划》中，将中原经济区的区划范围确定为河南全省及山西、山东、安徽、河北局部地区。两者分别体现了中原历史传统和区域协同发展的需要，其核心地区的高度耦合，在于历史上形成的人文、经济、政治活动等形成的深刻联系。另一方面，之所以着眼于中原黄河，是因为黄河对于中原文化巨大而深远的影响。众所周知，黄河的自然特征被民众形象地称作"铜头、铁尾、豆腐腰"，且"善淤、善决、善徙"，中原地区作为黄河中下游衔接段，大规模的改道多发生于此。清代著名学者顾祖禹曾感叹，"河南境内之川，莫大于河，而境内之险，亦莫重于河，境内之患，亦莫甚于河。其间可渡处，约以数十计，而西有陕津，中有河阳，东有延津，自三代以后，未有百年无事者也"①。但复杂的环境并没有减弱黄河孕育文化的重要作用，多元一体的中华文化关键内核在此形成，华夏农业文明肇始于此，中原地区留下的自然地貌、人文景观、水利设施、历史文化等资源，成为承载记忆中华五千年文明的重要来源。因此，以黄河察中原变迁、以中原观黄河影响，决定于两者特有的深刻关系。

其次，中原黄河旅游文化产业发展具有明显的阶段性特点。如前文所述，产业化的概念得到应用是在 20 世纪 40 年代的西方，对于文化产业进行完整定义迟至 20 世纪末，我国进行旅游文化产业实践甚至更晚。因此，理解中原黄河旅游文化产业的初始发展，不能离开对文化旅游整体认识和不断深化的实践活动，同时还要明晰企业化生产、市场化运营的产业化标准，而这些要求对于起步滞后的中原地区是难以企及的。尽管中原黄河旅游文化产业的发展历史相对较短，但其发展脉络比较清晰，即大致发轫自 20 世纪 80 年代，发展于 20 世纪 90 年代，21 世纪初得到快速提升，在新时代实现转型升级。在 2020 年 8 月，中共中央政治局召开会议审议的《黄河流域生态保护和高质量发展规划纲要》，提出要做好黄河流域的综合治理，保护、传承和弘扬黄河文化，挖掘历史文脉，挖掘时代价值，同时加快新旧动能转换，建设特色优势现代产业体系，推进乡村振兴。发展规划促成了黄河旅游文化与国家战略发展更加紧密的关系，将黄河文化产业发展提升到更高的层次。从其发展历程中，可以明确黄河文化产业化水平与产业政策出台的关系同样紧密关联。在其发展初期，旅游文化事业更多的是作为创收外汇的重要手段，在 21 世纪前后，进一步成为推进地方经济、丰富民众生活的重要事业。在新时代，尤其是中原经济区与黄河流域生态保护和高质量发展国家战略

---

① （清）顾祖禹：《读史方舆纪要》，中华书局 1955 年版，第 692 页。

的出台，旅游文化事业更是提升到实现中原地区全民美好生活方式、坚定文化自信的重要组成部分。纵观其产业化发展历程，中原黄河旅游文化产业的发展周期呈现与时代变化、政策引导高度关联的阶段性特点。

再次，中原黄河旅游文化产业具有资源丰富的特点。众所周知，由于河南与黄河的特殊地理关系，黄河之于中原亦利亦害。但先民在与黄河相处的过程中，在长期的耕种劳作、开发利用、建筑建设、政治经济等活动影响下，形成了极为丰富的历史文化遗存，且具有明显的历史线索，其资源开发价值极大。例如，郑州著名的花园口景区，在明代嘉靖年间，就已经是民众赏景观花的花园所在，是附近民众聚集消费的场所之一，并因此而得名。在抗战时期，花园口又因为承载了中华民族深刻而惨痛的历史记忆更加广为人知。中原黄河地区同时也是著名的红色文化熔炉，从抗日战争、解放战争到社会主义建设，中原民众持续高涨的革命热情，为革命红色文化宝库中注入了不尽的源泉。中华人民共和国成立后，在改造自然、变害为利的建设中，毛泽东主席提出了"一定要把黄河的事情办好"的号召，广大人民兴修水利、改造环境，在与黄河水患搏斗的过程中，体现出的"敢教日月换新天"的革命精神，凝聚着中原人民奋斗精神的水利工程、感人事迹，成为中原红色文化的重要组成部分和宝贵资源，激励着后来者不断学习和奋进。中原黄河地区的人文景观不胜枚举，革命遗址星罗棋布。除了物质文化遗产和精神财富以外，河洛大鼓、澄泥砚、黄河号子等富有鲜明黄河元素的非物质文化遗产也极为丰富。因此在深厚的文化基础上，中原黄河旅游文化产业已经初步形成了集多方资源于一体的综合体。

最后，中原黄河旅游文化产业实践具有多样性的特点。旅游文化资源的多元性决定了其产业化的路径也必然丰富多样。在旅游文化产业化的发展过程中，随着改革开放的深入、文化和旅游行业的发展，黄河旅游文化资源彼此交流融合，极大地推进了旅游文化的产业化进程。但旅游文化产业化的开展，需要能够有效地认识并区分资源基础，并持续深入地加以实践检验，才能够更加深入地认知和推进产业化。同时，产业化的实践离不开市场和管理主体的具体操作。河南在此方面通过摸索实践，已经取得了宝贵的实践操作经验。其中，开封市施行的"政府主导、市场运作、企业参与、群众受益"的旅游文化管理模式，充分调动了市场主体、管理主体的积极性，有效提升了综合效益，取得了突出的成效。早在20世纪90年代，开封就率先成立了文化旅游强市建设和文化体制改革工作领导小组，明确了文化旅游事业在城市发展的关键作用。此后，旅游文化事业建设水平不断提升，从20世纪90年代中期实施"旅游带动"，到21世纪初"建设文化旅游强市"，再到如今"打造国际文化旅游名城"，开封将文化驱动力作为现代服务业的主动力，不断提升项目规划水平和建设效率，加大投资，推出黄河文化、宋文化、文化带建设、夜游经济等新项目，积极创设旅游文化经济新业态。古都洛阳则在具体管理中采取了较为灵活的策略并对管理手段及模式进行了创新。洛阳市通过对旅游企业管理采取旅游发展集团、战略投资者以及知名旅游文化企业组建战略联盟的方式，并根据实际需要进行混合所有制改革等方式实现提质增效。其中，旅游景区则通过专业机构进行企业化经营，同时管委会保证产权归属并进行行政管理和政策支持，实现了景区所有权与经营权分离和市场化运作。洛阳将市场化运作、多元主体融合，在文创产业、乡村旅游、康养旅游、新媒体宣传、文化生态保护以及节事节庆活动举办等方面，均取得了显著成绩，并将本地的文化旅游建设目标定位为"国际人文交往中心城市"，为新时代洛阳地区的文化旅游发展制定了新的发展目标。在具体旅游文化产品开发方面，洛阳市通过央视中秋晚会的举办，成功地宣传推介了自身的独特魅力，推出的"唐宫夜宴""洛神水赋""龙门金刚"等优秀影视节目及其衍生产品，形成了极具特色和口碑效应的旅游文化品牌。总之，旅游文化产业化的经营模式、管理体制、产品开发、营销推广等内容，都离不开切实的实践总结应用。

中原黄河旅游文化产业，从宏观层面来看，从属于第三产业的服务行业，同时也属于国家文化及旅游产业的细分部分，而且由于黄河文化的特殊地位以及中原地区的战略区位，决定了其产业附加值和定位较高。从微观层面来看，中原黄河旅游文化产业属于以文化服务为主的公共部门，其资源多样性强、体验感丰富、消费群体众多、产品开发多元、产品效益高等特点，决定了其产生的社会效益和经济效益亦可以期待较高的回报率。

三、中原黄河旅游文化产业的价值

中原黄河旅游文化具有悠久的历史、丰富的资源、广泛的群众基础和地位重要等多重特点，其产业化对文化事业和旅游产业有着特殊的作用和意义，其价值体现在对满足人的精神文化需求、推动经济发展以及社会文化功能等多个方面。

一是满足人的精神文化需求的价值。从人的劳动权益来讲，旅游是社会经济发展到一定程度的产物，现代旅游开始于"二战"以后（李天元，2014）。1948年，当时成立不久的联合国大会在《世界人权宣言》中提出，"人人有享受休息和闲暇的权利"。带薪休假、休闲旅游逐渐成为发达经济体的工作制度，现代旅游正式进入社会生活之中。及至 20 世纪 80 年代，世界旅游组织在《马尼拉宣言》中宣告："旅游是人类长存的生活方式，是人类的基本权利。"通过旅游活动获得休憩是基本人权成为世界的广泛共识，休闲旅游、国际旅行等多种类型的旅游活动成为民众较为普遍的生活常态。通过旅游活动，参与者获得精神文化层面的享受及生活状态的放松，旅游产业的管理者和经营者获得相应的就业岗位和劳动收入，整体社会经济更加活跃，社会文化的交流互动也更加频繁。文化生活是人类进入文明阶段的重要标志，文化生活的普及化是社会文明发展的必然趋势。在社会主义制度中，民众的文化权益是人民参与社会文化生产和活动的生产与创造，并享受社会文化生产成果的权益。因此，可以通过文化多开展贴近基层生产生活、群众乐于且便于参与的文化活动，让基层群众成为参与的主体和活动的主角（庹震，2014）。文化和旅游均是满足民众精神生活需求的重要手段，是促进社会凝聚和创造社会财富的重要途径。中原黄河旅游文化产业的发展对中原地区民众的文化体验、休闲娱乐等精神文化需求将起到积极的推动作用。

二是推动产业经济发展的价值。文化和旅游对经济的促进作用极为突出。据国家统计局统计数据，2019 年全国文化及相关产业增加值为 44363 亿元，占国内生产总值（GDP）的比重为 4.5%[①]。旅游及相关产业增加值为 44989 亿元，占国内生产总值的比重为 4.56%[②]。文化及旅游产业增加值占据国民生产总值的 9.06%。其中，文化服务业产值在文化增加值中占比为 63.4%，旅游购物占旅游产业附加值比例将近三成，文化和旅游消费规模和市场潜力巨大。河南省的旅游和文化产业增加值比例尽管目前略低于全国平均水平，但增速高于全国平均水平，尤其是近年来河南省优秀文化作品的接连面世，旅游产品供给质量和数量持续攀升，极大地促进了河南旅游文化事业的快速发展[③]。文化及旅游行业的就业

[①] 国家统计局：《2019 年全国文化及相关产业增加值占 GDP 比重为 4.5%》，参见：http://www.stats.gov.cn/tjsj/zxfb/202101/t20210105_1812052.html。

[②] 国家统计局：《2019 年全国旅游及相关产业增加值 44989 亿元》，参见：http://www.stats.gov.cn/tjsj/zxfb/202012/t20201231_1811941.html。

[③] 河南省文化和旅游厅：《回眸"十三五"，奋进"十四五"——以新发展理念引领文化和旅游产业高质量发展》，河南省人民政府网，2021 年 2 月 2 日，http://www.henan.gov.cn/2021/02-02/2090252.html。

岗位供应、上下游行业的带动、全产业链条的联动等产业发展，对国家经济的持续稳定发展有着重要作用。自 2005 年以来，全球旅游总人次及增速稳定持续增长，2019 年全球旅游总人次（包括国内旅游人次和入境旅游人次）为 123.10 亿人次，较 2018 年增长 4.6%。尽管 2020 年受新冠肺炎疫情影响，旅游人次减少了 40.8%①。但是，在疫情相对稳定的 2020 年下半年以及 2021 年上半年，假日旅游及复工复产的强劲势头极为显著（见图 2-1）。文化产业在影视作品、娱乐游戏等方面取得突破，确保了在疫情冲击下的相对稳定。根据国家文化和旅游部统计，2019 年旅游业对 GDP 的综合贡献为 10.94 万亿元，占 GDP 总量的 11.05%。旅游直接就业 2825 万人，旅游直接和间接就业 7987 万人，占全国就业总人口的 10.31%②。2019 年仅在文化市场经营机构中的直接就业人口就达近 156 万人③。

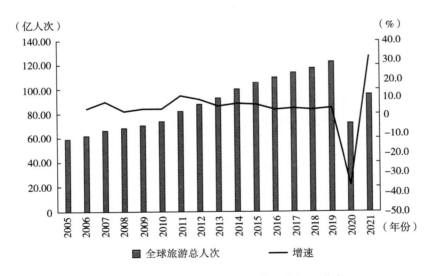

图 2-1　2005~2021 年 6 月全球旅游人数及增速

资料来源：《世界旅游经济趋势报告（2021）》。

---

① 世界旅游城市联合会：《世界旅游经济趋势报告（2021）》，世界旅游城市联合会网，2021 年 3 月 1 日，https：//cn.wtcf.org.cn/special/2021/0301/62140d11.html？pc_hash＝3M3AY9。

② 文化和旅游部：《2019 年旅游市场基本情况》，参见：https：//www.mct.gov.cn/whzx/whyw/202003/t20200310_851786.htm。

③ 文化和旅游部：《中国文化文物和旅游统计年鉴 2020》，国家图书馆出版社 2020 年版，第 5 页。

文化旅游行业具有较高的产业附加值，在外汇吸纳、内需拉动、政府税收、平衡地方收入水平等方面起着积极作用。参照美国劳工部门的统计数据，65 人次的旅游到访即可产生 1 个就业机会。在我国，旅游业所创造的就业岗位数远远超出普通制造业，其上下游连带的住宿、餐饮、物流、交通等相关行业，可以极大地吸纳就业人口。据估算，旅游业每投入 100 万美元，能创造 144 个就业机会。在上下游相关行业将近 8000 万就业人口中，妇女比例就超过 60%①。近年来，河南省围绕黄河元素的会展、奖励旅游、节事节庆活动等提供的常设和临时岗位，同样起到了促进就业、活跃经济的推动作用。由此可见，旅游文化的经济价值不仅仅体现在外汇创收、岗位创设、人员吸纳、收入提升等方面，对于区域经济发展、社会收入再分配、弱势群体关怀等方面，同样有着重要的作用。

三是社会文化功能的价值。一方面，提升中原黄河旅游文化的软实力。黄河是中华文化精神图腾的标志，是民众黄河旅游活动的资源本体。中国文化中的"天下之中"理念及外延形成于伊洛河流域及嵩山部分地区。距今 4800 年前，黄帝族及少昊族在帝丘（今濮阳）发生颛顼"绝地天通"的深度文化融合，原始宗教文化成为正统文化，自此，极具包容性的华夏文化开启了中国的轴心时代（代云等，2019）。正是以中原文化在内的多种地域文化构成了中华文化多元一体的博大体系，其建构"既是对国家宏大历史叙事的补充，也是新时期国家与地方共同致力于民族地方形象、软实力及文化生态的努力"。② 中原地区在历史上融合了教、儒墨道法、庄老玄学以及佛教等多种文化，形成了开放包容的地域性格。历史上中原族群的不断播散，"根在中原"的姓氏根亲文化成为团结海内外中华儿女的重要理念，河南各地举办的各姓氏宗族祭祖仪典，将新的中原文化信息以节事活动的方式加以宣传推广，多样化的文化旅游创意产品和旅游活动的人员交流，又将良好的中原形象向世人展示，极大地改善了中原地区的形象。

另一方面，有利于改善中原文化生态。习近平总书记曾经指出，要逐渐把旅游业做成少数民族地区、落后地区的支柱产业。我们可以在保障全局的前提下，通过旅游文化事业的推动，重点对"三山一滩"和原连片贫困区加以扶持，挖掘当地的文化旅游资源，根据实际情况进行旅游开发，增加当地收入。此外，还

---

① 唐晓云：《旅游的社会文化功能及其实现》，《光明日报》2015 年 1 月 11 日，第 007 版。
② 杨旭东：《近年来地方史研究述评》，《中原文化研究》2016 年第 1 期。

可以通过旅游文化事业的发展，实现自我教育和人员交流，起到增强文化素养、提升国民素质、丰富地方文化资源的积极作用。在国家级非物质文化遗产中，河南以一百余项位居全国上游水平，而且群众认可度、参与性较高，属于比较有效的社会教育路径（安磊，2020）。中原黄河旅游文化是流域性文化，覆盖面积大、文化认同度高、涉及群体广泛，作为独特的文化资源，更有利于满足人们"求新、求知、求乐、求闲"的心理需求（雒树刚，2020）。而且众多成功的案例表明，在商业环境滋养下，地域传统文化可以得到保存发展，因此改善传承者的生存环境，增加传承者的传习积极性，有助于形成游客乐见、传承者乐学、经济和社会综合效益并举的良好局面。

总体而言，中原黄河旅游文化的基础研究增加了对旅游文化产业的行业认知理解，并在旅游文化发展的过程中有了更加新颖的认识。即黄河旅游文化是以黄河文化的内在价值为根本，以相关旅游要素为依托，以黄河文化为主体的旅游过程中的各种物质文明和精神文明总和。从其特性层面上来说，中原黄河旅游文化主要包括黄河文化的精神性和旅游活动的物质性。在当前，旅游更有着发展国民经济、丰富民众生活、提升国民素养的重要意义，推动中原黄河旅游文化进行深度产业化发展，对于发展旅游产业、发掘经济潜力、树立文化自信有着重要的意义。在具体实践方面，中原黄河旅游文化使黄河旅游的产业属性得到充分发挥，凸显了中原黄河旅游文化在中华文明中的独特地位。中原黄河文化通过旅游的形式进行表达，其活化形态更加多样、路径更加多元，更加有利于其传播教育的效果。中原黄河旅游通过挖掘文化资源，同样有助于增加旅游资源的丰富度和吸引力。在社会建设层面，全面建成小康社会后，推进乡村振兴是党和国家的下一步目标，中原黄河旅游文化的发展将是中原地区深化中原经济区建设、推动黄河流域高质量发展的有力抓手。

第二节　中原黄河旅游文化产业发展现状

对于中原黄河旅游文化产业，我们可以从五个层面逐次理解，即文化、黄河文化、中原黄河文化、中原黄河旅游文化、中原黄河旅游文化产业。文化是研究内容的出发点，黄河文化是内容基础，中原黄河文化是文化界定的空间范围，中原黄河旅游文化是研究领域，中原黄河旅游文化产业则回归到研究内容的产业经济属性。追根溯源，文化的界定决定了中原黄河旅游文化产业的基本范围。"马克思认为文化是人改造自然的劳动对象化中产生的，是以人化为基础，以人的本质或本质力量的对象为实质的，它包括物质文化、精神文化、制度文化等因素。"① 因此，我们可以从物质资源、非物质文化资源以及制度文化三个层面对中原黄河旅游文化产业进行分析。

一、中原黄河旅游文化产业的物质资源

中原黄河旅游文化产业的物质资源，从定义标准划分上可以分为两个部分，即物质文化遗产和实体旅游资源，两者之间既有联系又有区别。根据《保护世界文化和自然遗产公约》的定义，物质文化遗产主要包括古迹、建筑群及遗址三部分。其主要特点为：一般具有人的因素的参与，并且具有普遍认同的较高艺术、文化、科学等价值。目前，河南省有龙门石窟与安阳殷墟两个世界物质文化遗产资源。关于旅游资源，李天元（2014）认为，"凡是能够造就对旅游者具有吸引力环境的自然事物、文化事物、社会事物或其他任何客观事物，皆可构成旅游资源"②。据此，我们可以理解，实体旅游资源即实体化的可以吸引旅游者的各种事物。其中不仅包括物质文化遗产，还包括自然、社会及文化等实体资源。

作为研究对象的核心，黄河旅游文化的空间范围亦存在流域空间与文化影响范围的区别。一是中原黄河的流域空间。黄河的流域空间存在着现存流域及历史流域的区别，现存流域包括自陕西潼关进入河南省的河道，西起灵宝市，东至台前县，流经8个省辖市28个县（市、区），分别占黄河流域总面积的5.1%、河南省总面积的21.7%。但从黄河历史来看，由于黄河"善淤、善决、善徙"的特点，黄河多次改道形成了大面积故道，在安阳、鹤壁、商丘、周口等地留下了丰富的历史遗存。因此，对中原黄河旅游文化资源的空间范围进行考察时，不仅要包括黄河现今流经的8个省辖市，还应包括安阳、鹤壁、商丘等历史故道流经地区。二是中原黄河旅游文化的核心区域。黄河文化作为中华文化的核心部分，

---

① 王仲士：《马克思的文化概念》，《清华大学学报（哲学社会科学版）》1997年第1期。
② 李天元：《旅游学概论》，南开大学出版社2014年版，第119页。

其扩散传播的范围是极为广泛的。但从产生区域来说，包括陕西潼关至郑州以南、洛河、伊河及嵩山的河洛地区既是中原黄河文化的源流地，也是华夏文明的策源地（陈昌远，2007）。恩格斯在《家庭、私有制和国家的起源》一书中认为："国家是文明社会的概括。"夏、商、周王朝都是先后以河洛地区为中心建立起国家政权，而且河南的二里头文化分布基本与史书中记载的夏族活动区域高度吻合，充分证明了河洛地区作为核心区域孕育了黄河文化，并和中原其他地区一起发展丰富了黄河文化，最终为影响海内外的中华文化提供了营养。所以从文化历史地位方面，河洛文化是中原黄河旅游文化的源流和基础。

从中原黄河旅游文化的物质资源本体来讲，作为以河流流域为资源基础的旅游文化，必然首先是黄河水资源本体。黄河万里奔腾、浩浩荡荡，自然资源条件极为丰富。黄河自黄土高原奔泻而下至河南，在河南境内承接伊河、洛河、沁河，在此下的千里河道近乎独流入海，流域之中不仅有山区、丘陵、平原、盆地、湖泊等多种地形地貌，也有森林、草地、湿地等多种生态资源，为充分实现旅游开发提供了充足的自然资源。据统计，河南拥有沿黄九省区19处世界遗产的5处，18处世界地质公园的4处（另有国家级地质公园14个），47个国家全域旅游示范区中的7个，9个国家级旅游度假区中的1个，31个国家级生态旅游示范区中的5个，65个5A级景区中的14个，85个红色旅游经典景区中的14个，263个全国乡村旅游重点村中的31个[①]。在各项指标中，河南基本都在平均水平以上，资源开发数量的基础规模是比较可观的。

如果将自然资源与人文资源进行合并统计，结合河南各地市统计的文物保护名录、A级景区名录和部分统计数据公示信息，通过黄河旅游资源调查分类。笔者将沿黄河及故道区域地市涉及黄河文化的资源信息现状列于表2-1中：

根据笔者对河南沿黄各地市黄河旅游文化资源的统计，自然资源现共计有105处，人文资源有224处，共计329处。在空间分布方面，河洛及黄河以北地区的自然旅游资源与其他地区相比，数量和规模相对较大。其原因在于河洛及黄河以北大部地区位于地理第二、第三阶梯过渡地带，崤山、熊耳山、嵩山、王屋

---

① 沈啸：《打造文化旅游带 共创黄河大合唱》，中华人民共和国文化和旅游部网，2020年12月2日，https：//www.mct.gov.cn/whzx/whyw/202012/t20201202_903466.htm。引文原载全国乡村旅游重点村为214个，2021年8月，全国乡村旅游重点村名单进行了调整更新，黄河流域九省区增加49个，其中河南新增7个。

表 2-1　河南黄河旅游文化资源统计

地区	人文资源	自然资源	总计
三门峡	虢国博物馆、函谷关古文化旅游区、荆山黄帝铸鼎原风景名胜区、北阳平遗址群、人类早期活动遗址有五帝、双庙沟、三圣湾、仰韶文化遗址、寺沟遗址、鹿寺遗址、不召寨遗址、冯异城遗址、陈村桥序碑、八路军渑池兵站、古秦赵会盟台、刘氏族系碑、黄河水位碑、郑窑遗址、丈八石佛寺、刘少奇旧居、中共豫西特委扩大干部会议旧址、抗日阵亡将士公墓、抗日烈士纪念碑、豫学公学遗址、"小孤山战斗"纪念地、"马跑泉事变"纪念地、陕州地坑院文化旅游区 27 处	天鹅湖国家城市湿地公园、亚武山风景名胜区、窄口龙湖风景区、鼎湖湾风景区、燕子山国家森林公园、小秦岭地质公园娘娘山风景区、黄河丹峡景区、岱嵋山风景区、五凤山风景区、甘山国家森林公园、熊耳山景区、温泉休闲保健度假区、回春河景区 13 处	40 处
洛阳	龙门石窟（含白居易墓）、白马寺、汉魏故城（含辟雍碑）、隋唐东都城、二里头遗址、尸乡沟商城遗址、千唐志斋、潞泽会馆、太子弘墓及石刻、邙山陵墓群（含东汉石像）、祖师庙、周公庙、关林、河南府文庙、洛阳山陕会馆、两程故里、八路军驻洛阳办事处旧址、王湾遗址、滑国故城、升仙太子碑、范仲淹墓、五花寺塔、灵山寺、洛阳涧西苏式建筑群、洛阳西工兵营、万佛山石窟、水泉石窟、大宋新修会圣宫铭碑、七里坪遗址、北窑遗址、土门遗址、桥北村遗址、西王村遗址、洛阳东周王城、刘国故城、宜阳韩都故城、新安函谷关、宋陵采石场、洛南东汉帝陵、魏明帝高平陵、后晋显陵、程颐程颢墓古墓葬、大运河、孙家洞遗址、苏羊遗址、徐阳墓地、西朱村曹魏墓、洞真观、九龙庙、兴福寺大殿、福昌阁 51 处	黄河小浪底景区、西霞院风景区、黄河湿地国家级自然区、龙潭峡、黛眉山、青要山、万山湖、天池山、六龙山、花果山森林公园、国家牡丹园、倒回沟、木扎岭、通天峡、龙池曼自然保护区、寨沟、鼎室山、伏牛山、伊阙山、伊河、万安山、邙山、洛河、涧河、谷水、瀍河、白石崖、鸡冠洞、龙峪湾、养子沟 31 处	82 处
济源	济渎庙、奉仙观、大明寺、延庆寺舍利塔、阳台宫、轵国故城 6 处	王屋山景区、黄河三峡景区、五龙口、小浪底风景区 4 处	10 处
焦作	韩愈陵园、仰韶文化遗址、龙山文化遗址、裴李岗文化遗址、黄河故宫——嘉应观、五代古塔妙乐寺、明清佛道合一建筑千佛阁、祈雨胜地青龙宫、商村遗址、陈家沟太极拳、慈胜寺、古温国遗址、司马故里、子夏故居 14 处	黄河湿地国家级自然保护区、古城湖、云台山、黄河滩区、黄河、沁河、济河河流 7 处	21 处
郑州	康百万庄园、巩义石窟寺、北宋皇陵、杜甫故里、永昭陵、永定陵、巩义博物馆、虎牢关、河南南水北调孤柏渡飞黄旅游区、广武山、青台仰韶文化遗址、织机洞遗址、中原影视城、兴国寺遗址、黄河古渡口、雁鸣湖生态风景区、中国绿化博览园、河南省农业高新科技园、宋代寿圣寺双塔、官渡古战场 20 处	河洛汇流处、嵩阴、五指山、盘龙山、始祖山、环翠峪风景名胜区 6 处	26 处

地区	人文资源	自然资源	总计
新乡	毛遂故里、夏家院民居、原武玲珑宝塔、谷堆文化遗址、陈平祠、张苍墓、古博浪沙遗址、豫剧祥符调、春秋时期的黄池会盟遗址、赵匡胤黄袍加身处遗址、刘邦遇翟母赠饭处遗址、浮丘店仰韶文化遗址、小岗村龙山文化遗址、苏坟村龙山文化遗址、宜丘村龙山文化遗址、仲子墓、学堂岗圣庙17处	黄河湿地、青龙湖、黄河故道湿地鸟类自然保护区、如意园4处	21处
开封	龙亭公园、铁塔公园、毛主席视察黄河纪念亭、大相国寺、清明上河园、开封府、宋都御街、朱仙镇、蔡邕墓、仓颉造字台、仓颉墓、木版年画、启封故城、焦裕禄纪念园、张良墓15处	东坝头黄河湾风景区、黄河滩区、柳园口、贾鲁河、涡河5处	20处
濮阳	戚城文物景区、东北庄、八都坊、中华第一龙、瑕丘古迹、唐兀公碑、龙碑、二帝陵庙、耶稣教堂、天主教堂、丹朱文化遗址、闵子墓、苏佑墓、范武子墓、郑板桥纪念馆、龙虎福寿碑、蚩尤冢、刘邓大军强渡黄河纪念碑、大河神祠、晋王城遗址、古贤桥、张公艺墓、魏氏墓碑、八里庙治黄碑刻、玉皇岭古墓、晋冀鲁豫野战军渡河处26处	中原绿色庄园、世锦园、张挥公园、毛楼生态旅游区、孙口将军渡黄河游览区5处	31处
商丘	燧皇陵、商丘古城、阏伯台景区、壮悔堂、华商文化广场、商丘火文化景区、微子祠、张巡祠、商祖殿、木兰祠、法华寺、仓颉墓、商均墓、伊尹墓、王公庄、白云禅寺、王公庄文化旅游景区、庄周陵园、庄子故里、葵丘会盟台、李馆地道旧址、江淹墓22处	黄河故道生态旅游度假区、草莓基地农业生态园、黄河故道长堤、科迪集团生态牧场、石庄湖、田庙湿地、龙泽湖、秋水湖、任庄水库9处	31处
鹤壁	浚县古城、桑园小镇、朝歌文化园、朝歌文化公园、摘星台、"北斗七星"传统村落6处	淇河湿地公园、古灵山、大伾山、五岩山、鹤鸣湖、白龙溪森林乐园、云梦山、朝阳山8处	14处
安阳	殷墟景区、红旗渠—林州太行风景区、岳飞纪念馆、羑里周易博物馆、中华古板栗公园、安阳马氏庄园、颛顼帝喾陵文物景区、汤阴县扁鹊庙景区、长春观景区、滑县大王庙文化园、滑县道口大曲企业文化园、滑县瓦岗寨景区、天宁寺景区、袁林景区、中国安阳蜡梅园景区、安阳民俗博物馆（彰德府城隍庙）、滑县民俗博物院、洹水古寨景区、安阳市城乡规划展示馆、庙荒民俗村20处	万泉湖休闲旅游度假景区、天平山风景区、林虑山风景名胜区黄华神苑景区、太行屋脊风景区、林州市五龙洞国家森林公园、洪谷山风景名胜区、林州市柏尖山景区、林州市万宝山风景区、太行山森林运动公园、安阳市天之瑶旅游区、漳河湾风景区、安阳双峰山雪花洞旅游区、洹河峡谷风景区13处	33处
合计	224处	105处	329处

资料来源：笔者根据河南省文化和旅游厅，河南省各省辖市文化、文物和旅游部门统计公报及公开信息整理。

山、太行山等山脉众多，伊河、洛河、沁河等河流在山区渐汇，并归入黄河。而且河洛地区位于亚热带向温带过渡区域，动植物资源比较丰富，因此产生了较为明显的资源富集现象。在规模数量方面，人文资源数量远大于自然资源数量，主要原因是统计口径的标准不一致，人文资源的个体标准相对低于自然资源。另外，历史上的中原地区，尤其是河洛地区长期作为国家政治经济的中心，频繁的人文活动给这一地区留下了极为丰富的历史文化痕迹，并且黄河河道在此地区相对稳定，没有经历黄河下游大规模的河道迁徙和水患侵扰，保留了大量古建筑、陵墓等相对完整的历史文化资源。从而形成了人文资源多于自然资源，河洛地区多于其他地区的分布特点。

尽管中原黄河旅游文化资源在单体体量、整体规模、资源丰度、开发程度方面存在较大差距，但是如果与其他地区进行横向比较，中原黄河旅游文化区资源还是具备规模体量较大、主题鲜明、知名度高、可游性强等特点，具有比较突出的开发价值等优势。目前，中原地区已经形成了一批具有较高品牌度的黄河旅游文化景点。例如，观光景区中的三门峡大坝风景区、黄河小浪底风景区、郑州黄河游览区、黄河湿地国家级自然保护区、开封东坝头黄河湾风景区、黄河故道生态旅游度假区、焦作青天河、云台山、洛阳白云山国家森林公园、龙潭大峡谷、鸡冠洞等，这些景区无论是游客规模，还是产生的社会效益和经济效益都十分可观。作为人文资源富集之地，诸如白马寺、龙门石窟、仰韶文化遗址、开封清明上河园、少林寺、丽景门、殷墟遗址、函谷关古文化旅游区等景点更是闻名遐迩，保持了良好的品牌度和社会影响力，成为行业文化旅游的标杆。

总的来说，中原文化的根脉在黄河，发展中原黄河旅游文化产业最大优势是黄河要素，打出"黄河文化牌"是突出黄河流域文化特色，增强文化号召力、旅游吸引力、社会竞争力的有效途径，而中原无疑是黄河文化最具代表性的核心区域，将丰富的中原黄河旅游文化物质资源进行切实保护、充分发掘，是做大做强河南旅游文化产业、拉动全省经济社会发展的重要支撑。

二、中原黄河旅游文化产业的非物质文化资源

中原地处中国核心，地理区位条件优越，素有"天下之中"美誉，蕴藏在这里的中原文化乃至东方文化博大精深，向来有"一部河南史，半部中国史"

之美誉。① 数十万年的人类生存发展史和五千年的文明赓续史，延绵不断的中原文化传承，形成了种类多样、内容充实的非物质文化遗产，丰富了中原民众的精神文化生活，是中国文化的重要基础。

关于非物质文化遗产的定义范围，2005 年，国内学界基本有了较为明确的定义，即各族人民世代相承的、与群众生活密切相关的各种传统文化表现形式（民俗活动、表演艺术、传统知识和技能以及与之相关的器具、实物、手工制品等）和文化空间②。于 2011 年颁行的《中华人民共和国非物质文化遗产法》从法律层面对非物质文化遗产进行了范围界定，其内容包括："一、传统口头文学以及作为其载体的语言；二、传统美术、书法、音乐、舞蹈、戏剧、曲艺和杂技；三、传统技艺、医药和历法；四、传统礼仪、节庆等民俗；五、传统体育和游艺；六、其他非物质文化遗产。"③ 非物质文化遗产的涵盖范围，就此从法律和技术操作层面得到了明确界定。

在数量分布方面，目前国家已经于 2006 年、2008 年、2011 年和 2014 年四次确定了国家级非物质文化遗产名录，并在 2021 年增补公示了第五批非物质文化遗产。其中前四批中河南占已有 3610 个子项的 113 个，2021 年河南占新增 465 个子项的 12 个④。河南国家级非物质遗产项目子项占比为 3.07%，在绝对数量上位居全国 35 个申报单位的中游偏上。与周边省份进行比较，高于陕西的 91 项和安徽的 99 项，但远低于山东的 186 项和河北的 162 项，在存量规模和增量申报方面有待提高。

在领域专业方面，河南非物质文化遗产的类别差距比较明显。河南省国家级项目中传统戏剧（29 项）、传统音乐（13 项）、传统美术（14 项），占河南省国家级项目总数的将近一半。而传统曲艺（5 项）、传统医药（6 项）、民间文学（10 项），仅占项目总数的 17%。其中传统技艺占绝对多数，传统技艺中又以手工艺品、酒品酿制、饮食烹饪、陶瓷工艺等为主。再者是传统美术与舞蹈，例如剪纸、舞狮、高跷等项目，其依然具有较深厚的群众基础和较高的活动频次。这

---

① 徐光春：《一部河南史 半部中国史》，《光明讲坛》2009 年第 21 期。
② 牟延林、谭宏、刘壮：《非物质文化遗产概论》，北京师范大学出版社 2010 年版，第 25 页。
③ 中国非物质文化遗产网·中国非物质遗产数字博物馆：《什么是非物质文化遗产》，http：//www.ihchina.cn/zhishichuang。
④ 相关数据由笔者根据文化和旅游部公示名录进行统计而成，部分参考中国非物质文化遗产网·中国非物质化遗产数字博物馆统计数据，资料来源：http：//www.ihchina.cn/project#target1。

说明与民间节事活动较为密切的非遗项目，尤其是与群众日常生活更加贴近的项目，其生存发展能力更强。但曲艺、传统医药、民俗等非遗项目，无论是数量还是名录等级方面，都相对比较弱势。这种现象产生的原因与社会文化审美习惯变化、受众群体缩小以及不能完全适应行业标准规范的调整存在一定关系。

在地域分布方面，黄河文化区各地市区域之间的非物质文化遗产差距比较明显。以省级非物质文化遗产为例，在914个项目中，呈现明显的区域性差别①。在市域分布数量方面，焦作91项（次）、洛阳88项（次）、郑州78项（次），位居全省前三。其中洛阳在第五次目录公示后，实现对郑州的超越，排名省级项目的第二名。中原非物质文化遗产的极核区涵盖焦作、济源、洛阳北部、三门峡北部以及郑州西部的地区，豫北地区是非遗的密集区。其中极核区与历史上河洛文化、怀庆商帮文化的分布区域高度重合，充分说明了黄河文化孕育地的深厚历史积淀与传承。

在品牌及资源挖掘深度方面，非物质文化遗产也存在着较为明显的区别。例如焦作，无论有形的物质文化资源，还是非物质文化资源都很丰富，其中不少文化旅游资源具有唯一性和垄断性。近年来推出的"太极圣地、山水焦作"文化旅游品牌，更是成为极具品牌辨识度的旅游项目。此外，焦作利用自身拥有垄断性、多种类、高品位、高密度的文化旅游资源，积累了丰富的旅游文化管理经验。在2020年，太极拳成功列入联合国教科文组织的非物质文化遗产名录，焦作基本形成了以世界非物质文化遗产——太极拳、云台山世界地质公园作为拳头产品，13项国家级非物质文化遗产、91项省级非物质文化遗产项目等梯队建设。焦作市2019年旅游综合收入达到480.18亿元，占GDP的比重为17.4%，为进一步深化文化旅游资源开发奠定了坚实的基础②。

与焦作市隔河相望的郑州市与洛阳市，占据了河南省国家级非物质文化遗产项目三甲的两席，同样充分发挥了自身的资源优势，在非遗保护传承及开发方面取得了不俗的成绩。郑州作为省会和国家中心城市，通过媒体机构、文化旅游部

---

① 相关数据由笔者根据河南省文化和旅游厅公示目录进行统计而成。其中2021年新增项目186个。资料来源：https://hct.henan.gov.cn/2020/03-31/1311333.html。

② 焦作市统计局：《2019年焦作市国民经济和社会发展统计公报》，焦作市人民政府网，2020年5月14日，http://www.jiaozuo.gov.cn/sitesources/jiaozuo/page_pc/ywdt/zwyw/article44bdf4ed79d14adb99602776ebcce2b8.html。

门和商业主体的联合创作，打造了"唐宫夜宴""洛神水赋""龙门金刚""只有河南·戏剧幻城"等一系列优秀文化作品和项目，在全国形成了广泛的影响力，推广了中原地区的戏曲、绘画、舞蹈和传统技艺等非遗文化。洛阳作为河洛文化的核心地区，非物质文化遗产项目数量多、质量高、影响广。近年来，作为省域副中心城市，洛阳市不仅通过数字化技术对非物质文化遗产项目保护传承工作进行了优化，打造了一批优秀代表作品，还利用自身优势，建设起沿黄九省区非物质文化遗产资源网站，发挥协同管理的带头作用，显著提升了非物质文化遗产保护开发工作效率。

中原黄河地区的非物质文化遗产资源之所以高度富集，其自然环境原因在于，中原沿黄河的东西方向和地理第二、三阶梯过渡地带的南北方向形成交叉，加之是黄河中下游衔接段，形成了中华文化四方交流的关键地区。其历史文化原因在于，中原黄河地区南接秦岭咽喉、北为太行终末，河洛南接江汉，在历史上素来是南北文化交流的重要通道，中国历史上南北之间冲撞交流的前沿也多在黄淮之间。中原黄河文化区四周分布着齐鲁、燕赵、三晋、关中、楚文化等，特殊的地理区位又促进了多元文化的交流，催生了融合多样文化特点的中原黄河文化，不同类型文化的碰撞也为彼此交流扩散提供了更多的机会和条件。历史上多次中原人口的南渡北迁加速了中原黄河文化的汇聚播散，将中原文化带至更为广泛的范围，文化传播营造的文化基础促成了高度的认同感。加之中原黄河地区是华夏民族早期活动的重要舞台，大量姓氏的起源地即在此处，根亲文化的繁荣为更加丰富的文化交流提供了条件。

总体而言，中原黄河地区完全具备打造非物质文化遗产为旅游精品、绝品和极品的潜质，进行深度开发的市场前景非常广阔。可以继续通过深化"中华之根""少林武术""太极之乡""老家河南"等特色文化品牌，以品牌促进开发，以开发传承非遗，进而突出中原黄河非物质文化遗产的文化特色，为旅游文化发展营造更广阔的空间。

三、中原黄河旅游文化产业的制度文化

关于中原黄河旅游文化产业的制度文化，可以从历史文化资源和制度管理资源两个层面进行阐释。

中原黄河旅游文化区有着丰富的历史文化资源。例如，著名的历史文物——

何尊，其铭文中"宅兹中或"（即"宅兹中国"），就确定了选都要位于国家中央的制度原则①。《汉书·沟洫志》记载，"中国川源以百数，莫著于四渎，而河为宗"。其中的"河"即为今之黄河。《卜辞》中记载"高祖河"，《史记》记载"大河"，及至汉代《汉书·地理志》中方记载有"黄河"之名，从称呼之尊崇中，可见黄河在世人心目中的地位之重要。黄河作为"四渎"之一，是国家祭典的重要组成部分。此外，历史上历代政府的河工管理部门均将黄河治理作为主要工作，其可见黄河在国家治理中的重要影响。黄河文化中的"中"思想，在中国乃至中华文化圈的政治、经济、建筑等制度建设方面起到了极为重要的作用，核心凝聚、中轴建设、天下归一的思想理念，成为中华民族的自觉意识。黄河文化在中华文化中以其主体性与核心性凝聚了中华文化延绵不断的历史传承，以黄河文化作为基础的政治制度和伦理道德，构成了民族融合、国家统一的重要基础②。其中，中原城邑（城市）是黄河制度文化的重要体现，也是现在和未来进行旅游文化深度开发的突破点。在中原黄河流域，星罗棋布的都邑城市遗址是东方文化的曙光，是见证中华文化的窗口。恩格斯曾经指出，"只要村一旦变作城市，也就是说，只要它用壕沟和墙壁防守起来，村制度也就变成了城市制度"③。从村制度向城市制度的转变，意味着经济的发展、社会运转管理能力的提升和文明制度的逐渐完善，在城市发展史上占有重要地位的中原城市是中原文化的重要标志。

纵观历史，中原区域内形成了众多的城市，有些保存至今，有些已经成为历史遗迹，但其蕴含的文化信息反映了经济社会的发展变迁。例如，在郑州北郊发掘的西山古城遗址，根据文献和考古资料，可以断代在炎黄之后的祝融氏族时期，至今有着相对完整的城墙遗迹和丰富的历史文化遗存。陈隆文认为在西山古城遗址及周边的地区是祝融部落聚居地的中心区，是农业的快速发展区。因此，西山古城即是中国最早的城市④。《吕氏春秋·孟夏纪》记载，"其帝炎帝，其神祝融"。《国语·楚语下》曰，"南正重司天以属神""命火正黎司地以属民"。祝融部落作为强大的原始部落，通过有效的管理，发展农业经济，在郑州北部沿黄

① 刘庆柱：《黄河文化是中华民族文化的根和魂》，《中华民族博览》2021年第9期。
② 田学斌：《黄河文化：中华民族的根和魂》，《学习时报》2021年2月5日，第A1版。
③ 《马克思恩格斯全集》第19卷，人民出版社1963年版，第361页。
④ 陈隆文：《郑州历史地理研究》，中国社会科学出版社2011年版，第63页。

河地带建立起了一系列城市，在城市和祭祀功能遗址中，可以看出其已经具备了较为完整稳定的政治功能和经贸功能（靳松安、张建，2015）。郑州大河村国家遗址考古公园经过了长达半个世纪的发掘研究，基本已经探明仰韶文化、龙山文化、二里头文化和商文化三千多年的发展历史，见证了仰韶文化从产生到消亡的两千余年的历史变迁（张丛博，2020）。其遗址文物中富含了大量礼仪文化信息，例如：彩陶双连壶作为礼器，是结盟团结的见证；彩陶盆则说明先民对几何对称等数学知识以及审美观念的成熟，是中国早期和平思想的有力例证。2020年，大河村遗址公园被列为郑州落实黄河流域生态保护和高质量发展国家战略、建设黄河文化主地标城市重点项目。在距今5300余年的郑州青台遗址中，考古人员发掘发现了早期丝绸遗迹，极有可能推进中国丝绸的历史开端，为"一带一路"倡议在新时代的发展提供历史资源助力。中原文化是典型的农业文化，农耕作为经济基础而形成的上层建筑具体表现有政治制度、社会体制、经济框架、宗法制度及治理理念、历史习俗等（杨自沿，2020）。因此考古遗址、历史遗迹、文化信息、制度传承等内容是历史制度文化表征的重要构成，而中原黄河流域具有丰富多样、脉络清晰的文化遗产，为发展中原旅游文化提供了宝贵的历史文化资源。

在制度管理资源方面，可以从现有资源和管理状况两个层次进行分析。首先是现有资源。旅游的"吃、住、行、游、购、娱"等基本要素的满足，是实现旅游活动的基础。截至2020年底，河南现有5A级景区15个，4A级景区190个，3A级景区271个，全省共有A级景区580个；五星级酒店21个，四星级酒店86个，三星级酒店234个；全国乡村旅游重点村31个，省级乡村旅游特色村449个，省级乡村旅游创客示范基地30个，省级特色生态旅游示范镇134个，省级休闲观光园区150个；全国中小学生研学实践教育基地、营地23个。基本实现了乡村旅游、非遗保护开发、实践教育等领域的覆盖，同时在"吃与住"两个关键要素的梯队构建上，基本达到了高中档及普及标准的建设要求。

在行的方面，中原旅游的交通优势得天独厚。自古以来，河南地处九州之中，当前更是堪称"十省通衢"，是东西南北的交通要冲，旅游的通达性极佳。并且随着基础工程建设的推进，2021年底实现高速公路通车里程约7216公里，并且河南在2017年就已经基本实现全省各县通高速，同时河南还是全国最早一批完成村村通工程的地区（夏萍，2021）。截至2020年底，河南已经基本完成

"米"字形客运专线建设，形成了北京、西安、武汉、徐州等中国几个核心城市的"两个半小时交通圈"，并打破了焦作、濮阳、三门峡等沿黄地区的交通困境，沿黄快速路、郑新快速等快速道路建设，为实现景区的迅速通达提供了便捷条件。同时，随着经济水平的提升和旅游管理意识的增强，各地加大投入，对景区道路和停车设施进行了提效升级，基本实现了主干道到景区内部道路的快速连接。在 2019 年，郑州新郑机场游客吞吐量达到了 2900 余万人次，位居中部地区（省）第一位。洛阳北郊机场同期旅客吞吐量也达到了 153.9 万人次，实现了中原地区与热点城市和国际的通航①。通过航空、高铁、地铁、轻轨、高速路等交通建设，中原黄河旅游文化区交通实现了前所未有的便利，为增加游客吸引力起到了重要作用。

产业布局理念和政策支持是影响旅游文化产业发展的另一重要因素。旅游文化业界的普遍共识是人均 GDP 超过 3000 美元，休闲旅游行为将快速增加。2010 年河南省人均 GDP 达到 3000 美元以上，2020 年河南人均 GDP 实现十年间翻番，期间旅游文化消费不断增加，成为河南第三产业比重提高的重要推动力②。以郑州为中心，高铁通勤三小时的区域内，集中了豫、陕、晋、冀、京、津、鲁、苏、皖、鄂十个省（直辖市），覆盖了全国人口最集中的大部分地区。其中大部分省市的人均 GDP 与河南持平或略高，区域总体高于全国平均水平，相对较高的收入人群为中原旅游文化消费提供了客源基础。此外，河南自身接近一亿人口的基数和快速发展的经济条件，同样也为中原旅游文化发展注入了强大的内生动力。在产业布局上，河南省在"十四五"规划建议中，明确提出要加快建设现代产业体系，要将文化旅游、健康养老建设成为万亿量级水平的支柱产业，在产业合理布局的同时强化政策集成，为旅游文化事业的发展起到了推动作用。在发展战略方面，河南突出中原黄河"根与魂"的文化优势，打造黄河文化传承区；加强学术研究，尤其是河洛文化等文化类型的研究，保护好重点遗址，做好古籍保护、研究、利用；建设三门峡—洛阳—郑州—开封—安阳世界级大遗址公园走

---

① 发展计划司：《2019 年民航机场生产统计公报》，中国民用航空局网，2019 年 3 月 9 日，http://www.caac.gov.cn/XXGK/XXGK/TJSJ/202003/t20200309_201358.html。

② 河南省统计局、国家统计局河南调查总队：《2020 年河南省国民经济和社会发展统计公报》，河南省统计局网，2021 年 5 月 6 日，http://tjj.henan.gov.cn/2021/05-06/2138973.html。

河南省统计局、国家统计局河南调查总队：《2010 年河南省国民经济和社会发展统计公报》，河南省统计局网，2011 年 3 月 21 日，http://tjj.henan.gov.cn/2011/03-21/1367735.html。

廊,打造郑州、开封、洛阳历史文化地标城市,加快建设具有国际影响力的黄河文化旅游带;打造郑州、开封、洛阳黄河地标性城市,以及安阳、商丘等古都名城建设,并以此为核心,建设沿黄国际文化旅游核心板块;加强博物馆建设和国家文化公园建设,开发以黄河为主题的会展活动,提升重要节庆的影响力;全力推动发展红色旅游、乡村旅游和全域旅游,推动"文化旅游+",建设文化旅游强省①。系统性政策的出台为加快中原旅游文化产业在国家经济版图中的作用意义重大。

民众的自觉管理、自我发展的意识,是旅游文化制度管理资源发展的关键。以民宿为例,河南省文化旅游主管部门在 2018 年就确定了民宿作为发展乡村旅游、推动全域旅游的战略性抓手的定位。民宿本身是集文化意象、旅游跨界产品以及共享生活于一体的特殊存在②。民宿本身作为最小量级的旅游目的地,有效地连接了土地价值、商业价值和乡土文化价值等多重要素,投入和产出效益比相对可观,因此,民众的参与对于通过民宿进一步拓宽旅游发展路径有着重要的推动作用。例如,郑州巩义市涉村镇北庄村,该村是典型的豫西山村,长期以来交通闭塞,经济比较落后,如今通过融合传统民居和文艺化改造建设的"石居部落",已经成为周边地区旅游打卡的知名景点,并随着旅游开发的进行,北庄村的基础和旅游设施进一步完善,形成了开发保护的良性循环。此外,三门峡的地坑院体验民居、洛阳的山村民居、济源的工厂民居、焦作的临水民居等多种类型的民宿,已经初步形成了多类型、多层次、成规模的民宿开发体系。多种类型的民宿开发,一方面传承了传统文化,保护了传统建筑,突出了地域特色;另一方面促进了基础和旅游设施的建设,方便了本地居民和外来游客,也增加了就业岗位,培育了当地新的经济增长点。尤其是在乡村振兴的重要背景下,通过民宿推动黄河乡村文化振兴、发展全域旅游,是巩固乡村扶贫攻坚成果、推进乡村振兴的有效措施。

品牌管理是文化旅游持续健康发展的保证。河南在旅游文化品牌建设上已经取得了比较突出的成绩。例如,从 1998 年创建中国优秀旅游城市以来,河南已经先后有郑州、开封、洛阳、濮阳等 27 个城市(县区)获得"中国优秀旅游城

---

① 《中共河南省委关于制定河南省国民经济和社会发展第十四个五年规划和二〇三五年远景目标的建议》,河南省人民政府网,2021 年 1 月 8 日,http://www.henan.gov.cn/2021/01-08/2074842.html。

② 石洪凡:《我国乡村旅游中民宿的产生背景、特色定位及其发展策略》,《农业经济》2017 年第 12 期。

市"的命名，居中部地区首位，形成了"中国优秀旅游城市"中原城市群品牌，提升了中原旅游品牌的影响力。在品牌宣传标志方面，"老家河南"已经成长为极具辨识度的文化品牌，并且随着网络宣传、自媒体传播、传统媒体广告等多种途径的推广宣传，在国内外形成了较大影响力。中原沿黄各地也打造了诸如"山水焦作""愚公故里""禅宗少林""东京梦华"等知名旅游文化品牌；还有跨地区、跨领域的黄帝故里、龙门石窟、唐宋文化、殷商文化、三商之源、功夫文化等综合品牌；焦裕禄精神和治黄精神等，更是红色革命文化传承的重要标志，是研学旅游、教育培训等旅游文化产业新业态的宝贵财富。在整合思路方面，河南省文化旅游部门提出了"老家河南"与"中国功夫"的"两张牌"，以及中华古都游、中国功夫游、中原山水游、黄河丝路游的"四条线"①。品牌整合和精品旅游线路对于提升中原文化旅游层次有着重要作用。旅游文化品牌的推广离不开优质平台的支撑。目前，中原旅游文化已经接入智慧旅游平台管理，通过与行业头部企业合作，推广宣传了中原黄河旅游文化产品，将更多的旅游景点景区纳入游客的目的地选择范围。通过与阿里巴巴、腾讯、美团、携程、字节跳动、驴妈妈、去哪儿等网络平台的合作，中原文化旅游为智慧旅游、快捷支付等旅游行为提供了更多的便利。节事节庆活动的品牌打造对中原旅游文化同样起着积极作用。河南除了传统的洛阳牡丹花会、开封菊展较为知名外，豫东举办的太昊陵庙会、火神台庙会等民俗节事也有较高的知名度。中原作为中华民族历史活动的重要舞台，姓氏根亲文化是凝聚中华民族的重要纽带，除新郑的黄帝祭祖大典外，老子故里鹿邑的李氏恳亲大会、信阳淮滨的蒋氏祭祖典礼等活动，多数是以历史文化资源为基础，成为促进海内外交流、推动文化经济发展的重要抓手，其中，仅新郑黄帝祭祖大典吸引来的资金就在 200 亿元以上，经济文化综合效益十分突出。民俗节庆活动以极富乡土亲情的特色，成为既满足参会群众经济文化需求，又是推广宣传传统文化的重要平台。

因此充分发挥中原特色，激活黄河文化基因，激发中原文化旅游发展的积极要素，做强做大已有品牌，深度挖掘文化旅游资源，丰富传播推广手段，积极打造富有中原文化特色的品牌，是未来中原黄河旅游文化综合效益最大化的必由

---

① 陈关超：《"两张牌""四条线"：勾画河南文旅融合新蓝海》，《中国文化报》2019 年 4 月 12 日，第 002 版。

之路。

四、中原黄河旅游文化产业化的困局

随着中原黄河旅游文化产业的跃升式发展，如何实现全面推动旅游目的地深化改革，如何全面提升旅游经济发展质量，如何全面优化旅游体验满意程度，如何全面释放旅游资源内在潜力，已经成为满足供给侧结构性改革新标准的关键问题。中原地区作为黄河文化资源富集区，在黄河流域生态保护与高质量发展战略的指引下，在文化旅游融合转型升级的发展大潮中，具有得天独厚的优势。但是，目前中原黄河旅游文化产业尚未充分发挥其效能，综合效益未能完整体现，关键还在于思想观念的滞后、管理体制机制建设落后、优质资源整合程度不足、科技创新有待加强、品牌推广和营销有待优化等问题，存在着亟待打破的发展瓶颈。

第一，思想观念的滞后。寻求愉悦体验是旅游的根本目的，是旅游本质的统一内核①。但在日新月异的社会发展面前，如何实现更加优越的文化旅游体验是旅游文化产业化要解决的重要课题。

一是体验模式构思的陈旧。在新时代文化旅游活动中，人们对于旅游的诉求也已经从最初"吃、住、行、游、购、娱"的基本需求，向更加丰富独特的游历体验转变。加之受疫情的影响，个性化旅游、自驾游、网络云旅游等方式逐渐成为旅游的常态方式。传统的以景区为依托、以旅行社组团游为主的运作模式，已经不能适应当今旅游文化发展的需要，更不能满足体验参与者对高质量旅游文化产品的需求。

二是观念创意不足。旅游文化行业的发展正在经历从资源导向到市场导向的转型，但不少从业者对于中原黄河旅游文化的理解，依然停留在对历史文化资源的初级层次开发上。类似复古建筑的审美水平不高、旅游产品千篇一律、文化信息错误等现象还比较突出，中原黄河文化内涵水平较高的各类资源，许多只是通过复古建筑、服饰展示、布置陈设等基础方式加以表现。游客的参与性体验和资源信息的挖掘深度相对较差，加之景区表演展示项目更新慢、有雷同等问题，使浮光掠影、走马观花的旅游活动不能激活旅游资源的"文化之魂"，因此也就难

---

① 谢彦君：《基础旅游学》，中国旅游出版社 2011 年版，第 11 页。

以达到旅游体验的预期效果。

三是市场融合发展意识不强。通过市场的高效率和敏锐度，将文化旅游资源进行有效保护和充分开发是必由之路。但目前依然存在着黄河文化资源与旅游开发的认识误区。例如，现在还存在把文化资源与旅游开发对立起来的问题，认为文化资源的保护是旅游开发的障碍，或者认为旅游开发必然导致文化资源遭到破坏。但实际上，过度的开发和过于保守的保护，都不利于旅游文化资源的健康发展，缺乏发展眼光和整体意识会错失发展的关键机遇。

第二，管理体制和机制建设落后。管理能力的提升对旅游文化发展的积极作用是广泛共识，但目前中原黄河旅游文化产业的管理机制在多个方面还相对落后。

一是体制协同建设的不足。黄河旅游文化产业的资源整合、开发利用、宣传保护、投资建设等发展需求，并不能由某一个部门独立完成，而是需要包括政府、商务、企业等多部门思想统一、分工明确地开展工作。但从目前情况来看，河南的黄河旅游文化产业建设仍然存在思想不统一、步调不一致的问题。例如，沿黄的一些基础设施、旅游设施和水利设施建设规划区分不够，执法标准掌握不清晰，文旅、环保、水利等部门的协同沟通不足，导致各部门无法有效地协同建设，旅游文化投资项目也因此半途夭折。如豫东某县经过 20 余年积累，利用黄河故道水系养殖的优质大闸蟹，打造出了"中国十大名蟹"和"河蟹之乡"的品牌，产业产值十分可观。但由于生态保护的需要和自身转型升级的不足，大量外来劣质河蟹涌入市场，降低了产品品质，严重冲击了品牌价值。因此，应加强体制协同建设，坚持统一规划、统一目标、统一规则标准，实现多部门联动，确保文化旅游资源互通互动、共享共赢。

二是体制管理的市场化水平不足。从发展经验来看，自 20 世纪 80 年代以来，产业结构调整对经济增长的贡献率长期保持在 50% 以上，在发展的新阶段，高质量的产业结构调整依然在经济发展中与科技进步共同起着重要的推动作用（刘伟、张辉，2008）。文化旅游融合发展是面对社会发展和民众需求进行的重要变化，在某种程度上属于结构性调整，而其发展的关键在于通过市场化运作，更加高效地进行资源开发，满足市场需求。目前，中原黄河旅游文化产业化亟待解决的核心问题就是组织上的企业化改造、经营上的市场化运作。从实际情况来看，现有的文化旅游产业的主要机构，仍然属于政府部门下属的二级机构，实质管理体制仍然是事业单位属性。尽管在资源调动、协调运营方面有一定优势，但市场化运行的驱动力不足，导致整体效益水平不高，民营资本行业进入的门槛被抬高、积极性受挫，充分市场化运作的旅游文化企业数量有限。党的十九大报告强调，要"使市场在资源配置中起决定性作用，更好发挥政府作用"。经济发展要在市场运作的资源配置和政府的宏观管理双重作用下发挥最大效能。但由于河南整体经济还不尽发达，可投入资金有限，营商环境有待改善，所以本地投资和引进外资相对比较薄弱，也未能完全形成一个健全活跃的市场，即使近期不断推出出彩的旅游文化产品，仍然不能改变中原旅游文化产业整体发展不足的面貌。

三是当前旅游文化公共管理机制存在短板。在资源管理、开发融资、管理机制等方面，中原旅游文化产业还缺少区域性协同系统进行有效的公共管理。现有的政府和行业联席会议并不能完全解决未来跨区域、跨行业协同发展的需要，尤其是涉及产品归属权、著作权、品牌产品等投入和收益分配的问题，缺乏较为成熟的解决机制，这将对旅游文化产业的长远发展产生不利影响。应急互助机制和紧急补贴制度的缺乏同样影响深远。2020年初暴发的新冠肺炎疫情，给国内外旅游文化产业造成了巨大冲击，短时间内已有订单取消，景区关闭，餐饮行业、娱乐购物处于半停业状态，旅游文化企业承担着沉重的人力成本和运营成本，许多中小型企业被迫停产停业，充分暴露出行业承压能力差的问题，在某种程度上也说明了行业协同应急机制存在明显的短板。彭志凯（2020）对2020年新冠肺炎疫情暴发后旅游文化企业面临的主要问题进行复盘，认为恢复和发展压力依次为：市场订单减少、生产经营成本高、竞争激烈、融资难度大、企业知名度低等因素（见图2-2）。在国外疫情发展形势不尽明朗的情况下，国内文旅行业要积极参与国内国际"双循环"战略，彻底扭转"靠天吃饭"的行业运营习惯，是未来出路的关键，所以应该构建应急机制，包括成立行业自救机制、行业保险机制、互助基金会等，进而缓解疫情带来的行业冲击。

第三，优质资源整合程度不足。优质资源是形成核心竞争力的基础，而做好资源整合更是提升生产效率、提升产业层次的关键。

一是从目前中原黄河旅游文化资源发掘效果来看，未能充分凸显中原黄河文化的突出地位。在产业高质量发展标准要求下，解决好中原黄河旅游文化资源的"散、小、乱"问题，就要深度挖掘黄河地方特色文化资源，贯彻"文化是旅游的灵魂，旅游是文化的载体"理念，通过旅游线路规划、文化品牌打造等手段，丰富旅游文化产品内涵。

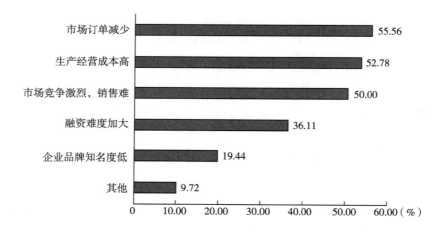

图 2-2　文旅企业当前面临的主要困难

资料来源：彭志凯：《文化旅游行业投融资现状与需求调查研究之十大特点》，《清研智库系列研究报告》2020 年第 5 期。

　　二是规划设计力度不足。在当前的社会经济发展阶段，需要以合理规划设计作为产业持续健康的基础，才能实现一流的规划方案，打造出一流的产品。但随着发展的进度不断加快，需求的不断提升，原有的建设水平和设计规划已经不能满足未来中原黄河旅游文化产业的发展需要。因为发展的"核心能力已经从对有形资源的掌控转化为对无形资源的共享，更容易实现规模经济和范围经济"[1]。其中对于有形的资源，即文化遗产、文化项目、旅游目的地等一系列资源的规划，往往存在游客承载量、交通规划、预算投入等方面的问题。旅游文化的总体规划、详细规划、执行方案等内容的衔接不够，或者动辄学习所谓的"先进经验"，不能从当地的资源禀赋、整体实力、社会需求等综合因素进行考虑，从而出现"纸上画画、墙上挂挂"的尴尬局面，造成了极大的浪费。

　　三是文旅人才资源整合利用不足。旅游文化产业具有人力资源高度密集的特点，并且随着旅游文化行业的发展，产业关联度更高、旅游文化需求更加多元

---

① 于畅、李佳雯：《数字经济时代企业边界突破的逻辑与路径》，《商业经济研究》2021 年第 4 期。

化，对从业者的要求也更加严格，然而现有的旅游文化高端人才十分短缺。因为旅游文化产业资源的深度开发，不仅需要既懂旅游文化又懂市场的复合型人才，还需要具有高超的经营管理才能的人才；不仅需要高水平的经理人，更需要高素质的经营管理团队。目前，河南的旅游文化业界相关高素质的人才还比较紧缺，许多开发项目还处于"摸着石头过河"的"民兵连"在支撑维系，导致开发和经营的盲目性很大。在教育方面，必须客观认识到中原旅游文化教育还相对比较落后。因此，要遵循文化强省的战略目标要求，必须加大对专业教育培训的投入，尤其重视旅游文化人才的培养，鼓励支持优秀经理人参加人才培训，对政府旅游文化管理人员及旅游景区管理人员开展业务培训，同时发挥地方旅游行业协会的职能，使各类各层次旅游文化人才落实到适合的岗位，发挥自己的专业才能。

第四，科技创新有待增强。科技在旅游文化产业的发展中起着不可或缺的作用，几乎每次科技变革都可以推动旅游文化事业的巨大进步，但中原黄河旅游文化产业的科技创新还不足，相关产品的科技含量有待提高。

一是现有科技手段运用不足。随着虚拟现实、社交网络、云计算、5G 与数字创意产业的快速发展，科学技术颠覆性地改变了现有旅游文化产业的呈现方式和体验模式，进一步加速了旅游文化融合的速度和深度。随着时代的发展，旅游文化融合的趋势越发明显，游客们开始越发看重旅游文化资源和科技创新的结合程度，"奇、新、特"等更加新颖的旅游方式成为吸引游客主力军的重要手段，而中原黄河所拥有的丰富历史文化和旅游资源优势越来越小，守旧意味着必然被淘汰，提升自身旅游文化资源产品的质量与服务更显得急迫。中原黄河旅游文化产品如果没有科技创新下的独特性、前瞻性，就会让产品所展现的文化没有特色和深度，加之相关配套服务跟不上，就有可能造成投入减少、品质下降、游客减少的恶性循环。因此，必须紧跟以互联网和数字技术为基础的智慧旅游趋势，推进旅游业转型升级，充分发挥智能化运营、智慧化管理、数字化产品、在线化营销的优势，激活旅游文化企业潜力，实现旅游文化项目提质升级。

二是科技创新在发展中的比重不足。科技创新是文化和旅游产业协调的重要驱动力①。早在 2014 年，国务院就发布了《关于促进旅游业改革发展的若干意见》和《关于推进文化创意和设计服务与相关产业融合发展的若干意见》，其中明确指出，为推动旅游发展方式转变和推进文化创意和设计服务向前发展，要重视旅游纪念品创意设计与文化内涵，来拓展旅游发展空间，提升地方旅游品牌的文化附加值，扩大旅游购物消费，培育特色旅游品牌文化。通过科技创新实现旅游文化创意的完整表达，要让厚重的文化资源鲜活起来，让固定的文物资源动起来，通过再创造、再包装的方式，让散落的旅游文化资源得到集约开发利用，是实现旅游文化保护传承开发的坦途。尤其是在新冠肺炎疫情冲击下，"依托数字科技推动文旅消费创新升级，是实现文旅产业高质量发展的必然进路"②。我们可以看到，"只有河南·戏剧幻城""博物馆奇妙夜""龙门金刚""唐宫夜宴"等优秀项目节目，均是基于优秀创意，通过光影设计、AR、3D 建模等一系列新技术，获得了巨大的成功。但是我们也要客观认识到，对于中原黄河文化来说，现有的新技术使用的普遍性还远远不能满足发展的需要。

三是传播科技创新还有待提升。在文化旅游融合发展背景下，未来景区有四大发展趋势：旅游体验产品的科技化、旅游演艺的科技化、文化展示的科技化以及景区的夜游化。而基于智慧旅游进入 3.0 时代的形势，目前中原黄河旅游文化体验普遍存在三大痛点：景区缺内容、文化缺载体、游客缺体验。③ 中原黄河旅游文化产业的科技运用水平还比较低、程度还比较浅、针对游客喜好的表演形式还比较欠缺，从而制约旅游文化的融合发展。从已有成功经验可知，比较成功的旅游文化演出能够针对主体游客的偏好，大量运用声光电、投影、全息等技术，通过具有针对性的表演形式吸引观众；还有的是通过文创产品，迅速形成传播热度，并由观众通过网络媒体、社交平台进行裂变式传播，取得了良好的传播效果。

第五，品牌推广和营销有待优化。中原黄河旅游文化的营销对于弘扬中原黄河文化、推动社会和经济效益发展、提升区域竞争力有着重要的作用，但中原黄

---

① 刘安乐、杨承玥、明庆忠、张红梅、陆保一：《中国文化产业与旅游产业协调态势及其驱动力》，《经济地理》2020 年第 6 期。

② 林一民：《数字科技推动文旅消费创新增长》，《中国社会科学报》2020 年 6 月 4 日，第 4 版。

③ 吕剑彪：《不以增强游客体验为目的的智慧旅游都是要流氓——智慧旅游进入 3.0 时代》，执惠网，2018 年 3 月 16 日，http://m.dev.tripvivid.com/articles/13943。

河旅游文化产业目前在营销系统建设、规模体量和规划发展方面还有待提高。

一是营销品牌系统尚未完全建立。中原黄河旅游文化区的人文景点星罗棋布，但在产值效益和经济规模上，中原黄河旅游文化品牌的影响力和综合效益不成比例，以至于出现了"有世界级资源，无世界级产品，更无世界级品牌"的尴尬局面。产业链的上下游产业的带动力和经济效益的转化力不足。在现代传播环境下，"酒香还怕巷子深""赔本赚吆喝"的问题逐渐凸显，加之曾经有投入较大的文旅项目因为种种原因倒闭等问题，最终导致由旅游资源转化为旅游产品的能力较弱，而由旅游产品转化为旅游品牌的能力更弱，文化旅游品牌的磁场效应和集聚效应难以形成。

二是旅游文化品牌规模体量不足。旅游文化的规模经济效应反映了产业集聚的效率水平，集聚有助于规模经济的实现[1]。中原地区具有黄河元素的文化演艺作品的品种多，但精品较少，具有典型标志的文化形象不尽突出，在处理资源营销取舍中目标性不够明确，导致旅游文化品牌"大而不强"。例如，中原地区以郑州国际少林武术节、焦作国际太极拳年会、洛阳牡丹花会、开封菊花花会为代表的节会旅游品牌，在国内外的影响力都比较突出，但各自为战的局面不仅导致彼此的整合互补关系不够，还使沿黄地区整体旅游文化品牌的推动力较弱，品牌规模效应没有得到发挥。

三是品牌营销规划不足。开展品牌营销规划，需要通过线上线下、跨界营销、政企分工等协同发展，这是实现旅游文化品牌成功营销的必由之路[2]。中原地区在塑造黄河旅游文化品牌的过程中，尽管政府和企业等都非常重视，但由于缺乏科学规划，没有梯队层次和团队推进，导致众多文化旅游品牌发展缓慢。目前，河南类似"唐宫夜宴""洛神水赋""龙门金刚"和考古盲盒等精品产品仍相对短缺，并且在未来存在同质化产品冲击的风险。在当前竞争极为激烈的形势下，没有成熟的营销模式、营销手段，不能形成规模效益和品牌忠诚度，资源即使十分优质，也很难形成持续的吸引力。可惜的是，中原黄河旅游文化建设目前还存在职能条块分割、利益不平衡、旅游文化企业间缺乏深度合作等问题，导致单个景区或旅游文化企业常常因自身条件的限制无法形成规模营销，造成了资金

---

① 张广海、张红：《我国旅游业空间集聚与规模经济效应分析》，《青岛科技大学学报（社会科学版）》2020年第2期。

② 王帅辉、耿松涛：《全域旅游营销策略与品牌策略规划》，《价格月刊》2018年第3期。

的浪费和游客的流失。须知旅游文化品牌营销已经走过了拼景观资源、拼投放渠道的时代，在未来的旅游文化营销竞争中，一定是以文化精品为内核来打造并提升文化吸引力，以当地独特的文化脉络为依托，以故事、人物和经历来讲"活"产品。中原黄河旅游文化营销需要进一步顺应时代潮流，提升营销水平，突破地域限制，树立整体中原黄河旅游文化宣传营销理念，整合全省黄河旅游文化资源，为旅游文化产业发展创造良好的环境。同时解决好国际旅游目的地建设缺乏，整体旅游品牌与综合开发影响力不足，以及旅游文化产业要素尚未形成综合竞争力等诸多问题。

总之，中原黄河旅游文化发展还处于起步阶段，存在机制不活、文化的内涵挖掘缺乏深度、文化的科技含量比较低、文化的附加值比较小等多方面的不足，需要下大力气进行改进和提升。

第三节　中原黄河旅游文化产业化的出路

习近平总书记指出，"保护黄河是事关中华民族伟大复兴的千秋大计……促进全流域高质量发展、改善人民群众生活、保护传承弘扬黄河文化，让黄河成为造福人民的幸福河"①。2021 年 8 月，中央财经委员会第十次会议明确提出，"共同富裕是全体人民的富裕，是人民群众物质生活和精神生活都富裕"。因此中原黄河旅游文化产业的定位目标，应该以满足人们精神文化需要为目的，在保护传承弘扬黄河文化、丰富人民精神生活、促进物质与精神生活共同富裕方面发挥积极作用。所以必须明确发展方向，开拓发展思路，寻求正确途径，以扎实工作积极推动中原黄河旅游文化产业化发展。

一、加大规划力度以增强协同能力

中原黄河旅游文化拥有可观的资源基础，资源分布地域比较广泛，并且文化

---

① 习近平：《在黄河流域生态保护和高质量发展座谈会上的讲话》，求是网，2019 年 10 月 15 日，http://www.qstheory.cn/dukan/qs/2019-10/15/c_1125102357.htm。

信息的融通性强，在资源本体内容与形式上具有便于规划的优势。但由于涉及部门行业主体众多、经济利益关系复杂、发展诉求目标不尽一致，所以必须通过有效的协调，实现科学规划，进而达到最优化的效果，促进中原黄河旅游文化产业的高质量发展。

协同协作关系的建立及合理规划的实施，需要形成切实有效的长效机制，保证规划的长期稳定。有学者提出要处理好七项关系，即：处理好生态保护与旅游开发的辩证关系；处理好产业发展与国家战略的协同关系；处理好文化传承与旅游活化的互促关系；处理好全域与地域的统分关系；处理好资源与市场的导向关系；处理好产品与品牌的配合关系；处理好国内市场与国际市场的互动关系①。以上比较全面地阐述了当前黄河旅游带建设亟待解决的重要内容，但是，中原黄河旅游文化作为地域特色突出的地区，其方案内容也更具有特殊性。建议在多维关系的基础上分为整体规划的合理化、设计的特色化以及协同能力建设三个角度优化发展。

第一，在整体规划合理化方面，要重点处理保护与开发、传承与活化、资源与市场等关系，关键是"治理黄河，（重）在保护，（要）在治理"。一是黄河流域生态保护与高质量发展的保护与治理的内容要广泛。其包含内容不仅仅是水利工程、生态自然工程，同样还有为数众多的历史文化资源和旅游资源与黄河自然及工程信息密切关联。例如，水利部黄河水利委员会保存的明清时期的水利文档，既是治黄数据的重要支撑，又是反映历史信息的重要载体，还是发掘旅游资源文化内涵的重要依据。因此要通过有效保护与合理利用的"双轮驱动"，将生态资源、水利工程、历史遗迹等资源进行合理规划，践行"绿水青山就是金山银山"理念，实现生态、历史文化、旅游资源多方的合理保护与开发，更好地实现生态价值、产业发展、旅游文化开发的综合效益。二是要处理好保护与开发的关系。其重要实现路径就是通过合理规划和执行，实现保护性开发。要在规划实际落实中将保护性开发的原则框架做得更加扎实可靠，尤其是解决好落实的前瞻性问题，吸取以往因建设标准、设计要求、规划红线等原因，造成"投资—建设—拆除"的惨痛教训，将生态红线、政策高压线作为规划前提，坚决避免先破坏、再保护的误区。

---

① 银元、罗眉：《打造黄河文化旅游带应处理好七个关系》，《中国旅游报》2020 年 6 月 5 日，第 003 版。

　　第二，在设计的特色化方面，要坚持以市场导向、社会需求为基础和长期发展的规划设计思路，保证中原黄河旅游文化产业长期健康发展。恩格斯曾指出，"社会上一旦有技术上的需要，则这种需要就会比十所大学更能把科学推向前进"，这表明了需求对于社会发展的促进作用。旅游文化是实现人民对美好幸福生活追求的重要途径，是实现共同富裕的重要内容。中原黄河旅游文化资源的历史跨度大、类型多样、市场潜力巨大，是保护、传承和弘扬黄河文化的鲜活载体。但受历史等因素的影响，黄河自河洛交汇处以下，地势平衍、堤防工程多，如果仅仅利用静态展示，开发沿岸步道、湿地公园等内容，势必与其他地区的黄河旅游文化产品雷同，无法形成对游客的有效吸引力。因此，必须将黄河文化的活跃因子注入旅游文化规划中，实现差异化、特色化发展。坚持与国家规划、政策导向、市场需求、民众关心的内容紧密结合，采取分类指导、特色发展的思路，结合中原文化、河洛文化、红色文化、社会主义先进文化，坚持"有什么资源开发什么旅游产品""市场需要什么就开发什么旅游产品"的工作原则，更加开放包容，实现资源与市场、供给与需求双向发展，开发出优质的旅游文化产品。同时，争取在规划旅游文化产品形式方面更加推陈出新，在保证资源基本信息不跑偏、不误导的前提下，结合传播更快、吸引力更强的推广方式，合理运用网红、粉丝等互联网优势传播手段，开发研学旅行、实景演出、特色节庆等活动，结合资源特点和历史脉络，跨行业、跨地区、跨领域规划旅游新线路和新产品，使中原黄河旅游文化产业更加富有活力和生命力。

　　第三，在协同能力建设方面，要积极做好组织协同、资源协同和产业协同，力争实现资源配置优化、产业结构完善、管理机构高效的理想状态。一是要打破管理壁垒，实现组织协同。黄河作为跨地区河流，各地区之间存在着一定竞合关系，如何将合作利益最大化、竞争关系良性化是需要认真思考的问题。要在黄河流域生态保护和高质量发展国家战略指引下，整体擘画全流域的旅游文化发展方案，建立健全全流域联席会议机制，分阶段、分步骤、分领域推进协同发展。当前已经初步建立的黄河博物馆联盟，在资源互动联系方面已经取得了良好的成绩。因此可以多吸收类似的成功经验，作为中原黄河旅游文化工作的基础，积极贯彻全流域管理发展思路，将包括豫晋陕黄河金三角协同、黄河明清故道沿线城市政协联席协作等跨区域协同机制的扩大推广，结合乡村振兴、城市建设的需要，促成组织协同的常态化。二是要做好资源协同。在文化旅游融合背景下，中原旅游文化资源开发已经初步形成了较为成功的经验。例如，在打造华夏历史文明传承创新区过程中，河南旅游文化产业通过创建文化创意产业园区、主题公园、文化节事节庆活动等相关文化资源，打造的体验性文化项目及文化创意衍生品，起到了提升旅游文化资源价值的作用。此外，还有以旅游文化资源为立足点，打造创意旅游文化产品、提供创意旅游文化体验，结合新媒体技术等宣传旅游文化特色和创意开发旅游文化产品与服务。包括在新冠肺炎疫情常态化下的"云旅游"、景区互动游戏等新旅游文化项目，让游客能够全方位地体验景点特色及文化，从而提高旅游文化创意产业的附加值，扩大中原文化影响力。总之，要善于总结经验教训，进一步做好旅游文化资源协同的大文章。三是要做好旅游文化产业协同。旅游文化产业协同是一个巨大的系统工程，必须遵循经济发展规律，动员包括政策体系、动力机制、管理制度及人才培养机制等诸多要素。例如，民权王公庄的画虎、长垣的烹调饮食等旅游文化产品就是优秀的范例，其品牌口碑的形成离不开资源禀赋、人力资源和政策支持等多方因素的调动支持。中原黄河旅游文化区资源禀赋条件多样，开发产品涵盖了生态旅游、古都旅游、乡村旅游等多种产品形态，带动了健康饮食、康养休闲、研学旅行等多样化的产业。因此，更需要加强扁平化管理，统筹安排、协调处置，在打造中原文化旅游品牌的同时，将市县区乡的特色资源归入品牌体系，分类管理、严格标准，为培育国内著名、国际知名品牌而努力。

二、创新经济业态以提升发展动力

旅游文化产业与其他经济产业的重要不同是其产品的特殊性，旅游文化产业的产出主要是以精神文化产品为主，其业态创新的基础在于文化层面。党的十九大报告中指出，"要推动中华优秀传统文化创造性转化、创新性发展，以时代精神激活中华优秀传统文化的生命力"。因此，做好旅游文化经济业态创新，需要从资源基础、商业模式、消费场景、新技术应用等方面着手。

第一，筑牢资源基础。作为旅游文化产业基础的文化内容，要实现"创造性转化、创新性发展"，就需要从文化内涵挖掘、服务社会发展、介入新时代生活路径以及自我批判和吸收有益因素等方面着力[①]。近年来，以中原学者为主体的

---

① 唐明燕：《推动中华优秀传统文化创造性转化和创新性发展》，《中国社会科学报》2021年2月9日。

学术界人士，开展了卓有成效的工作，"中原学""黄河学""洛阳学"等中原文化研究体系已经初具规模，编纂成书的《中原文化大典》《河南专门史大型学术文化工程丛书》等研究成果更是形成了较强的影响力。今后需要学术界进一步加强对中原黄河文化的深度挖掘，为创造性的发展转化提供研究基础。在文化产品转化为民众日常生活内容方面，可以在建设黄河国家公园的框架编制内，推进建设结合了各地特色的黄河文化体验区，创设例如黄河故道文化公园、黄河戏剧文化公园、豫商文化公园等主题公园，在已有郑州商代王城文化遗址区、汉魏洛阳故城文旅融合区、宋都古城文旅融合区等15个黄河国家文化公园先行区的基础上，丰富黄河文化的体验内容和形式，通过"润物细无声"的方式进入民众的文化生活之中。还可以结合包括中国工程院黄河生态廊道工程等项目成果，推动中原黄河旅游文化工程、中原黄河文化旅游融合工程，集聚研究力量和队伍，打造中原黄河历史文化地标体系，结合民生项目、乡村振兴项目、文化普及工程，调动一切积极因素，将资源优势转化为发展旅游文化的优势。

第二，创新商业模式。在应用场景方面，及时调整运作模式，适应新时代新阶段的旅游文化需求。长期以来，中原旅游文化产业的商业模式较为单一，尤其是面对数字技术带来的深刻影响后，资金和人才投入不足，转型一度十分困难。2021年，浙江作为数字化改革国家级标准化试点区，在文化旅游方面投入建设了"智慧文旅综合管控平台""社保卡文旅一卡通"等应用场景，取得的成就有目共睹。浙江的已有经验为中原文化旅游接入数字智慧平台发展提供了重要借鉴。中原黄河旅游文化在应用场景方面，需要进一步做好产品体验设计，在已有比较成功的案例基础上加强研发，将已经比较成功的"只有河南·戏剧幻城"、建业电影小镇等文化旅游项目经验及时总结并推广。同时基于数字技术，推进信息化建设，更加精准地把握需求动向，及时调整运营模式，加强应用场景的设计推广，把握未来体验模式革新的关键。

此外，还可以通过创新商业营销模式，深入推进旅游文化产业的深入发展。中原地区产业营销模式长期比较保守，经济效益和社会效益比不高。近年来，洛阳老君山景区以"远赴人间惊鸿宴，老君山上吃泡面"作为事件营销的典型案例，取得了显著的成功。如何在网络时代，更深入广泛地开展适合中原黄河旅游文化的营销，成为未来提升区域竞争力的关键。从目前的营销经验来看，加强网络宣传，增加线上渠道，进行软硬件配套建设，提升数字化、智慧化旅游文化建设水平是必由之路①。因此，可以充分利用中原经济区建设、华夏历史文明传承创新区建设、郑洛新国家自主创新示范区建设、中原城市群建设、黄河流域生态保护和高质量发展等国家战略，提升中原黄河旅游文化产业开发的建设格局，通过国家战略的渠道加以推广，将品牌化建设推向更高层次。在此过程中，应该始终树立"服务至上"的营销理念，细分营销市场，开展有针对性的营销策略，尤其是极具裂变效应的网络营销，及时调研并汇总社会需求信息，制定更有针对性的营销策略。

第三，拓展消费场景。旅游文化的场景是指以创意为基础，以资源为依托，以体验为导向，贯穿全过程和全产业链，具有个性化、时尚化、体验性与互动性等特征的一系列体验场景、传播载体和消费平台②。资源依托与创意基础的关键点在于旅游文化资源的活化，这可以通过科技创新、创意构思实现"黄河文化资源旅游化"和"黄河旅游资源文化化"，让自然资源得到文化的赋能，催生出更多的旅游业态和产品。其中，效率最高的当属科技文化与旅游融合，培育在线新旅游文化市场主体，是促进旅游文化产业高质量发展的应有之义（冯学钢、梁茹，2021）。因此，可以加快推进研学旅游项目，适时引入金融资本，推动旅游文化产业与金融资本融通合作。充分利用中原农业区广泛的优势，开展新乡村旅游，将观光、采摘、住宿、体验等功能融入其中，构建多层次的乡村旅游文化开发格局。充分利用 AR/VR/MR/XR 虚拟技术，将郑州的《禅宗少林·音乐大典》《风中少林》《炎黄盛世》，开封的《大宋·东京梦华》《铁塔光影秀》，洛阳的《君山追梦》，濮阳的《水秀》等具有知名度的演艺项目及时推广并加以更新，通过时空交融、视听觉冲击等方式，营造地域文化特色场景，实现体验创新，带来全方位的新鲜体验感，增强旅游文化项目的吸引力和可游性，从而促进旅游文化消费。

第四，扩大新技术应用。中原黄河旅游文化产业要想转型发展，就必然要选择科技创新的道路。针对目前河南旅游文化产业科技水平暂时落后的现状，更需要在旅游文化产业发展过程中，积极引入先进科技成果，提升旅游文化资源保护水平、丰富表现形式，增强旅游文化产品的吸引力，满足多元的文化旅游需求。

① 田志奇：《文旅融合下旅游目的地互联网思维的产品营销及创新》，《旅游学刊》2019 年第 8 期。
② 郭润葵：《以场景创新工程引爆文旅消费热点》，《中国旅游报》2020 年 10 月 30 日。

面对新冠肺炎疫情常态化的局面，云展馆、云景区、云媒体等的出现，为文旅活动参与者提供云服务成为常态。因此，目前亟须中原黄河旅游文化区各地协同工作，尽快建立公共旅游文化资源数据库，为中原黄河旅游文化产业的快速发展提供创意源泉、市场空间和交流平台等。在日常应用方面，要发挥信息科技企业优势，在合规合法的前提下，开发旅游文化小程序、主页、App 等信息化产品，并通过抖音、快手、B 站、微博等平台实现快速推送，进一步丰富导航及地图软件的旅游文化资源导引，充实资源内容，方便旅游文化参与者的使用。在开展研发过程中，多进行用户体验调查，例如针对旅游文化活动中，年轻群体求新、求变、爱参与、爱分享的特点，可以多进行合拍、换装、造型等参与性较强的设计，并针对个人分享平台的技术标准，进行调整适应。在当今"流量为王"的旅游文化时代，一段视频、一张照片、一个故事都有可能实现流量暴增，这对于增加旅游文化目的地知名度有着重要的意义。但是要保持热度的持续，就需要既有事件营销的燃点，又有常做常新的价值输出。比如，2020 年入选世界非物质文化遗产的太极拳，可以通过设计 Q 版的形象，在预设场景里演绎太极拳的故事，同时穿插太极拳的习练方法演示，通过讲好"太极拳故事"，既丰富文化体验，增强受众参与感，又通过自带属性的流量 IP 跟文化结合，让更多人接受旅游文化项目。

三、深化文旅融合以发挥产业潜能

文化旅游融合的本质是文化找"轮"，旅游找"魂"。实现文化旅游的深度融合发展，是社会生产大发展的必然结果，有助于延长产业链，带动就业和经济发展，更好地满足社会发展的需要。做好中原黄河文化和旅游融合发展，需要从思想观念、机制管理、产业融通和人才建设四个方面着力。

第一，在思想观念方面，要坚持"创新、协调、开放、绿色、共享"的发展理念，保证正确的价值导向。一要坚持守正创新。要把创新发展放在中原旅游文化事业发展的全局高度，推进融合发展的理念创新、制度机制创新、方式方法创新和品牌创新，以人民群众需求为出发点，增强旅游文化吸引力和体验感。二要坚持统筹协调。要努力破解文化与旅游组织机构融而不合、协同不足的现实难题，切实解决区域之间、城乡之间融合发展不均衡不充分等问题，形成发展合力，推动融合高质量发展。三要坚持改革开放。以国内、国际"双循环"格局为基础，把构建开放型融合机制作为文化旅游融合发展的重中之重，着力提升河南旅游文化的对外开放水平和能力。四要坚持绿色环保。要坚持保护、传承和弘扬文化遗产理念，加快建立绿色环保的旅游文化融合发展机制，实行严格的文物保护制度和责任追究制度，坚决杜绝破坏生态和历史资源的行为。五要坚持共建共享。调动一切积极因素，共同推进河南文化与旅游融合高质量发展，真正做到发展为了人民、发展依靠人民、发展成果由人民共享，切实维护好、实现好、发展好人民的文化权益，尽可能地满足人民群众的文化诉求。

在坚持五大发展理念的前提下，相关管理者的思路要更加务实。旅游与文化之间的融合，不仅仅是经济效益的优化，同时也具有国家文化的建构价值，推动了个人与族群之间的认同，关系到国家认同的大局①。有关管理者的观念必须将中原黄河旅游文化融合发展上升到政府重要工作的战略地位，把旅游文化事业管理提到国计民生行业的要求水平，将旅游文化融合与公共文化事业建设、百城提质、乡村振兴等战略工作结合起来，加大投入，注重人才的培养管理，切实将旅游文化产业融合发展作为河南经济的支柱型产业加以培育和管理。

第二，在机制管理方面，要以实现治理体系和治理能力现代化为目标，充分发挥市场在资源配置中的决定性作用，坚持需求导向，发挥市场主体的能动性。要充分发挥政府的协调组织能力，协调主管部门、研究机构、新闻媒体等主体，出一批有影响力的研究成果、营造良好的舆论氛围、加强政策导向，为中原黄河旅游文化产业融合发展提供理论支持、智力支撑和舆论环境。

在组织工作上，要以国家和省级"十四五"总体规划为指导，制定适合中原发展的"河南省文旅融合发展'十四五'规划"，加快组织机构、人员的分配调整，尽快理顺文化旅游管理机构的组织、财务、劳动关系等工作，解决管理机构"融而不合"的问题。构建跨行业、跨领域、跨地域的协调工作机制，打破地方和领域条块分割，促成市场要素加速流动，实现资源整合、要素聚集、战略合作和战略互惠。并以此为基础，建立应急协同互助机制，在日常市场环境中发挥集团协同优势，在出现紧急公共事件等特殊情况时，通过信息互通、资金调配、物资协调等方式，及时止损减损。建立健全奖惩制度，成立中原旅游文化产业发展绩效评价中心，及时总结旅游文化产业发展的阶段性经验和成果，加强前

---

① 傅才武：《论文化和旅游融合的内在逻辑》，《武汉大学学报（哲学社会科学版）》2020年第2期。

置和过程管理，开展合理的成果评价，对相关人员当奖则奖、当罚则罚，开拓思路，通过绩效奖励、组织提拔等措施，调动管理人员的工作积极性。

第三，在产业融通方面，努力构建共生、共赢、共建、共享的产业融通循环体系。针对中原黄河旅游文化产业基础薄弱、旅游文化企业规模相对较小的客观问题，先通过政府投融资平台和项目贷款，扶持一批基础好、项目优的企业主体，激活企业潜能。同时，发挥文投集团作用，以项目促进协同发展，尤其是围绕"中原黄河"旅游文化项目进行整体规划，将项目规划、投融资、硬件建设等业务纳入市场运行之中，积极吸纳社会资本力量参与项目建设。发挥旅游文化企业的管理优势、资金优势和营销优势，围绕中原黄河旅游文化产品和品牌打造做文章。积极发挥政府宏观管理作用，在引入优质外部资金和企业的同时，将本地劳动力就业、民生改善作为优先选择项，处理好可能潜在的旅游"飞地"等问题，保证文化传承、旅游开发、资源保护、民生改善等方面获得实效。

第四，在人才建设方面，要做好人才引进、人才管理、人才使用和人才环境改善等工作。人员要素作为旅游文化产业发展最为活跃的内容，是保证旅游文化产业持续健康发展的关键。近年来，河南省各地市纷纷推出招才引智计划，但受地缘关系、教育基础、工作环境等客观条件限制，专业人才引进，尤其是高端人才的全日制引进的成效还有待进一步提升。在人才"请进来"的同时，还要将熟悉本地资源和工作的人才"送出去"，开展岗位培训、技能培训，通过旅游文化企业挂职锻炼等方式，锤炼市场适应能力，建设起一支高水平的复合型人才队伍。还可以通过产学研结合项目，加强与高校和科研院所的业务对接，支持驻地高校增加专业培养计划，实现业务项目、人才培养、技能锻炼等多主体协作发展的局面。

四、挖掘黄河资源以突出中原特色

黄河是中原黄河旅游文化产业的特色基础，在产业化发展更加追求差异化、特色化的今天，深入挖掘黄河蕴含的丰富资源，以民众广泛认同为基础，突出中原区域特色，凸显其独特性，是中原黄河文化产业化健康持续发展的必由之路。

在中原黄河旅游文化开发主体方面，要以市场主体为主，着重微观经济运行。市场在资源配置中起决定性作用的重要体现在于市场主体活力的彰显。因此，要加大对中原旅游文化企业的扶持力度，鼓励旅游文化企业融合民间工艺、工业制作、商品交易、科普教育、文化美学等诸多元素，开发与时代消费需求相融合的、蕴含优秀传统文化元素和现代手工技艺的旅游文化产品和文化创意产品，扩大旅游文化产品的时代感染力和国际影响力。积极推动旅游文化与科技教育深度融合，大力发展文化创意产业，增加旅游文化产品的科技含量，延长旅游文化产业链，提高旅游文化的产业附加值，不断扩大中原黄河旅游文化产业的影响力和竞争力。

管理主体要按照"宜融则融，能融尽融，以文促旅，以旅彰文"的指导原则，在宏观层面找准中原黄河文化和旅游融合发展的最大公约数和最佳连接点，推动文化和旅游工作各领域、多方位、全链条深度融合，实现全省旅游文化资源共享、优势互补、协同并进，形成发展新优势。对于需要规划引领、产业支撑、先期投入以及涉及重大民生的项目，政府及管理机构要积极作为，可以在政策制定、项目规划、基础研究等方面加大投入，提升产业发展层次和水平。例如，2021年4月，由三市市长联合提出的郑汴洛黄河文化旅游带建设，提出了"三座城、三百里、三千年"的品牌理念，分别突出郑州的古国神秘、洛阳的隋唐盛世和开封的大宋繁华，共同形成了黄河文化的精品缩影。

探索中原黄河文化旅游资源开发与旅游产业的融合发展特色，有利于进一步继承和发扬河南优秀的历史文化遗产，整合优化中原黄河旅游文化资源，提升中原黄河旅游文化内涵。深入优化中原黄河旅游文化资源配置，有利于提升中原黄河旅游文化的品位、品质，同时也为开发高品质旅游文化产品提供得天独厚的条件。因此，从具体实施而言，建议相关工作包括以下十个方面：

实现一个目标，打造一个品牌。即打造"河南老家，厚重中原"的文化旅游品牌，集中力量进行产品研发、宣传推广，并在整体品牌下，创设以河洛文化为基础的"千载中国·神都洛阳"，以古文明为基础的"黄河三门·天鹅之城"，以天下之中为基础的"国之中·城之源·河之州"等地区文旅品牌，形成品牌引领、团队协作的品牌效应，实现中原黄河旅游文化高效、高质量发展。

深化两项改革，推进"二轮驱动"。即通过深化政府机构改革和市场化改革，发挥政府和市场两个方面的驱动力，通过微观经济运行、宏观管理层面协同运作，实现优势互补。

规划建设三个国家文化公园，实现中原旅游文化联动发展。2019年7月24日，中央全面深化改革委员会第九次会议审议通过了《长城、大运河、长征国家文化公园建设方案》，河南是全国唯一同时入围长城国家文化公园、大运河国家文化公园和长征国家文化公园的省份。河南要充分利用这次机会，将战国时期楚魏等长城河南段国家文化公园、大运河河南段国家文化公园、红二十五军长征河南段国家文化公园建设好。并在黄河国家公园建设中积极谋划，将中原黄河旅游文化积极融入其中，形成黄河文化公园与三大公园的联动发展。

规划建设四个文化带，形成旅游文化网络。即河南段黄河生态文化带、河南段大运河文化带、河南段丝绸之路文化带、河南段南水北调中线文化带，基于历史原因，中原黄河文化带与各文化带之间关系极为密切，因此，要做好黄河生态文化带的统领和标杆作用，推进协同建设。

实现五区联动发展，适度挖掘市场潜力。按照"全域旅游，全域景区"的布局，深挖历史文化资源，凸显地方特色，形成豫北、豫西、豫东、豫南、豫中五个板块文化旅游融合联动发展新格局，突出郑州国家中心城市和洛阳副中心城市地位，促成省内市场资源的充分发掘。

做强六大节会，以黄河文化为主题，开创中原节事节庆品牌。即黄帝拜祖大典、洛阳国际牡丹节、开封菊花节、郑州国际少林武术节、商丘国际华商节、洛阳河洛文化旅游节。以此培育和形成覆盖时段长、参与人数多、经济效益明显、社会综合效益突出的中原传统文化节事节庆品牌。

打造七条精品线路，形成跨区域发展。一是包括十三朝古都洛阳、八朝古都开封、七朝古都安阳、商代亳都郑州、曹魏故都许昌等在内的古都游；二是包括三门峡大坝、黄河三峡、小浪底等独具特色的黄河景观游；三是包括大别山根据地、红二十五军长征、中原抗日战场、河南解放战场等为代表的红色圣地游；四是包括栾川重渡沟村、信阳郝堂村、兰考张庄村、焦作云上的院子等热门民宿等为代表的美丽乡村游；五是包括历史文化穿越之旅、文化遗产探秘之旅、中华诗词传诵之旅、自然生态科普之旅等在内的研学游；六是包括少林功夫、陈氏太极拳、濮阳杂技等在内的功夫体验游；七是包括红旗渠精神、焦裕禄精神、愚公移山精神、大别山精神、南水北调精神等在内的河南时代精神游。通过精品旅游线路的打造，起到示范引领作用，实现旅游线路的多样化、旅游内容的丰富化。

打造八大工程。即中原黄河旅游文化遗产保护工程、基础设施配套工程、公共服务质量提升工程、重大项目规划建设工程、文旅人才队伍建设工程、特色品牌铸造工程、文旅市场监管工程、文旅产品宣传工程。通过专项工程建设，确保中原黄河旅游文化系统建设的全面性、科学性。

突出九大特色文化。即古都文化、名人文化、姓氏文化、诗词文化、宗教文化、红色文化、武术文化、戏曲文化、民俗文化。构建起中原黄河旅游文化的研究体系，丰富扩充研究内容，使研究成果更加生动。

实现十大融合。即理念融合、职能融合、产业融合、市场融合、资源融合、平台融合、项目融合、功能融合、服务融合、交流融合。通过多方面的融合，充分调动产业的积极因素，实现中原黄河旅游文化产业综合效益的最大化。

第三章　中原黄河文化创意产业化发展

文化创意产业是一种在信息化时代产生的以创造力为核心的新兴产业；中原黄河文化创意产业是一种以中原地区黄河文化为生产要求的创意性产业。在创新驱动作为国家重要发展驱动力的时代，通过更加富有创造力的工作，提供更加高效的生产效率和更加舒适的体验方式，起到社会与经济的双重收益，是文化创意产业发展的重要目的。推动中原黄河文化产业化发展的一个重要方面，就是要以产业化方式实施中原黄河文化创意发展。

第一节　中原黄河文化创意产业的现状

文化创意的基础在于深厚的文化资源，最活跃的要素是人的积极参与，最大的驱动力莫过于社会发展和可观的效益。近年来，以黄河文化为基本内容的创意产业逐渐兴起，引起了越来越多的关注。作为文化资源、人力资源最为富集地区之一的中原黄河地区，有着发展黄河文化创意产业得天独厚的优势。

一、文化创意产业概念释义

"文化创意产业"概念最早出现于20世纪后期的西方国家。这一术语融合了"创意"和"文化产业"两个概念。直到今天，在学术界，对"文化创意产业"这一词语的理解，仍没有统一认识。在一定意义上，大众习惯于"文化创意产业"同"创意产业""文化产业"混合使用，但是，相关学者仍然更加倾向使用

"文化创意产业"这一词汇。在理解"文化创意产业"之前，应该先了解以下相关概念。

一是"创意"的概念。较早关注创意概念的是美籍奥地利著名经济学家约瑟夫·熊彼特（Joseph Alois Schumpeter），1912年，熊彼特就明确指出，经济发展的根本动力是创新，而非人们所认为的资本和劳动力，创新的关键则是知识信息的产生、传播和应用。之后，美国经济学家保罗·罗默（Paol M. Romer）也于1986年指出创新会衍生出无穷的新市场、新产品及财富创造的新机会，所以，新创意才是推动国家经济发展的内在原动力。

二是"创意产业"的概念。英国是全球最早提出"创意产业"概念的国家，也是世界上第一个由政府出台政策来推动创意产业发展的国家。1997年布莱尔政府上台后，创立英国文化、媒体和体育部（DCMS），内设创意产业工作组（Creative Industries Task Force），大力推进创意产业。1998年和2001年，英国文体部两次发表创意产业纲领文件（Creative Industries Mapping Document），提出了创意产业发展战略。其中包括：加强组织管理、人才培养、资金支持等方面的机制建设，全面支持文化产品的研发、制作、经销、出口等，逐步建立完整的创意产业财政扶持系统，包括奖励投资、成立风险基金、提供贷款及区域财务论坛。2006年英国又公布《英国创意产业比较分析》，将创意产业分类为三个产业集群：生产性行业、服务性行业、艺术工艺行业。如今创意产业在英国已成为与金融服务业相媲美的支柱性产业。英国成为仅次于美国的世界第二大创意产品生产国。英国创意产业具体包括出版、电视和广播、电影和录像、电子游戏、时尚设计、软件和计算机服务、设计、音乐、广告、建筑设计、表演艺术、艺术和古玩、工艺13个子行业，是英国经济中增长速度最快的一个产业。①

自西方学者提出创意产业概念以后，创意产业的内涵也随着产业的发展而不断丰富，并有狭义和广义之分。狭义的"创意产业"概念起源于英国，弗罗里达（2006）认为，创意产业包含艺术和文物交易、建筑、工艺品、出版、软件、时装设计、音乐、设计、电视广播、电影、表演艺术、广告、互动休闲软件等行业。广义的"创意产业"是21世纪以来对狭义"创意产业"的延伸，纳入了如

---

① 资料来源：百度百科，https://baike. baidu. com/item/%E8%8B%B1%E5%9B%BD%E5%88%9B%E6%84%8F%E4%BA%A7%E4%B8%9A/15967312? fr=aladdin#reference-［4］-15893836-wrap。

经济、文化、产权等更多内涵。被誉为世界创意产业之父的霍金斯（2006）在《创意经济：如何点石成金》一书中指出，专利、版权、商标和设计产业四个部门组成了创意产业的主体。电影、电视、表演艺术、电子游戏、出版、研发、软件设计等行业扩展了创意产业的内涵。

各国学者对"创意产业"定义的表述虽有所不同，但大多学者都认同创意产业是文化产业的主体部分这一观点。根据定义，创意产业的实现遵循如下途径：投入的是个人技巧、才华等创意，产出的则是知识产权等，因此，创意产业具有创造财富的能力和就业潜力。

三是"文化产业"的概念。如前文所述，同"创意产业"不同，国内学者普遍认为，"文化产业"是为社会公众提供文化、娱乐产品和服务的活动，以及与这些活动有关联的活动的集合。

在我国，无论是在理论还是在实践中，无论是企业还是政府，对文化创意产业的认知和理解也在逐步深化，并给予了高度重视。国家"十三五"规划提出，要深入实施创新驱动发展战略，充分发挥科技创新在全国创新中的引领作用，加强基础研究，强化原始创新、集成创新和引进消化吸收再创新。与此同时，我国学术界对文化创意产业的研究也逐步深化。金元浦（2005）认为，创意产业是以人们精神文化娱乐需求为基础，以高科技为支撑，以网络等传播方式为主导，实现文化艺术与经济全面结合的跨国、跨领域新型产业集群。它是以创意为核心，向大众提供文化艺术、心理精神、娱乐产品的新兴产品。

文化创意产业是随着全球化、信息化、城市化不断发展而出现的一种新型产业，同时融合了创意产业和文化产业。文化创意产业有别于传统的文化产业，具有如下鲜明特点：

第一，文化创意产业与相关产业的融合度较高。文化创意产业是社会、经济、科技、文化、思想等相互融合的产物，在内涵上具有高度的融合性，同时又以科技、文化、技术、建筑等为外在表现形式，具有较强的渗透性和辐射力，为推动新兴产业及其相关产业的发展提供了充足动力。文化创意产业在推动经济发展、带动相关产业发展的同时，也能辐射渗透到社会生活的方方面面，从而影响人民群众文化素质的提升。

第二，文化创意产业的科技含量较高。文化创意产业，往往以文化理念、创意、思想、想法等为核心，相对于传统产业而言，更像是人的灵感、知识、智慧的外在物化表现，形成从抽象的思想创意到具体的外在事物的发展途径。文化创意产业一般与自动化技术、传播技术与信息技术等的广泛应用密切相关，往往呈现智能化、高知识性的特征。如人们比较熟悉的影视产品的创造、新兴起来的虚拟现实技术（VR）等，都是通过高科技、光电技术、传媒等结合创意而产生的。

第三，文化创意产业附加值凸显。在技术创新和研发等产业价值链中，文化创意产业处于高端环节，属于一种高附加值的产业，因此在文化创意产品的价值中，文化和科技的附加值往往高于传统的服务和产品。

二、中原黄河文化创意产业发展的意义

随着经济全球化的日益形成，世界发展逐步多元化，一种文化要想在世界文化之林中保持一定竞争力，凸显自己的独特性、吸引力，就必须走一条独特的文化创意之路。无论是国际还是国内，人们已经认识到文化创意产业是国家或地区的支柱性产业和战略性产业。创意对于文化的发展具有重要的推动作用，对于黄河文化传承弘扬也是如此。也就是说，发挥黄河文化中文化创意的潜在价值，积极探索黄河文化创意产业的发展之路，对于促进黄河文化的发展具有重要意义。

第一，推动中原黄河文化创意产业发展，有利于整合黄河文化资源，重新激发黄河文化内在活力，形成黄河文化产业化发展的新格局。一种文化当它能够调动和组合资源的能力越强，它内在包含的生产力就越大，它所能形成完整产业链的可能性就越大，文化产业综合实力就越强。对于一般民众而言，黄河文化现在面临着诸如文化审美疲劳、内在吸引力不足等问题，若想让黄河文化重新焕发生机活力，就必须整合黄河现有文化资源，通过新的技术等手段，利用当下人们喜闻乐见的形式，重新发挥其内在价值，使黄河文化再次熠熠生辉，彰显其内在的文化价值和底蕴。

第二，推动中原黄河文化创意产业发展，有利于增加黄河文化的经济价值，促进地方经济发展。事实也证明，只要有创意，资源整合得好，现有的文化资源照样可以脱胎换骨，点石成金。美国的迪士尼及旗下公司的发展历程，就是典型证明。漫威公司在对漫画改编的基础上，塑造了一系列深受全球广大影迷喜欢的人物形象，如钢铁侠、美国队长、绿巨人浩克、雷神、蚁人等。迪士尼品牌最具代表性的产品，是它的公主系列，有花木兰、人鱼公主、白雪公主、灰姑娘、睡美人等，这些人物基于各国的童话和传说，加上编剧奇妙构思、导演把控、动漫

设计、音乐编辑，就变成了一个个活灵活现、各具特色的鲜活人物了。这些产品既为公司带来了丰厚的收益，也带动了当地的经济发展。近年来，以《舌尖上的中国》、《航拍中国》、节日"奇妙游"等系列节目不断推陈出新，由于其独特的创意，成为国人乃至全世界人民了解中国文化的重要渠道，收视率节节攀升。人们正是因为看到了文化创意产业的巨大价值，所以各地纷纷建立了创意产业区或文化创意产业公司。例如，郑州国际文化创意产业园、郑州金水文化创意园、河南省青年文化创意产业园、中原互联网创业创意产业园、电影小镇等，以及许昌市文化创意产业园、河南周口中原鞋都·文化创意产业园、宝丰文化创意产业园、洛阳1955文化创意园等。2021年初，由河南省文化黄旅游厅指导举办的"黄河之礼"文创潮玩优秀作品征集活动，吸引了众多人士参与，产生了良好的社会影响，预计将培育出一批新颖的"文玩"产品。

第三，推动中原黄河文化创意产业发展，有利于向世界"讲好黄河故事"，传播黄河文化。如今，中华文明要面向世界，在文明全球化的发展趋势下，同时也会受到来自西方文明的冲击，这是文明竞争中的基本法则，不可避免。而作为中华文明的摇篮及重要组成部分，黄河文明未来的发展路径、发展状况、内在实力，对于中华文明在世界文明中的国际地位、坚定文明的文化自信等都有着重要的作用。

由于科学技术的飞速发展，人们可以通过越来越多的途径和机会获得不同的文化资源，这对于黄河文化创意、黄河文化创意产业来说，都是非常有利的，因为人们可以借鉴的文化也越来越多，可以进行的黄河文化重整和组合也越来越多。如何面对多种黄河文化、文明元素和资源，对黄河文化进行新的组合，使其在新时期以新的内容、样式、面貌出现在大众面前，满足当代人的精神文化、视觉听觉等多种需要，唯一可以依靠的途径就是创意。

三、中原黄河文化创意产业发展的困境

中原黄河文化创意产业属于一个新兴产业，通过对中原黄河相关的文化、历史、精神、生态等无形资源的创新、创意加工等，结合中原黄河建筑、黄河博物馆、历史馆等有形实体，利用高科技、多媒体等来激发整合黄河已有的各种资源，使其再次充分发挥内在价值，从创新的角度来提升中原黄河文化的整体实力。但是，由于中原黄河文化产业还处于起步发展阶段，中原地区黄河文化创意

产业发展还存在一些问题。

第一，产业化发展还处于起步期，实力尚未形成。文化创意或者文化创新是经济发展的结果，是随着消费全球化背景发展起来的，具备一定的经济基础，与国家或者地区的经济发展水平有着密切的内在联系。有数据表明，当某一地区的人均 GDP 达到 10000 美元时，以独特的设计、创新等为主要特点的创意产业将开始被关注；当人均 GDP 突破 20000 美元以上时，创意行业将成为促进经济发展的主要产业之一。这说明，只有当某一地区的经济发展到一定的水平和阶段时，才能够为创意产业的发展提供条件和环境，成为创意产业真正的"孵化器"。据 2021 年《郑州市人民政府工作报告》公布的数据，截至 2020 年底，郑州市居民人均可支配收入提高到了 37274.8 元。据 2021 年河南省《政府工作报告》公布的数据，截至 2020 年底，河南省人均生产总值突破 8000 美元。随着近几年的迅猛发展，中原一些地区的经济发展总量增长很快，但人均生产总值却相对落后，没有形成推动创意产业发展的良好外部环境，造成了中原地区黄河文化创意产业发展动力不足的现实。在国内，根据网上投票和数据分析等方式，2017 年度中国文化创意产业总评榜评选出了中国文化创意产业十大创意城市，分别为杭州、深圳、广州、苏州、成都、南京、长沙、重庆、青岛、武汉①。从评选结果可以看出，这些入选的城市经济发展程度相对较高，而且具备相当雄厚的文化底蕴。由于经济条件的制约，中原黄河文化创意产业发展状况不够理想。

第二，产业和产品的同质化比较严重。在国际上，以韩国为例，自 1998 年遭受金融危机后，韩国就围绕创意产业进行了改革，并结合国情建立起自上而下的较为完整的文化产业机制。韩国设立了专门的优秀创意奖励机制；设立用于推动文化发展的专项基金，动员社会资金的投入，形成民众、官员共同投资的金融环境；出台关于创意推动文化振兴的基本法律法规，为文化创意产业的发展提供良好的法制环境，这些政策和措施的实施，极大地促进了韩国文化创意产业的发展。近年来，尽管河南省沿黄各市县高度重视发展黄河文化创意产业，但是，毕竟起步较晚，准备不足，因而效果不够理想。以政府为主导建立的许多文化创意产业园区，产业特色并不突出，产品同质化严重。

第三，相互复制的"山寨文化"比较泛滥。由于一些产业发展中缺乏对黄

---

① 资料来源：中国文化创意产业网，http://www.ccitimes.com/yejie/huodong/2018-01-03/10525.html。

河文化价值的凸显，以及对黄河文化内在价值缺乏宣传等因素，一些文化创意产业极易遭到"山寨文化""山寨产业"的冲击，这对黄河文化创意产业化的发展来说，打击是非常大的。一些以黄河文化创意为主要卖点和宣传点的产业或产品，由于存在定位不明确、黄河文化内在价值宣传不到位、形式大于内容等问题，使这些产业或产品逐渐被"山寨化"。"山寨黄河文化"的泛滥对于凸显黄河文化价值、彰显黄河文化精神造成了致命的伤害。虽然，中原黄河文化创意产业已经有所发展，但是，能够让人印象深刻作品或产品却相当少，大多数还是诸如黄河博物馆、黄河湿地、黄河文化公园等传统文化宣传形式。同质化的复制产品在一定程度上对黄河文化创意产业的发展形成了威胁，阻碍了黄河文化创意产业的发展进程。

第四，对黄河文化创意产业的支持和保护力度不足。作为一种新型产业，黄河文化创意产业具有发展难度大、获利周期长、更容易被复制等特点，同时又具有更新周期短、信息速度传播快等特点，这就决定了文化创意产业的发展必须以聚集的形式发展，基于此，中原地区建立了一些黄河文化创意产业园，当地政府给予其一些税收优惠、财政支持等有利政策。但是，在产业园建成之后，相关的配套设施如对创意的保护、支持以及监管政策并不完善。由于相关约束机制的存在一些缺陷，使不良行为甚至违法行为频频出现，不能完全避免，在一定程度上也制约了中原黄河文化创意产业的持续发展。由此看来，对相关知识产权的保护还需加强。

第五，黄河文化创意产业的人才比较短缺。作为一种新兴产业，同时也是一种交叉学科，与新兴技术、社会发展、市场需要、艺术创作、产业环境等方面也密切相关，因此需要较为专业的知识作为支撑，这也是发展中原黄河文化创意产业需要解决的问题。

第二节 "黄河文化+创意"形式探索

习近平总书记曾指出，黄河文化是中华民族的根和魂，要保护好、利用好、传承好黄河文化。如何激活黄河文化基因、整合黄河文化资源，让丰富的黄河文化重新焕发新的活力和价值，具有重要意义。在新的历史条件下，通过创新、创意方式传承、弘扬黄河文化，可能是最好的选择。早在 2015 年，河南省人民政府印发的《河南省文化创意和设计服务与相关产业融合发展规划（2015—2020年）》（以下简称《规划》）就提出："围绕制造、建筑、文化旅游和现代农业等重点领域，加快推动与文化创意和设计服务深度融合发展，全面提升产业核心竞争力。"《规划》要求把"文化创意"融入工业、农业、服务生产之中，这对发展中原黄河文化创意产业依然有着重要的指导和启示意义，即拓展丰富"黄河文化+创意"形式的路径和场域。

一、建立完善的黄河文化数据库

要使黄河文化创造性转化和创新性发展，有必要建立一个完善的中原黄河文化数据库，这是发展黄河文化创意产业的基础和必要前提。黄河文化，大多形成于黄河沿岸，分布较为分散，中原黄河地区文化在地理区域上虽然稍显集中，但是，仍然散布在河南沿黄 8 市 24 县（区、市），究竟拥有多少优秀的黄河文化资源，到目前为止，尚无确数。这就需要我们在已有梳理盘点的基础上，开展与黄河文化有关的重要自然遗产、物质遗产和精神遗产等资源普查，更新相关数据，建立健全并不断更新黄河文化媒体资源库和时空大数据平台。

首先，广泛深入地开展普查调研工作。可以通过实地调研、有偿征集等方式，通过和中原黄河流域地区的文化主管部门、民间文化机构、当地居民、非物质遗产传承人、民间艺人等进行多次沟通交流，征集和中原黄河文化相关的故事、历史、传说、诗歌、号子、人物、神话、文字、图片、视频等资料。2021年 1 月，在河南省政协第十二届河南省委员会第四次会议期间，许多政协委员建议坚持"分步推进与重点突破相结合，数据整理与开发转化相结合"原则，制定数据工程整体顶层设计规划，分步骤且有主次地推进，对于数字化最为迫切的应重点突破，比如黄河非遗文化资源、黄河历史文物资源等。

其次，切实创建中原黄河文化网络数据库平台。早在 2010 年，华北水利水电大学就成立了水文化研究中心，2014 年开始筹建黄河水文化特色数据库，目前已经初具规模。2021 年 5 月，洛阳、济源、焦作、平顶山、三门峡公共图书馆在洛阳举办了黄河文化特色资源数据库共建共享研讨会，标志着河南省首个以黄河文化特色资源为主题的数据库建设项目启动，这是一个好的开端。今后，应该在省级层面上，由政府有关部门或者委托某些研究机构，利用大数据技术，统筹建设全省性的中原黄河文化数据库。

最后，大力加强中原黄河文化数据统计研究。中原黄河文化数据库建设，不能仅满足于数据汇集，还需要对所收集到的相关文化材料分门别类做好系统梳理和分类的工作，形成完整系统的黄河文化素材资料库。同时，对于那些用传统形式表现黄河文化，如河洛大鼓、黄河号子、黄河传说、黄河祭祀等，也要进行总结梳理，进一步总结提炼，创造出体现黄河文化的符号、元素、价值、精神等标识。

二、创新黄河文化的表现形式

科技既改变生活，也改变文化表现形式。在文化创意领域，文化创意产业与高科技的关系更加紧密。要增强文化产业的创新，体现文化产业的创意，离不开高科技的支撑。人们现在所使用的苹果手机、小米电器，各种系统、网站无一不是借助科技手段和创新理念，来改变人们的生活习惯和方式的。想要发展黄河文化创意产业，一定要借助高科技这个"东风"。

第一，可以在黄河文化数据库的基础上，选取合适内容创作网络产品。在互联网高度发达的今天，任何有新意、有创意的作品都有可能爆火，被广大网民喜欢和接受。例如，围绕与黄河有关的人物、历史故事为原型，开发相关的产品。大禹治水的传说家喻户晓，可以以此为"底本"，创造设计相关治黄游戏；也可以把历史上"贾鲁治河"的故事转化为视频动画，创造易于传播的产品；围绕黄河河道的变迁、黄河河道最终形成的历史，制作一些科普视频，将已有的黄河河道变迁、形成的视频互联网化；对黄河流域中著名的、源远流传的故事、历史、人物进行加工，再加以当代价值观的指导，拍摄相关的电视或者电影。推广宣传黄河文化，不仅要善于利用以前的资源，更要学会创新、创造人民群众喜闻乐见的新形式，这样才能为黄河文化的发展提供源源不断的动力。

第二，可以利用 VR 等高科技，实现对黄河文化的立体感受。互联网模式下对黄河文化的宣传呈现出来的往往是平面的，只能算是二维，想要加大对黄河文化的宣传力度，加深人们对黄河文化的了解，推动黄河文化创意的进一步发展，还需要继续创新，可利用 VR、3D 等形式建立"黄河文化体验馆"。当前，山东营口已经创建了"黄河入海流"主题 VR 体验馆，展现了很好的发展前景。河南省企业可以学习并借鉴这些做法和经验，以某段黄河河道为原型，设计一款"黄河冲浪""黄河漂流""鲤鱼跳龙门"等 VR 技术产品，使人们切身体验黄河冲浪或者黄河漂流的刺激感觉，感受黄河的壮观和魅力。

第三，在传播黄河文化方面，更应该利用互联网加以推广。在全媒体时代，可以通过多种形式的渠道对黄河文化、黄河精神等进行宣传和普及，通过青年人比较喜欢的 B 站、抖音、快手等 App 平台，制作发布小视频作品。

三、促进黄河文化融入大众生活

文化既来自生活，也融入生活。为了让黄河文化"活起来"、"动起来"，不仅要利用现代科技手段，创造更多更好的文化载体，还应该把传承黄河文化与创造人民美好生活结合起来，促进黄河文化"生活化"，即将黄河文化元素融入大众生活的方方面面，如衣、食、住、行等，这也是展现黄河文化创意的一种有效方式。为了满足大众的不同生活需要，应利用黄河文化资源，创办"生活用品"生产企业，着力打造中原黄河文化创意产业的新业态。

在衣服装饰方面，从衣服样式图案的设计、原材料的选取、漂染纺织的方式到衣服上的装饰，都要和中原地区黄河文化相关，对黄河文化有所体现。在图案设计上，既可以采用农耕时期农民播种等反映黄河流域生活方式的图案，也可以采用"鲤鱼跳龙门"等与黄河有关的神话传说，或者采用体现黄河流域发生的历史真实事件的图案；在选材上，可以植物、蚕丝、棉麻等为材料；在工艺上，可以使用黄河流域地区曾经出现的手工艺，通过减少现代感的设计，用服装来还原黄河文化。

在饮食方面，可以将中原地区的重要粮食品种，如小麦、水稻、黍等做优做精，形成自己的粮食品牌，同时开发黄河水产品。例如，郑州的黄河大鲤鱼在河南省可谓家喻户晓，野生的黄河大鲤鱼生长在黄河，黄河的天然环境造就了黄河大鲤鱼的优秀品质，虽然黄河大鲤鱼的价格逐年上涨，但在市场上仍然是供不应求，其他的黄河农副产品也可以借鉴这种形式。

在居住方面，可以依托黄河景区，打造以黄河文化、黄河生态、黄河公园、黄河风景等为主题的酒店或者民宿。2014 年入选国家住建部首批"中国传统村落"名录的三门峡陕州区西张村镇庙上村，积极发展地坑院特色民宿，不仅吸引了大量游客，还带动了地方经济发展。

在出行方面，在黄河游览区、黄河公园、黄河湿地等场地，除了汽车、电车、小艇等，还可以增加多种形式的交通工具，例如"驴拉车""马拉车""牛拉车""人力拉车"等，让游客体验不同的出行方式。

在使用方面，可以利用小创意来体现黄河文化。例如设计与黄河文化相关的笔、书包、笔记本、书签等学习用具；出版与黄河历史、黄河人物、黄河传说、黄河神话、黄河流域生产生活方式相关的书籍或者画册等。利用黄河文化主题日或者黄河文化主题月开展主题活动，例如网络答题、知识竞赛、征文比赛、实践感受等方式，吸引更多的人参与到黄河文化传承与创新之中。

总之，在百年未有之大变局的新时代，中原黄河文化应该与现代技术结合、与文化创意结合、与大众生活结合，设计生产形式多样的文化产品，从而赋能中原黄河文化创意产业新业态。与此同时，黄河文化创意产业也可以与其他产业相结合，如将黄河文化创意产业与中医药、康养、体育等产业相结合，开发黄河森林公园养生项目、有机生态种植项目、黄河研学项目等，培育内涵丰富、形式多样的中原黄河文化创意产业新业态。

第三节　中原黄河文化创意产业化发展的路径

为了更好地发展中原黄河文化创意产业，应制定鼓励其发展的政策制度，为黄河文化创意的发展提供一个相对宽松的外部环境。

一、提高文化创意产业的战略地位

随着经济的发展，文化创意产业对地区经济的贡献越来越大，文化创意产业在地区可持续发展中理应提升到更突出的战略地位。中共河南省委、河南省人民政府曾提出了"打造中原文化高地，让中原更加出彩"的战略目标。据此，有些学者提出，要"传承弘扬黄河文化，打造全国重要的文化高地"的构想。在这个背景下，应该进一步提升中原黄河文化创意产业化发展的战略地位。

首先，让黄河文化创意产业参与到区域经济结构调整过程之中。中原地区因为其独特的地理环境，大多以农业、建筑业、工业等为主要产业，在资源方面略显匮乏，而传统的农业、建筑业本身又消耗大量资源，许多产业的发展主要依靠大量人力，属于劳动密集型模式。而黄河文化创意产业则涉及如文化、媒体、技术服务、设计、广告、网络、出版等内容，因此在区域经济调整的过程中一定会发挥较大作用。

其次，让黄河文化创意产业吸收更多的现代科技成果。黄河文化创意产业，若想要超越传统的黄河实体产业和文化产业，就必须要有创意、有创新，那就要充分发挥科技创新的重要作用，作为黄河文化创意、科技创新的支撑，科技成了黄河文化创意产业增强竞争力的关键因素。此外，发展黄河文化创意产业，也会吸引和促进现代科学技术成果的发展。建议组织开展相关核心技术、软件开发等课题研究，提升中原地区的网络、出版、动漫、演艺等行业的技术含量，从而提升黄河文化创意产业的核心竞争力。

最后，让黄河文化创意产业成为河南经济社会发展战略的组成部分。2020年12月，中共河南省委提出的《中共河南省委关于制定河南省国民经济和社会发展第十四个五年规划和二〇三五年远景目标的建议》（以下简称《建议》）已经提出，"十四五"期间，要实现"公共文化服务体系和文化产业体系更加健全，人民精神文化生活日益丰富，黄河文化影响力充分彰显，出彩河南人竞相涌现，正能量更加充盈，文化强省建设取得新成效"。为此，该《建议》提出，要深入实施中华文明探源工程和黄河文化遗产系统保护工程，打造黄河国家文化公园重点建设区，发挥黄河文化根和魂的优势，打造黄河文化传承创新区，构筑华夏儿女的心灵故乡。今后一段时间内，贯彻落实中共河南省委《建议》精神，制订实施好"十四五"规划，大力发展黄河文化创意产业，成为河南省的一项重要战略任务。

二、加大文化创意产业的政策支持

事实表明，越发达的地区，文化产业对经济增长的作用越大，越能成为支柱性产业。相比物质和资本，只有当地区文化表现出更强大的力量且地区经济发展的文化含量更多的时候，地区经济才能实现高质量的可持续发展。鉴于文化产业对经济增长的作用显著，应加大文化创意产业的政策支持力度。例如，北京市为了促进文化创意产业高质量发展，先后出台了一系列政策予以支持，给予文创企业房屋租金补贴、银行贷款贴息、员工培训补贴、税收减免等。对于中原地区来说，黄河文化就是中原地区的瑰宝，蕴含的经济价值极其巨大。中原地区要发展黄河文化创意产业，把文化资源转化为经济资产，就应该加大政策支持力度。

一是综合性经济政策支持。国家以及河南省的宏观经济政策已经非常明确，均指向促进经济高质量发展、提高人民生活水平。中共河南省委提出的"十四五"规划建议也明确指出，要深化文化体制改革，增强文化发展活力。《建议》还提出，要大力发展文化事业和文化产业，深入实施中华文明探源工程和黄河文化遗产系统保护工程，加快建设具有国际影响力的黄河文化旅游带，打造郑汴洛国际文化旅游核心板块等。郑州市、洛阳市、三门峡市人民政府也先后出台了一些针对发展文化创意产业的鼓励性经济政策，发挥了较大作用。但是，与发达省市相比，河南省在这方面的经济政策支持力度还有待进一步加强。

二是财政性产业政策支持。近年来，广州市政府曾安排每年约 2 亿元的财政资金，设立广州市软件和动漫产业发展基金，对该领域的投资者予以奖励或支持。广州市天河区出台政策规定，对获得国家新闻出版署审批通过且已正式上线的网络游戏，每款产品给予游戏研发企业 10 万元奖励，每家企业最高不超过 100 万元；对开发游戏有功的人按照个人对经济发展贡献的 30% 予以奖励，每人每年最高 10 万元。尽管河南省也设立了类似的资金，但是总体上规模小、覆盖窄，支持激励作用不明显。今后，河南省可以借助"一带一路"倡议、黄河流域生态保护和高质量发展国家战略，对黄河文化创意产业给予更大的财政支持。

三是税收优惠政策支持。税收政策是产业发展的重要调节手段，地方政府在国家法律规定的范围内，可以设计灵活的优惠政策。河南省人民政府曾经明文规定，鼓励从事文化创意和设计服务的企业申报高新技术企业，对经科技和税务部门认定为高新技术企业的文化创意和设计服务企业，减按 15% 的税率征收企业所得税，以后要增加覆盖范围，对属于小微企业的文化创意企业给予更多的优惠待遇。

三、鼓励社会资本进入文化创意产业

近年来，中央一直强调文化体制改革的重要意义，这对民营企业来说，无疑是一剂"强心针"，有利于民营企业成为文化产业发展的中坚力量。

鼓励民营企业以不同的方式，如参股、合作、独资、特许经营、合资、联营等进入黄河文化创意产业，如黄河文化表演团体，黄河文化演出，黄河文化周边

产品的开发和销售，黄河文化互联网的传播，黄河文化的宣传，黄河故事、历史等著作、音频、视频的出版，黄河文化旅游，黄河文化艺术品的设计生产，黄河文化艺术品经营等领域。

鼓励和支持符合条件和标准的民营企业获得出口黄河文化和产品的经营资格，以从事黄河文化艺术品、黄河文化文艺演出等与黄河文化产品和服务有关的出口业务；鼓励民间艺人自筹资金组成团体团队；鼓励民间团队和企事业团队间的联合；鼓励事业单位人员在民间团队中兼职等。

鼓励农民自办黄河文化企业，从事与黄河文化相关、彰显黄河文化特色的产品和服务的开发，使黄河文化创意产业向私营、个体企业发展。

四、保护文化创意企业的知识产权

文化创意产业的核心是创意，这就表明创意产品的研发具有一定的难度，产品研发具有投入高、周期长等特点。但是，由于创意具有很好的嫁接性，这就决定了文化创意产业可复制性高、复制成本低的特点。一旦文化创意产业中的知识产权不能受到保护，那么，投资人投入文化创意企业的资本就无法保障，导致流入文化创意产业的资源越来越少，长此以往，文化创意产业的发展就会越来越慢甚至停滞。为了保障黄河文化创意产业的顺利发展，就应该做好知识产权保护工作。

一是利用法律法规和政策制定来保护文化创意产业中的知识产权。要充分发挥地方立法权的优势，从根本上解决产业发展需要和立法滞后的矛盾，为文化创意产业的健康发展提供良好的法制环境。此外，还要针对生产过程中的每个具体环节，制定相对具体且有针对性的制度规范。在整体上则要研究已有的与文化创意产业相关的制度规范体系、市场环境、市场规则，在此基础上建立较为完整的知识产权法律体系。同时，通过一些途径鼓励文化创意企业做好版权登记；针对文化创意企业可以减免一部分版权登记费用；简化登记环节，使版权登记更加高效快捷；对于登记数量较多的文化创意企业，可以给予更多的费用减免等。

二是健全文化创意产业知识产权的监管体系。利用完善的制度体系，将知识产权违法行为扼杀在萌芽阶段，同样地，一旦发现与知识产权相关的违法行为，要尽量提高知识产权维权效率，降低知识产权维权的时间成本和金钱成本。例如，20世纪的美国正处于计算机、电视等发展的起步阶段，市场上版权侵权行为猖獗，严重影响了版权拥有者的切实利益及技术领域部分企业的发展。为了更好地保护计算机软件、电视、音像等核心产业的顺利高速发展，美国在短时间内建立了较为完善的法律体系，在很大程度上遏制了版权侵权案件的发生，扭转了美国当时盗版横行的局面，这也为其他国家推动知识产权保护工作提供了一些经验。这些经验对于促进中原黄河文化创意产业化发展具有重要的参考价值。

三是完善相应的执法管理体系。完善的知识产权法律体系是基础，但只有基础是远远不够的，想要知识产权法律法规能够真正发挥作用，还需要执法人员这一重要角色发挥作用。在执法管理体系上，要逐渐打破执法部门相对独立的状态，加强部门之间的整合管理功能，实行归口管理，将知识版权涉及的版权保护、商标、专利等工作整合到一起，有效地提高各部门的协作效率。

五、加快培养文化创意人才

人才是推动黄河文化创意产业发展的最重要、最基础也是最活跃的力量，创新创意的实现，最终还要落实到人才上面。但从目前来看，人才吸引难度大、人力资源稀缺，已经成为影响中原黄河文化创意产业平稳发展的瓶颈。目前，河南文化产业的从业人员数量有以下特点：非体制内从业人员多、从事经营性活动的人员多、从事娱乐服务业的人员多、非文化部门的人员多，真正从事文化创意的人少，而在文化创意产业中，从事新事物、新商品、新服务的核心人才少之又少，这种状况必将严重影响中原黄河文化创意产业的高质量可持续发展。

在充实人才队伍方面，可以借鉴国外的一些经验和做法。一些西方国家为了培养文化创意产业人才，大多以政府为导向，以高等教育中的专业培训为基础，以适应行业发展需要、适应市场需求为目标。在英国，推动文化创意产业发展的主力军主要是思维活跃、创意无限的年轻人，因此在青少年的教育培养方面，英国政府有意将青少年艺术能力、创新能力、创造能力、想象力等进行重点培养。而德国对文化创意产业人才的培养则采用的是另外一种模式，即社会私有机构与公共机构的联合培养，这种模式大大减轻了政府的压力。此外，对文化创意人才的培养和教育不仅仅局限于理论讲授，还应该有实习实践课程，鼓励培养对象在自己擅长或感兴趣的领域实习培训，以便提升实践能力，顺利进入文化创意产业相关工作中。他山之石可以攻玉，这些经验和做法都值得借鉴。

面对中原地区人才缺乏的局面，可以多措并举，政府、学校、社会共同参与，创新人才培养模式，拓展人才培养渠道。

一是复合型人才培养模式。对于一个处于起步发展阶段的产业，解决其人才资源缺乏问题的最好办法就是高校的专门培养，可以把高等院校作为培养和扩充创意文化产业复合型人才的主要阵地。文化创意产业的相关学科尚处于起步发展时期，因此就需要加强创意产业学科的建设，如做好专业课程的设置、加强教学体制的改革和完善等。

二是专门人才培养模式。专才的定位，介于技术性实用人才和高端复合人才之间，是文化创意产业发展过程中的中坚力量，不可或缺。这种人才的培养教育需要高校、职业学校以及社会三者的共同协作。

三是技能型人才培养模式。根据事业发展的需要，应该转变教育观念，大力发展中等或高等职业教育，大力培养技能型人才。例如，近年来平顶山学院开办的陶瓷专业，培养陶瓷制作人才，毕业生供不应求，就业率很高。

四是社会培训模式。在政府支持下，企业或社会培训机构根据产业发展需要，有针对性地举办长期或短期培训班，培养企业急需的人才。

第四章　中原黄河遗址文化产业化发展

中原作为古代"天下"之中心，是华夏文明和中华文明的发祥地，是华夏民族形成、发展、不断壮大的摇篮，自古为兵家必争的咽喉要地。在纷繁复杂的历史演变中，人们通过生产劳动、政治和军事等社会活动，为后人留下了宝贵的遗址遗迹，也为今天的发展提供了丰富的历史信息。对于当代社会而言，在保护这些珍贵文化遗址的前提下，如何能够充分开发、调动和利用这些内涵深厚的珍贵财富，将其转化为推动当地文化产业发展和经济转型的基础性资源，是一项非常值得探索的课题。

第一节　中原黄河遗址文化遗产分布及价值

中原厚重的历史积淀造就了中原地区厚重的历史文化和众多的历史遗址，其中，在文化保护与传承的最高等级的国际公约建制——联合国教育科学文化组织通过的世界文化遗产名录中，河南就有洛阳龙门石窟、安阳殷墟、登封"天地之中"古建筑群、中国大运河河南段、丝绸之路河南段五处位列其中。中国的十大古都中仅河南就占了四个，分别是商都郑州、殷商古都安阳、七朝（战国时代的魏、五代时期的后梁、后晋、后汉、后周、北宋和金）古都开封、九朝（东周、东汉、曹魏、西晋、北魏、隋、武周，以及五代时期的后梁、后唐等）古都洛阳。河南有填补了我国仰韶文化以前新石器时代早期空白历史的"裴李岗文化"遗址，"仰韶文化"遗址、"龙山文化"遗址，还有"三皇之首"中华人文始祖太昊伏羲氏的陵庙、海内外炎黄子孙拜祖圣地之一的黄帝故里、黄帝出生以及建都之地遗址的轩辕丘。除此之外，河南还有历史上建置最早的关隘函谷关、"天下第一名刹"少林寺、中国第一古刹白马寺等在悠久的历史长廊中遗存下来的遗址文化资源。

一、中原黄河区域遗址文化遗产分布

在中原地区的黄河沿线附近，分布着大量的中国先人活动的遗址遗存，其中绝大多数与黄河有关，要么受益于黄河滋润，要么受害于黄河水灾。郑汴洛三市等地作为中原地区重要的节点城市，历史遗迹丰富且具有重要的代表性。

（一）洛阳市的遗址遗产

与河南地区作为一个整体给人的一马平川的印象不同，洛阳地区地势西高东低，山峦水流汇聚，呈现为环山抱水的宏大地势。作为中国古代重要的政治、经济、文化中心，洛阳有着丰厚的文化遗址遗存，是中国最为著名的历史文化名城之一。根据洛阳地区的遗址类型，大致可以将它们划分为以下几类：考古文化遗址、古城遗址；寺庙宫观遗址；名人故居；古墓遗址；亭台楼阁碑塔遗址；石窟遗址；会馆遗址。

一是考古文化遗址、古城遗址。洛阳的地域特点，决定了这一地区聚集了古代各时期遗址遗存，星罗棋布，为数众多。如北窑文化、王湾文化和二里头遗址等，都是知名的古文化遗址。北窑遗址为河南省重点文物保护单位，1998 年发掘于洛阳市的瀍河回族乡北窑村，故以村命名。专家考证认为，北窑遗址的年代应该在距今 3 万年到 10 万年的旧石器时代，在年代上正处于现代人类的起源年代中，对北窑遗址的研究有助于进一步认识现代人类的起源情况。王湾文化遗址位于洛阳市西郊谷水镇王湾村，发掘于 1959 年。学者考证，王湾文化遗址是距今约六千年前新石器时代的古人聚居地，属于全国重点文物保护单位。二里头遗址位于洛阳市偃师境内，发掘于 1959 年。据考证，它的年代为距今 3800～3500年，时间上属于古史中的夏商王朝时期。该遗址规模庞大、设计精巧，内有宫殿、民居、陶坊等诸多遗迹，被认为是夏朝都城遗存的重要证据。目前，二里头遗址是全国重点文物保护单位，也是中华文明探源工程首批重点六大都邑之一。2019 年 10 月 19 日，洛阳二里头遗址博物馆建成。此外，洛阳东汉太学遗址、隋唐洛阳城遗址、汉魏洛阳故城遗址都是非常著名的遗址。

二是寺庙宫观遗址。洛阳作为九朝古都,分布了以儒释道三教为主的众多的寺庙宫观。比如儒教的周公庙、文庙,佛教的白马寺、广化寺,道教的上清宫、吕祖庙。洛阳周公庙为儒教祖庭,始建于公元618年,现为全国重点文物保护单位。2008年,洛阳市在原周公庙基础上,成立洛阳周公庙博物馆。洛阳文庙称为河南府文庙,始建于元代,明嘉靖六年曾进行过重修,整体布局严谨,在国内属于少见的元代建筑遗存,被列为全国重点文物保护单位。洛阳白马寺,始建于东汉永平十一年(公元68年),是中国兴建的第一座官办佛教寺院,历史悠久,在佛教界享有极高的声誉。洛阳广化寺,始建于唐肃宗乾元元年(公元758年),由原印度高僧善无畏的塔院改建而来,为佛教瑜伽密教的祖庭,属于洛阳龙门十寺之一。洛阳上清宫,始建于唐高宗乾封元年(公元666年)。唐代王室为李姓,为抬升李姓地位,唐高宗追尊道教始祖老子为玄元皇帝。因此,上清宫又称之为玄元皇帝庙,属于唐代的国家级建筑,也是道教历史上第一座上清宫。洛阳吕祖庙,是道教全真派祖师吕洞宾的庙宇,传说吕洞宾曾云游洛阳,并在此修仙问道,留下庙宇。

三是名人故居。在洛阳的众多类型的遗址中,古代名人故居、墓地遗址颇多。如洛阳白居易故居,位于今洛阳市洛龙区安乐乡狮子桥村东,现址占地80亩,其内部所含建筑基本是按唐代时期的东都"田"字形里坊街道而建。白居易也葬在洛阳龙门东山琵琶峰,1982年进行重修,称为白园,是全国第一批重点文物保护单位。玄奘故里位于洛阳市偃师区缑氏镇的陈河村,总占地25亩,包括玄奘故居、佛光寺、陈家花园、凤凰台、马蹄泉、晾经台、西原墓地共7个景点。其中,佛光寺始建于唐神龙元年(公元705年),为唐中宗李显为纪念玄奘法师所建,属于皇家寺院。北宋理学家程颢、程颐的"两程故里",坐落于洛阳嵩县田湖镇程村,也是当时"二程"讲学、著述之所,现为全国重点文物保护单位。洛阳为龙兴之地,历史上产生过无数的文化名人,除以上所列几位名人故居以外,还有老子故宅、赵匡胤故居、司马光故居等诸多名人故居。

四是古墓遗址。洛阳地区分布的陵墓大大小小,不计其数。其最主要的可分为两类:一类是皇家陵园,另一类是古代文化名人的墓地。皇家陵园包括东周王陵、汉光武陵、魏文帝首阳陵、魏明帝高平陵、西晋皇陵、北魏孝文帝长陵、北魏宣武帝景陵、唐恭陵、后晋显陵、北宋皇陵等。古代文化名人墓地遗址包括战国苏秦墓、吕不韦墓、西汉班氏家族墓群、颜真卿墓、褚遂良墓、杜甫墓、文彦博墓、邵雍墓等。

五是亭台楼阁碑塔遗址。其主要有仓颉造字台，东汉灵台，聚龙台，钟鼓楼，洛宁魁星楼，福昌阁，五顷寺塔，齐云塔，文峰塔，五花寺塔，孔子入周问礼碑，西晋辟雍碑，升仙太子碑，洛出书处等。其中，东汉灵台遗址，始建于东汉中元元年（公元 56 年），当时隶属于太史令的下属机构，为汉魏诸多王朝的天文观测发挥了巨大的作用。现灵台遗址仅存方形夯土高台，面积达 44000 平方米，夯土台四周各分上下两层。

六是石窟遗址。其分布于洛阳各地的石窟众多，包括龙门石窟、水泉石窟、谢庄石窟、万佛山石窟、西沃石窟、虎头寺石窟、铺沟石窟等。其中，龙门石窟位于龙门，因地处洛阳正南，伊河从两山之间穿流而过，"两岸皆断山绝壁，相对如门，惟神龙可越，故曰龙门"。远望之下，又似一座天然的门阙，所以古又称之为"伊阙"。龙门石窟的开凿始于北魏孝文帝年间，历经隋唐至宋四百年，规模庞大，造像精湛，呈现了中国化的趋势，与莫高窟、云冈石窟、麦积山石窟并称中国四大石窟，且居首位。龙门所凿石窟造像，大多是皇家贵族所建，著名的卢舍那大佛石刻就是以武则天为原型雕琢而成。石窟分布于伊河东西两岸，南北长达 1 千米，造像近 11 万余尊。联合国教科文组织评之为"中国石刻艺术的最高峰"，属于世界文化遗产、全国重点文物保护单位、国家 5A 级旅游景区。

七是会馆遗址。会馆遗址包括山陕会馆、潞泽会馆、洛阳祖师庙老子纪念馆、吴佩孚司令部旧址、八路军办事处纪念馆、强渡黄河纪念馆等。其中，洛阳祖师庙始建于元末明初，据庙宇修缮过程中所发现的多块石碑显示，清代嘉庆年间，祖师庙在当时名为真武庙，大殿内原供奉的是真武大帝。2012 年，洛阳市为纪念老子，遂将洛阳祖师庙筹建为老子纪念馆。目前，该馆是国内唯一的老子文化的专题性展览馆，也是全国最大的老子文化专题纪念馆，主体建筑为元代遗存，属于全国重点文物保护单位。

（二）开封市的遗址遗产

在中国十大古都之中，开封作为全国性政治、经济、文化中心的时间并不算长，其之所以重要，很大程度上是因为开封曾是繁荣程度享誉世界的北宋王朝的首都和世界上盛极一时的大都城。11 世纪的开封人曾用"曾观大海难为水，除去梁园总是村"来描述开封的繁盛，从中不难感受到开封昔日的繁华程度。但受黄河水患影响，历史上诸多古城遗址按照时代早晚自下而上地叠压在地下，造成开封形成"城摞城"的独特格局。根据开封市现有的遗址文化资源的实际情况来看，可以将其大致分为具备相对完整的地表遗存，缺乏相对完整的地表遗存，依托历史记载、画作、故事仿建或重建的遗址三大类型。

一是具备相对完整的地表遗存的遗址。开封城墙、禹王台遗址、龙亭大殿、大相国寺、开宝铁塔（佑国寺塔）、繁塔、尉氏兴国寺塔、延庆观（中国三大名观之一，是中国道教比较有影响力的宫观）、开封朱仙镇清真寺（清真古寺之一，全国重点文物保护单位）、开封清真东大寺（河南省规模最大的清真寺）、天主教河南总修院旧址（由罗马教廷所建的一所培养神职人员的高级宗教院校）、朱仙镇岳飞庙和关帝庙、山陕甘会馆、刘青霞故居、国共"黄河归故"谈判旧址、焦裕禄烈士陵园、刘少奇在开封陈列馆等，是目前开封留存相对比较完整的遗址。其中，开封是一座由古代城墙环绕的古城，现今我们看到的遗存相对完整的开封城墙主要是清代开封府城墙。开封城墙全长14.4千米，仅次于南京城墙长度，是我国第二大古代城垣建筑遗址，已被国务院列入全国重点文物保护单位。在开封城墙之下，还叠摞着其他五个朝代的古代城墙（战国魏国大梁城城墙、唐代汴州城城墙、宋代东京城城墙、金代开封城城墙、明代开封城城墙）。开封城墙的叠摞层次之多、遗存规模之大，实属罕见。可以说，开封城墙见证了古代开封城的兴衰，具有深厚的历史文化底蕴和研究价值。

二是缺乏相对完整的地表遗存的遗址。对开封城的古代遗址勘探而言，在世界考古史上独一无二的"头顶一条河（黄河），脚踏六座城（古代都城）"的奇观未尝不是一种压力。根据已有的考古勘探报告，在龙亭周边地表以下3~12米深处叠摞着六座古代城池。其中有三座为古代都城，两座是省会城市，还有一座是中原重镇。战国时期魏国大梁城遗址位于距离地表12~14米深度的位置，隋唐汴州城遗址位于距地表10~12米深度的位置，北宋汴梁/东京城遗址位于距离地表8~10米深度的位置，金汴京城遗址位于距地表7米深度的位置，明代周王紫禁城遗址位于距地表5~6米深度的位置，清朝开封城遗址位于距地表3~4米的位置。对开封兴衰史有所了解的人，一定会对开封"城摞城、墙摞墙、路摞路、门摞门"这一不可思议的现象产生的原因略知一二。1989年，经国务院批准，北宋东京城遗址被确立为全国重点文物保护单位。这些遗址曾经在古代历史上扮演重要角色，虽然缺乏相对完整的地表遗存，但其真实地记录了一种已经消逝的古代文明，至今仍然具有突出意义和普遍价值。

三是依托历史记载、画作、故事仿建或重建的遗址。清明上河园、开封府、龙亭、包公祠、天波杨府等，是开封地区依托历史记载、画作、故事仿建或重建的遗址。这些遗址中的一部分现已成为遗址文化产业化发展的重要示范基地，为开封市的经济社会发展贡献了重要力量。其中，清明上河园位于开封市龙亭湖西岸，是以北宋画家张择端著名的画作《清明上河图》为蓝本筹建的一所大型北宋历史文化主题公园，国家5A级景区，同时也是国家文化产业示范基地。清明上河园建筑的布局和设计完全按照画作《清明上河图》进行，力图完整、真实展示该画作中展示的北宋时期汴京的城市面貌、繁华的社会生活场景、市井人民的日常生活情趣等。除了在建筑格局上真实还原《清明上河图》的场景之外，清明上河园在中国传统节日期间还会举办一些主题活动，比如在春节期间举办"大宋·年民俗文化节"，在清明节期间举办踏青、插柳等"清明文化节"活动，并举行一些切合北宋历史文化的节目演出和表演，最大限度地打造北宋印象，使游客感受到北宋的繁盛与中华文化的源远流长。开封拥有解读中国古代文明的话语权，无论是对于河南、对于中国乃至对于世界，开封都是一座无可替代的文化地标。

（三）郑州市的遗址遗产

1954年，河南省人民政府由开封迁往郑州，郑州从此成为河南省省会，目前是国家九个中心城市之一。郑州古称商都，地处黄河下游、中原腹地，是华夏文明的重要发祥地，中国八大古都之一。郑州现有不可移动文物近万处，其中包括两处世界文化遗产，74处全国重点文物保护单位，如著名的大河村遗址、裴李岗遗址、郑韩故城等，早已为世人熟知。这些遗址大致可以分为考古文化遗址、古城遗址、寺庙宫观庄园遗址、陵墓遗址、碑塔遗址。

一是考古文化遗址。郑州除了拥有著名的大河村遗址、裴李岗遗址、王城岗及阳城遗址、郑州商代遗址外，还有如古城寨城址、西山遗址、织机洞遗址、新砦遗址、唐户遗址、大师姑城址、小双桥遗址、大周封祀坛遗址、李家沟遗址、尚岗杨遗址、后庄王遗址、青台遗址、秦王寨遗址、人和寨遗址、花地嘴遗址、曲梁遗址、娘娘寨遗址、稍柴遗址、南洼遗址、望京楼遗址、祭伯城遗址、西史村遗址、官庄遗址、窑沟遗址等众多遗址。其中，大河村遗址位于郑州市的东北郊，是一处距今6800~3500年横跨三千多年的大型古代聚落遗址，包含有仰韶文化、龙山文化和夏商文化的性质，见证了古先民从原始母系社会，经父系社会到夏商时期的历史连续性。大河村遗址最初发现于1964年，考古发掘则始于1972年，著名的彩陶双连壶、白衣彩陶钵、X纹彩陶罐被视为原始艺术的难得珍品。1989年，郑州市在这里成立了大河村遗址博物馆。

二是古城遗址。如郑韩故城、荥阳故城、华阳故城、京城古城址、苑陵故城、汉霸二王城。其中，郑韩故城位于今新郑市市区，是东周时期的郑国与韩国的都城。公元前770年，周平王迁都洛阳，史称东周。郑国随之东迁至此，取名新郑，以区别于陕西的旧郑国。公元前375年，韩国灭掉郑国，新郑于是成了韩国的都城。截至秦国灭韩，郑韩两国在此建都达539年之久。郑韩故城重新被发现始于1923年一口水井的挖掘，从中挖掘到诸多青铜器、陶器等文物。20世纪60年代重新挖掘发现"郑公大墓"，出土了数万件东周时期郑韩两国器物，确认了西城主要为郑韩两国的宫殿区、贵族府邸等，东城则集中了手工业作坊区、平民居住区、宗教礼仪性祭祀区和郑国贵族墓葬区等。郑韩故城被列为第一批全国重点文物保护单位。

三是寺庙宫观庄园遗址。郑州现有的寺庙宫观和庄园等遗址包括少林寺、常住院、初祖庵、中岳庙、会善寺、新郑轩辕庙、清凉寺、南岳庙、郑州城隍庙、登封城隍庙、郑州清真寺、慈云寺、登封玉溪宫、崇福宫、纪公庙、黄帝宫、石窟寺、大法王寺、永泰寺、嵩阳书院、观星台、密县县衙、康百万庄园、张祜庄园、刘镇华庄园等。其中，少林寺位于登封嵩山五乳峰下，始建于北魏孝文帝时期，印度高僧跋陀在此传授小乘佛法。少林寺在中国佛教史上占有重要地位，被誉为"天下第一名刹"。同时，由于少林武僧在武术上的研究创造，使少林寺素有"天下功夫出少林，少林功夫甲天下"之说。少林寺既是中国佛教禅宗的祖庭，也是中国功夫的发源地。2010年8月，包括少林寺常住院、初祖庵、塔林在内的历史建筑群，被联合国教科文组织列为世界文化遗产，也属于全国重点文物保护单位。

四是陵墓遗址。如韩王陵、打虎亭汉墓、苌村汉墓、后周皇陵、欧阳修墓、李诫墓、后士郭壁画墓、宋陵、原武温穆王壁画墓等。宋皇陵位于巩义孝义镇西村、芝田镇、回郭镇一带。这里埋葬着除徽、钦二帝外的七位北宋皇帝。此外，陪葬的皇室宗亲及大臣等墓葬超200座，是一处庞大的陵墓群。由于宋金交战，中原宋陵已经被盗掘一空，陵园建筑也被损毁严重。现陵区仍有700多件石刻伫立在田间，属于全国重点文物保护单位。

五是碑塔遗址。郑州地区现有诸多碑塔遗址，如大唐嵩阳观纪圣德感应之颂碑、刘碑寺碑、三祖庵塔、二七塔、塔林、太室阙、少室阙、启母阙、嵩岳寺塔、千尺塔、净藏禅师塔、永泰寺塔、法王寺塔、寿圣寺双塔、凤台寺塔等。其中，大唐嵩阳观纪圣德感应之颂碑，又名大唐碑，刻于唐天宝三年（公元774年），立于登封嵩阳书院大门前。嵩阳书院原为一座佛教寺院，名为嵩阳寺，建于北魏，隋朝时期改为道教宫观，称为嵩阳观。嵩阳观在宋代复更名为嵩阳书院，大唐嵩阳观纪圣德感应之颂碑则屹立于此，延续至今。该碑分基座、碑身、碑首、云盘、碑脊五层，雕工极为精细，碑文出自李林甫，讲述了当时的嵩阳观道士孙太冲为唐玄宗李隆基炼丹九转的故事，书写则由唐代著名书法家徐浩执笔，字态端正，刚柔适度，笔法遒雅，整件碑刻可谓唐代石刻艺术之珍品，现为全国重点文物保护单位。

此外，沿黄河的三门峡市、焦作市、新乡市、商丘市、安阳市、濮阳市等市县，也有大量的历史遗址存在。其中，安阳地处豫北，是黄河故道流经之地，但在早期中国发展史上留下了极为浓墨重彩的信息，遗址文化资源也极为丰富。在安阳市内，被确定为全国重点文物保护单位的就有殷墟、天宁寺塔、修定寺塔、灵泉寺石窟、小南海石窟、羑里城遗址、岳飞庙、明福寺塔、三杨庄遗址、林州红旗渠、马氏庄园、曹操高陵、白营遗址、固岸墓地、阳台寺双石塔、大兴寺塔、兴阳禅寺塔、韩王庙与昼锦堂、高阁寺、彰德府城隍庙、惠明寺、千佛洞石窟、袁林、邺城遗址（安阳区）、洪谷寺塔等。诸如此类的历史遗址，遍布于黄河两岸，成为了重要的历史记忆，也为当地经济社会发展提供了大量的文化资源。

值得一提的是，由于黄河在历史上多次改道，因而也留下了诸多黄河故道遗存。

二、中原黄河遗址文化遗产的重要价值

中原地区在古代所显示出的独特优势，造就了"得中原者方可鼎力天下"之势。相关考古证据表明，早在4500万年前，中原地区就已经出现了人类远祖，在五六十万年以前的旧石器时代，人类就已经出现在中原地区的洹河与漳河流域生息繁衍。生活在这一流域的"小海南人"与著名的"北京人""蓝田人"等同属一个时期。同时，根据历史记载和考古发现，中原地区也是中国古代历史上建

都朝代最多、建都历史最长、古都数量最多的地区，先后有 20 多个朝代，300 多位帝王建都或迁都于此。

第一，承载历史文化基因。在元代之前，中原地区在中国历史上一直长期处于主流、正统的地位，是元代以前中国的核心区域。作为中华民族悠久历史和灿烂文明的见证，文化绵长的中原地区遗存了一大批内涵厚重，并且可以深入挖掘的珍贵的遗址文化遗产。众多遗址文化遗产既蕴含了不同历史时期人类生存、发展的活动轨迹，也集中展现了中国古代在政治、经济、文化等领域繁盛发展的图景，是人类不可替代、不可复制的宝贵财富。按照人类生活轨迹的年代进行区分，这些遗址文化遗产可以大致分为：史前人类活动遗址，古代遗址，具有特殊的政治、经济、文化意义的纪念地等。按照遗址本身的功能和特质可以大致概括为：旧石器时代地层堆积性遗址、新石器时代住地和葬地遗址、古代都城遗址、古代城市遗址、古代园林遗址、古代名人故居和遗迹性遗址、古代帝王陵墓遗址、古代大型工程遗址、古代烽火台遗址、大运河遗址、宗教性文化遗址、古代建筑群遗址、神话传说中的历史遗址等。从历史、文化、人类学、考古学、美学等角度看，这些遗址文化遗产对于整个人类社会而言都具有突出意义和普遍价值。

第二，丰富人们精神生活。2020 年 5 月 22 日，李克强在十三届全国人大三次会议所作的《政府工作报告》中指出，要培育和践行社会主义核心价值观，发展哲学社会科学、新闻出版、广播影视、文物等事业，加强公共文化服务，丰富群众精神文化生活。事实证明，众多文化遗址在人们心目中占有重要位置，对丰富人们的精神生活发挥着重要作用。

第三，产生可观经济效益。中原黄河文化遗址本身作为农业文明和与自然环境长期共存的历史遗存，与人们的日常生活有着紧密的联系，有利于形成较强的吸引力，易于通过多种途径实现活化利用，进而创造可观的经济效益。

第二节　中原黄河遗址文化遗产保护现状

通过本章第一节对中原地区黄河遗址文化遗产的简要梳理可以发现，中原作为中华民族文明的重要发源地，存在着很多富含文化信息的遗址。这些遗址作为历史的无声诉说者，承载和见证着诸多重要的历史性事件，其内含的历史价值、研究价值、美学价值、社会及人文价值都是不容低估的。结合当前及过去一段时间国内综合国力不断提升，并将在未来一段时间保持上升势头的背景来看，我国已经完全具备充分的经济实力来对这些遗址遗产进行保护，并在合理保护这些遗址的基础上利用这些遗产，充分挖掘这些遗址文化遗产的内在价值。值得强调的是，绝大多数的遗址文化遗产因其存在的历史久远而受到不同程度的损坏，因此，当探讨遗址文化遗产的利用现状时，一个绕不过的问题就是当前对这些遗址性文化遗产的保护情况。在很大程度上，保护与利用是开发遗址性文化遗产不可分割的两个方面，保护遗址文化遗产是开发、利用其价值的前提和基础，而开发和利用这些遗址文化遗产能够为进一步保护遗址文化遗产提供更多方面的支持。

一、中原黄河遗址文化遗产的保护开发现状

目前，中原地区已意识到依托中原丰富的黄河遗址文化遗产，能够在经济、社会、人文等领域获得较多层次、较大潜力的发展空间。然而，值得注意的是，利用和开发遗址文化遗产必须要立足于其独特的性质和内在属性。遗址文化遗产的开发和利用的确可以直接与经济效益、经济贡献挂钩，产生经济收入。但是，经济效益只是遗址文化遗产作为一种不可复制的文化资源在产业化过程中诸多属性中的一个方面，即消费性。这一属性的获得必然是以遗址文化遗产本身所承载的属性和珍贵价值为前提。因此，根据遗址文化遗产的独特属性保护好遗址文化遗产及其周边环境，是遗址文化遗产产业化过程中必须要做的工作。从当前中原地区遗址文化遗产产业化情况来看，对遗址文化遗产的保护和开发利用主要存在以下几种模式：

第一，考古遗址博物馆模式的保护与利用。考古遗址博物馆在遗址文化遗产的保护、开发及产业化过程中发挥着重要作用。中原黄河地区作为一个古代遗址文化遗产极为丰富的地区，具备建设、发展考古遗址博物馆的现实必要性。作为连接古代文明与现代文明的通道，考古遗址博物馆的建设既应该与当地城市建设保持整体的协调统一，同时也要将遗址本身的文化、历史特色纳入建筑本身的设计风格考量。就考古遗址博物馆的展品而言，应该突出博物馆所依托的遗址遗存的特色，积极承担起宣传遗址文化遗产以及考古相关知识的责任。在国家文物局发布的《2019 年度全国博物馆名录》中，河南省有郑州市大河村遗址博物馆、郑州市古荥汉代冶铁遗址博物馆、阳城遗址博物馆（登封历史博物馆）、定鼎门遗址博物馆、殷墟博物苑、二里头遗址博物馆、商都遗址博物馆等十多家考古遗址博物馆列入其中。虽然，相较于河南省丰富的遗址文化遗产以及博物馆的总数值而言，河南省考古遗址博物馆的数量并不算多，各考古遗址博物馆在规划建设、专业人才、社会功能等方面也不尽理想，然而，这些问题只是说明考古遗址博物馆在当前的发展过程中依然面临诸多难题，并不能抹灭考古遗址博物馆在遗址保护和开发方面的积极贡献。

第二，大遗址模式的保护与整体开发。大遗址是指大型的古代文化遗址，也是指一些大型的、以遗址为主体的历史文化遗产，如安阳殷商遗址、郑州商城遗址、郑州大河村遗址、三门峡庙底沟遗址、大运河遗址、北宋东京城遗址、内黄三杨庄遗址、巩义宋陵、偃师二里头遗址、偃师商城遗址、汉魏洛阳故城、隋唐洛阳城、邙山陵墓群、渑池仰韶村遗址、灵宝北阳平遗址群、新密古城镇遗址、宝丰清凉寺汝官窑遗址等都属于大遗址的范畴。与以往考古的目的在于挖掘掩藏在地下的历史文物的做法不同，大遗址式的保护与开发的前提是认识到遗址作为人类的宝贵遗产，对其进行保护所具有的重要意义。中原黄河地区作为中华文明之根，其所具有的类型众多、蕴藏丰富的大遗址文化遗产，忠实地记录了古代历史发展和环境演变的过程，对于增加人类对自身历史的理解有着不可替代的作用。大遗址保护作为遗址文化遗产保护工作的创新性思路和手段，是保护中华民族历史文明之根脉和基因的重要路径。因此，要切实做好大遗址文化遗产的保护、规划工作，不断提升大遗址文化遗产的保护和利用水平是当前保护遗址文化遗产的重点工作。

国家考古遗址公园、遗址博物馆等是中原黄河遗址文化遗产中大遗址式的保护与整体开发的主要方式。这些保护与开发方式的一个突出特征是依托原始遗址本身。在对遗址文化遗产进行保护的基础上，通过科学的考古勘探等研究工作，根据遗址文化遗产所处的具体处境，科学评估和规划，积极调整，缓解遗址本身与城乡建设之间的张力，并通过法律法规、加强教育等方式增强多渠道、多层面的大遗址保护工作。从目前形势来看，在遗址文化遗产比较密集的洛阳、开封、郑州、安阳等地，已经建设有国家级考古遗址公园，以及一批已经通过立项正在有条不紊地建设中的国家级考古遗址公园，如河南殷墟国家考古公园、河南洛阳城国家考古公园、汉魏洛阳故城国家考古遗址公园、河南郑韩故城国家考古遗址公园、河南仰韶村考古遗址公园等。这些国家级考古遗址公园项目的立项及建设促进了遗址文化遗产的保护、展示、开发和利用。同时，这种全新的遗址保护模式也为古代遗址的保护工作和遗址文化遗产的宣传推广工作搭建了平台，并已初步产生一定程度上的经济、人文、生态和社会效益。

第三，历史文化名城、名镇、名村模式的保护与开发。根据国务院颁布的《历史文化名城名镇名村保护条例》，历史文化名城、名镇、名村模式的保护与开发主要针对这样一些文化遗产：①保存文物特别丰富；②历史建筑集中成片；③保留着传统格局和历史风貌；④历史上曾经作为政治、经济、文化、交通中心或者军事要地，或者发生过重要历史事件，或者其传统产业、历史上建设的重大工程对本地区的发展产生过重要影响，或者能够集中反映本地区建筑的文化特色、民族特色①。一方面，通过审批历史文化名城、名镇、名村，能够以一种法律条例的方式合理保护、规划和管理历史文化名城、名镇、名村，在最大程度上保存这些珍贵的遗址性历史遗产的真实性和完整性，保存这些遗产的整体历史风貌的同时，在一定限度上改善历史文化名城、名镇、名村所在地居民的居住环境和公共基础设施，是实现遗址文化遗产的保护与造福群众的共赢举措。另一方面，由于历史文化名城、名镇、名村的保护模式有法可依，这对于强化遗址文化遗产的保护，依法追究监管监督不力行为和破坏历史文化名城、名镇、名村历史风貌的行为等其他违法行为的法律责任提供了法律依据。

第四，建设爱国主义教育基地模式的保护与开发。爱国主义教育基地是提高全民族整体素质的基础性工程，是引导人们特别是广大青少年树立正确理想、信念、人生观、价值观，促进中华民族振兴的一项重要工作。河南省是爱国主义教育基地资源相对比较丰富的地区，有红旗渠纪念馆、洛阳龙门石窟、开封朱仙镇岳飞庙、开封刘青霞故居、安阳烈士陵园、鄂豫边革命纪念馆、辛亥革命纪念馆、许世友将军墓、焦裕禄同志纪念馆、商丘淮海战役陈官庄烈士陵园、驻马店确山竹沟革命纪念馆、杨靖宇将军纪念馆、鄂豫皖苏区首府革命博物馆及烈士陵园、郑州二七纪念塔、唐河革命纪念馆等大量爱国主义教育基地。爱国主义教育基地作为保护遗址文化遗产的一种重要方式，在加快搜集、梳理和整合遗址历史

---

① 资料来源：2017年国务院新修订的《历史文化名城名镇名村保护条例》。

文化资源，全面丰富这些资源的内涵，开拓筹措保护、开发和利用这些遗址文化遗产的专项资金渠道，以及培训专业管理人员等方面都具有重要的现实意义。

第五，开发文化旅游项目模式的保护与开发。随着我国综合国力的持续增强，人民生活水平的不断提升，大众对精神文化满足方面的需求日益增长。当前，寻求文化旅游已经成为旅游者的新风尚。就目前来看，我国的文化旅游项目大致可以分为四个层面，其中以文物、史料记载、遗址、古建筑等为代表的历史文化遗产是非常重要的一个层面。以文化旅游项目的方式保护、开发和利用这些遗址文化遗产，既是遗址文化产业化的一条创新之路，也是对遗址文化产业化方式的丰富和发展。

如前文所述，中原黄河地区具有大量在长期的历史文化渲染中形成的中华民族独具特色的遗址文化遗产。通过创设文化旅游项目的形式，不仅可以突出中原黄河遗址文化遗产的特色，增强遗址文化遗产作为文化产品的吸引力，带动其他相关产业的发展，提升经济效益，而且更具重要意义的是，这些文化旅游项目能够弘扬中华民族传统文明，给华人、华侨、海外侨胞等提供了一个探寻、了解自己文化之根、生命之根的机会，也为世界了解中国提供了一个广阔的平台。从当前来看，整个河南省文化旅游项目正在进行规划建设，并陆续着地。作为黄帝故里，河南已经在作为全球华人寻根拜祖圣地方面取得了一定程度的成功。在2020年5月11日中共河南省委、河南省人民政府在河南省文化旅游大会上印发的《关于建设文化旅游强省的意见（讨论稿）》的内容中，明确提出到2025年，要将河南省打造成全球探寻体验华夏历史文明的重要窗口，并以嵩山历史建筑群、黄河故里、二里头夏都遗址、双槐树遗址等为依托，建设以寻根拜祖为主题的天地之中河洛文化旅游区，通过打造寻根之旅增进民族认同①。这一模式潜在的前景、广阔的消费人群及其重要意义，为以文化旅游项目的形式保护、开发和利用遗址文化遗产提供了强劲动力。

二、中原黄河遗址文化遗产保护开发的短板

黄河自西向东横贯中原大地，孕育了中华文明。从旧石器时代到新石器时

---

① 严志祥：《河南印发〈关于建设文化旅游强省的意见（讨论稿）〉》，中国照明网，2020年5月21日，http：//m.lightingchina.com/news/70403.html。

代，从夏商周到汉唐宋，中原大地所遗留的人类文明发展的线索从未断绝，遍布河南大地的各种已知的遗址就是最为生动有力的证明。中原地区的黄河遗址向来以数量多、分布广、质量高著称，尽管如此，在保护与利用的过程中仍然存在诸多的问题。

一是对遗址的意义认识不足。遗址属于过去历史的遗迹，人们对遗址的认识比较狭隘：一方面，它对当代人的现实生活可能很难产生直接效用；另一方面，人们只是将遗址当成一种收取门票，获得经济利益的工具。这种狭隘的认识致使人们对遗址在面对自然与人为因素的破坏时，往往听之任之。自然对遗址的破坏是比较严重的，比如地震、雨水、霜雪、风暴等，没有受到特别保护的遗址，在遭受这样的自然灾害时，破坏无疑是巨大的。而城市的发展所造成的空气、水等污染，当与自然灾害相结合时，加剧了对遗址的破坏。此外，无节制的土地开发，也在挤压着遗址的生存空间。

二是对遗址的管理存在缺陷。遗址管理涉及诸多部门，除文物保护单位作为直接的管理方，它还涉及生态环境、交通旅游、电力电信、公安民政等单位，遗址的管理实际存在协调难的问题。同时，中原地区的遗址遍布各地，不仅数量多，而且分布广。对于已经纳入保护范围的遗址而言，对它们的管理或许能保护到位，但还有大量暴露在野外的、没有列入保护范围的遗址无法得到应有的管理，以致破坏严重。据学者调查发现："目前，郑州市革命遗址的保护和开发利用有两个显著的特点：一是所有权属国家和集体的遗址保护得较好，而所有权无归属或归属个人的情况则相对较差；二是纪念设施距今时间较近的保护得较好，而一些时间久远的革命遗址保护得相对较差。有些遗址虽然建筑物本身得到了保存，但是所有权属几经改变，已难觅当年的史迹。"① 郑州市革命遗址的管理尚且如此，河南省其他地方的情况就可想而知了。

三是对遗址的文化价值开发深度不够。遗址是一种历史文化的物质载体，它承载了国家和民族发展的原初动力。人们对历史遗址的发掘保护以及开发利用，其根本目的是要找寻国家民族存在发展的历史根源，研究它对国家民族精神文化塑造的意义，为现代国家民族发展提供强有力的文化支持，增强民族自尊自信。

---

① 中共郑州市委党史研究室专题调研组：《郑州市革命遗址保护利用调查研究》，《中共郑州市委党校学报》2016年第5期。

而当代与遗址类相关的事业往往停留在圈地、建场馆、文物展览、收取门票的简单初级阶段，作用不过是在节假日为大众提供一个娱乐休闲的场所，对于文化遗址所具有的深厚历史价值、文化价值却缺乏深度的研究，本应具有的传播历史文化、发扬民族精神、增强文化自信的功能没有得到合理的发挥，无法实现对遗址文化价值的深度开发。

四是遗址保护与城镇建设之间存在张力。由于遗址文化遗产的保护、开发及产业化受诸多因素影响，可能涉及各种问题，这其中最为重要的就是涉及遗址保护与城市建设、遗址保护与民生等问题。受城市发展影响，一些遗址文化遗产的保护工作在某种程度上与规划一个适宜城市发展的新城区之间存在张力，开封城就是一个比较典型的例子。如何缓和两者之间的张力，是遗址文化产业化过程中必须面对并亟须解决的问题。

五是资金支持方面存在问题。遗址文化遗产的保护、利用首先面临的是资金支持方面的困难。2017 年新修订的《中华人民共和国文物保护法》第十条规定："国家发展文物保护事业。县级以上人民政府应当将文物保护事业纳入本级国民经济和社会发展规划，所需经费列入本级财政预算。国家用于文物保护的财政拨款随着财政收入增长而增加。国有博物馆、纪念馆、文物保护单位等的事业性收入，专门用于文物保护，任何单位或者个人不得侵占、挪用。国家鼓励通过捐赠等方式设立文物保护社会基金，专门用于文物保护，任何单位或者个人不得侵占、挪用。"也就是说，遗址文化遗产的保护工作经费主要依赖地方财政。但事实上，各地的地方财政实力差距悬殊，这就造成各遗址所获得的资金支持差别巨大，而通过社会的捐赠等手段所获得的经费支持也是极为有限的。此外，中央财政尽管也有专项经费，但它的补助对象只针对全国重点文物保护单位，这一范围以外的大量文物遗址显然都面临无资金支持的窘境。由于资金的缺乏，必然造成遗址的保护、修缮、管理等落后，以及从业人员的流失。

六是专业化人才缺乏。所谓专业人才的缺乏，一部分的原因来自经费不足，不仅导致许多人不愿意从事与遗址相关的行业，还使许多从业人员主动放弃本行业，而选择从事其他行业，造成人才的流失。一方面，由于人才的流失，留下的人员往往缺乏专业知识和技能，又或者专业素养不够，这对行业的发展带来不利的影响。另一方面，遗址保护开发牵涉的专业极多，需要的各方面知识人才规模巨大，比如大家所熟知的考古学、历史学、人类学、博物馆学、地质学等都是与此行业具有直接的相关性。多学科共同支持发展是本行业的基本现实，这也就决定了本行业需要大量的各方面人才。但实际上，并没有足够多的各方面人才去真正地从事这个行业，人才不足是当前面临的棘手问题。

所谓遗址文化遗产的保护与开发同民生之间的问题，更多的是因为一些遗址文化遗产位于城乡接合部，在现实保护这些遗址的工作中，涉及诸如拆迁、移民等比较棘手的工作。如何通过宣传、动员等方式，设计群众能够接受的补偿方案解决这些问题，是使遗址文化遗产的保护和产业化工作有条不紊地进行的重要前提，也是夯实遗址文化遗产保护工作群众基础的重要措施。

第三节 中原黄河遗址文化产业化发展的路径探索

文化资源产业化的一个直接目的就是满足人民群众精神消费的需要。早在2011年10月，党的十七届六中全会通过的《中共中央关于深化文化体制改革推动社会主义文化大发展大繁荣若干重大问题的决定》中就明确提出，要"加快发展文化产业，推动文化产业成为国民经济支柱性产业"。毋庸置疑，在当今人们所处的工业时代，将遗址文化遗产进行产业化开发，是完全正当的，也是丰富发展人民群众精神文化生活所必需的。但需要注意的是，遗址文化遗产的产业化必须按照文化产业的模式和规律来做，在重视市场的同时，也不能忽视其作为文化产业所依存的"文化之根"。因此，在中原黄河遗址文化遗产产业化过程中最重要的是要注意两条：第一，守住这类文化产业之根——遗址文化遗产；第二，注重文化创意和良性的市场开拓和竞争。

一、加大对文化遗址的保护开发力度

历史文化遗址既是人类历史发展过程中留下的宝贵遗存，又是人类历史记忆的载体。在保护前提下开发，在开发过程中保护，把保护与开发统一起来，将是善待历史文化遗址的最好方式。

第一，加大保护力度。回顾遗址文化遗产的保护情况可以发现，政府在遗址文化遗产的命运问题上有决断权。当遗址文化遗产所占用的大量城市建设用地与城市本身的发展产生冲突的时候，政府以何种方式解决这种冲突就决定了这些遗址文化遗产的命运。因此，积极申报各级文物保护单位，为保护中原文化提供来自政府的资金保障与政策支持，对于遗址文化遗产的保护及其产业化而言极为必要。

第二，加大开发力度。近年来，西安市在开发曲江新区中，立足于深厚的历史文化底蕴和丰富的遗址文化遗产，依据不同的文化遗址特征，推动文化产业市场化发展，同时以其收益用于保护遗址文化遗产，取得了良好效果，形成了"曲江经验"。临近黄河的二里头遗址发现于1959年，虽然在考古界产生了重大影响，但是，长期以来并未引起人民群众关注。2019年，二里头夏都遗址博物馆建成并对外开放，开放第一周就接待游客达到11万人。按照每人消费100元计算，总消费即达1100万元。二里头夏都遗址博物馆还创办了文创商店，制作并销售具有馆藏文物特色和历史文化底蕴的装饰类、民俗类、赠礼类、生肖类等系列文创产品，颇受游客青睐。

在遗址文化遗产产业化的过程中，可以充分依托遗址文化遗产的传承价值，积极开发与之相关联的衍生产品。值得注意的是，随着人们物质生活条件的不断改善，人们的审美意识和消费层次逐渐提升，对于文创产品的品质提出了更高的要求。这就要求在开发遗址文化遗产的衍生产品过程中，应该根据自身遗址文化遗产的特色元素，深入挖掘其文化内涵，准确、清晰地定位其文创产品的主题。遗址文化遗产的衍生产品开发和营销最根本的是要立足于遗址本身及其文化内涵，以此为核心内容，进而从中筛选出最能体现其特色的元素融入文创产品。此外，还需要从消费者的需求角度出发，注重产品设计过程的科学性。例如，故宫文创产品中的首饰、手表、口红、丝巾、扇子、鼠标垫、茶具、行李贴等之所以受到消费者广泛欢迎，一个直接原因就是这些产品都是消费者日常所需的物品。无论从多元的创意角度，还是从产品本身的质量来看，都为产品增添了许多其功能之外的附加价值，给消费者留下了深刻的印象。

第三，加大宣传力度。在中原黄河遗址文化遗产产业化发展过程中，必须充分利用现代媒介，有的放矢，集思广益，解决当下在利用传播媒介过程中出现的问题。在利用媒介传播中原黄河遗址文化遗产的过程中，应深挖其现代价值，力争将古老的遗址文化遗产最大限度地转化为与现代相融合的、有活力的文化资源；在利用传播媒介的过程中，力争做到积极主动，以科学的传播方法，多渠道、多层次的传播路径提高大众对中原黄河遗址文化遗产的认知，而非一味地迎合大众。同时，在传播媒介的选择方面，既要重视利用官方媒介，也要认识到当前如抖音、快手等具有实时性、广泛性效能的传播平台对大众产生的影响，同时，还要注重中原地区在网络上比较有影响力的网络红人对传播中原黄河遗址文化遗产方面的积极带动力。重视在人际传播、经贸往来、教育交流过程中文化的传播效能，充分利用一切"走出去"和"引进来"的机会，宣传中原黄河文化遗址文化遗产，为中原黄河遗址文化遗产产业化的成功实现提供不断壮大的消费市场。

二、打造历史文化名城名镇

中原黄河地区悠久的历史文化，及其在中华民族发展历程中的独特地位，形成了中原黄河地区丰富的、得天独厚的遗址文化遗产。在目前已确立的中国"十大古都"中，河南的洛阳、开封、安阳、郑州四个城市被列入其中。在 2011 年国家文物局发布的国家文物博物馆事业发展"十二五"规划中，郑州、洛阳与西安、荆州、成都、曲阜一道，被列为"十二五"期间国家重点支持的六大"大遗址"片区。就文化遗址作为发展文化产业的重要载体而言，中原黄河地区所具有的丰富的、厚重的古代遗址文化遗产，为中原黄河文化产业化发展注入了源源不断的内在动力。

第一，打造历史文化名城。结合和利用厚重的遗址文化遗产打造出独具一格的城市名片，对于发展遗址文化产业而言具有极为关键的影响。就这一点而言，新郑黄帝故里拜祖大典就是一个非常成功的典范。新郑市从 1992 年开始，在每年农历三月初三举办寻根拜祖节，即后来的"炎黄文化节"，并于 1994 年开始着力打造和建设以寻根拜祖为主题的旅游基地。自 2006 年以来，这一仪式的规格不断提升，升格为"黄帝故里拜祖大典"，并于 2008 年被国务院确定为第一批国家级非物质文化遗产拓展项目。作为黄帝故里所在地，新郑市充分发挥这一遗址文化遗产的优势，积极将其打造为全球华人、华侨、港澳台同胞寻根祭祖的不二之选。新郑市通过"黄帝故里拜祖大典"所打造的城市名片，不仅带动了作为黄帝故里的新郑市的知名度，还带动了人们对河南、对中原地区历史文化的重新认知，促进了河南旅游业的发展。同时，"黄帝故里拜祖大典"这一平台带来的交往上的便利，为很多华人华侨、港澳台同胞在河南投资创业提供了机遇，给河南带来了很多就业和项目落地的机会。中原黄河沿线的三门峡、洛阳、郑州、开封、濮阳等市以及县城，都是有"历史故事"的城市，完全有条件、有资源打造成各具特色的历史文化名城。

第二，打造历史文化名镇。近年来，位于黄河故道的滑县道口镇统筹规划保护古粮仓、古渡口、古商铺、古民居等古建筑与木版年画、戏剧大平调、大弦戏等非物质文化遗产协调发展，使千年古镇焕发了生机。开封市朱仙镇充分利用启封故园、岳飞庙、运粮河等历史名胜古迹，保护木版年画非物质文化遗产，创建了木版年画博物馆，结合现代居民生活需要，发展文化旅游业和特色农产品（如朱仙镇五香豆腐干）加工业，使该镇得到了较快发展。2017年修正的《历史文化名城名镇名村保护条例》规定：历史文化名城、名镇、名村应当整体保护，保持传统格局、历史风貌和空间尺度，不得改变与其相互依存的自然景观和环境。实践证明，打造历史文化名城、名镇、名村，不仅保护了历史文化，而且带来了新的发展机遇。

利用好遗址文化遗产，开发出独具历史人文特色的遗址文化精品项目，打造和推广出一系列独具特色的、有强烈标志性的中原黄河地区城市、乡镇名片，对提升中原黄河文化产业在国内外的影响力，乃至促进地方经济社会发展具有重要意义。

三、构建大遗址文化产业集群

中原黄河地区留下了诸多大遗址文化遗产，例如安阳的殷墟、洛阳的王城、开封的古城、三门峡的虢国等，不仅具有重要的历史文化价值，而且具有重大的经济开发价值。近年来，西北大学朱海霞教授等开展的"大遗址文化产业集群"研究课题，给了我们很多启示。中原黄河地区众多的大遗址，均可以结合当地实际情况，发展大遗址文化产业集群。

第一，以当地政府为主导做好大遗址文化产业集群发展规划。多年来，为了更好地开发利用好殷墟大遗址，安阳市委、市政府以及安阳殷都区政府数次制订规划，提出了以殷墟大遗址保护导引文化产业发展、以文化产业发展促进殷墟大遗址保护的发展思路，取得了一定的效果。近年来，安阳市委市政府大力挖掘殷墟甲骨文文化的精神内核，推进殷墟国家考古遗址公园建设，整合推进殷墟博物馆、中国汉字博物馆、周易文化产业园等扩建工程，研发文化创意产品，举办节庆赛事，融合文化旅游，产生了良好的社会效益和经济效益。安阳市把保护殷墟大遗址与开发殷墟大遗址遗产相结合，融入当地经济社会发展战略，统筹规划，协同推进，值得其他地方政府借鉴。

第二，吸引社会资本参与大遗址文化产业集群建设。1998 年，开封市人民政府与海南置地集团公司合作，共同建设大型宋代文化实景主体公园——清明上河园。清明上河园内设驿站、民俗风情、特色食街、宋文化展示、花鸟鱼虫、繁华京城、休闲购物和综合服务等功能区，集商品售卖、文艺演出、休闲娱乐、餐饮服务于一体，成为中原地区一大品牌。2019 年，清明上河园景区共接待游客352 万人次，旅游综合收入 4.8 亿元，净利润 1.4 亿元。清明上河园是政府吸收社会资本发展文化产业的成功案例，这个案例启示人们：政府"搭台"、企业"唱戏"、招商引资、共谋发展，应该成为大遗址文化产业集群建设的主要路径和方式。

第三，拉长大遗址文化产业集群的产业链。2014 年 3 月，国务院发布了《关于推进文化创意和设计服务与相关产业融合发展的若干意见》（以下简称《意见》）。该《意见》提出，要依托现有各类文化、创意和设计园区基地，加强规范引导、政策扶持，加强公共技术、资源信息、投资融资、交易展示、人才培养、交流合作等服务能力建设，发挥产业集聚优势，提升全产业链竞争力。2013 年 11 月，党的十八届三中全会通过的《中共中央关于全面深化改革若干重大问题的决定》指出，建立健全现代文化市场体系，提高文化产业规模化、集约化、专业化水平。近年来，三门峡市围绕西周虢国墓地遗址作文章，建设虢国博物馆，开发文创产品，举办节庆活动，开设旅游线路，不断拉长产业链，初步取得了成效。国家政策已经明确，地方实践已经证明，拉长产业链是地方经济发展的必由之路。因此，拉长大遗址文化产业集群的产业链，是未来大遗址保护和开发的正确方向。

四、拓展遗址文化产业的营销渠道

现代企业管理学告诉我们，市场营销在企业生存和发展中占有重要地位，成功的市场营销能够沟通商品或服务生产者与消费者之间的关系，甚至能够扩大市场需求。由于许多文化遗址的保护和管理沿用了过去的行政单位或事业单位的管理方式，市场意识较弱，市场开拓不力，缺少营销渠道和营销手段，所以制约了遗址文化产业发展。近年来，北京故宫博物院充分利用传统媒体、互联网以及研讨会等传播方式，加大了故宫文化创意产品的营销力度，取得了不菲的成绩。据公开资料显示，故宫每年文化创意产品总销售额高达 10 亿元以上。故宫的事例，给我们提供了诸多启发。

一要增强遗址文化产业营销意识。客观地讲，我国绝大多数历史文化遗址管理者或管理部门，包括一些依附于这些文化遗址的文化创意产品生产者，都不太重视市场营销工作，部分遗址没有发挥其内在价值，例如郑州市北郊的花园口、黄河国家湿地公园、楚河汉界（鸿沟）等风景秀丽、文化厚重，但是少有系统的市场营销行为，因而也就没有发挥出应有的经济价值。由此看来，增强文化遗址管理者和衍生产品生产者的市场营销意识，显得尤其重要。

二要注重研究消费者的心理需求。历史文化遗址管理者和衍生产品生产者应该注重调查研究消费者的心理需求，为消费者提供受欢迎的消费产品或服务。在互联网高度发达的背景下，利用大数据处理模式，能够高效、准确地处理有效数据，实时把握消费者的消费需求、消费倾向和消费心理。这样既能节省不必要的人力、物力和财力消耗，节约成本，同时也能够提升产业管理的效率与质量，使遗址文化产业的发展适应市场需要，满足消费者的消费需求。在遗址文化遗产产业化过程中，应该大力培养、引进相关人才，积极探索大数据应用的创新模式，高效、优质推进遗址文化产业化之路。

三要拓展遗址文化产业营销渠道。以北京故宫博物院文化创意产品的营销为例，其在天猫等电商平台上开设有官网进行营销，即使那些不能亲自去故宫游览的消费者也能够很便捷、高效地购买到故宫的文创产品，扩大了销售空间。由此看来，在互联网高度发达的今天，既要重视传统的营销渠道，更要重视网络营销渠道。

总之，文化遗址的产业化道路既要依托自身的文化属性，深挖文化精神及其根源，也要紧跟时代发展的特性。社会需要什么样的文化；不同的阶层喜好什么样的潮流；儿童、年轻人、中年人、老人，他们作为不同的消费群体，各自有什么样的偏好，都应该有针对性地进行分类研究。以自身的文化属性扎根社会不同阶层、不同群体的需要，将是文化产业的最根本出路。

第五章　中原黄河生态文化产业化发展

习近平总书记提出的"绿水青山就是金山银山"理念，强调了生态文化在社会生活中的重要作用。经济高质量发展与生态环境保护是社会主义现代化进程中的一体两翼。良好的生态环境本身，就是一种基本的社会资源，蕴含着无穷的社会价值和经济价值。生态是人民精神文化生活的重要资源，是子孙后代永续发展的基础。实施黄河流域生态保护和高质量发展战略，推动黄河文化产业化发展，一个重要方面就是要大力发展黄河生态文化产业。当前，树立生态文明理念，发展生态文化产业，恰逢千载难逢的机遇，我们应该乘势而上，进一步推动中原黄河生态文化产业化发展。

第一节　中原黄河生态文化产业的相关概念

在全世界几大河流中，黄河流域的生态变化在过去几十万年中几乎是最大的，在这些变化中，中原舞台上演了人类历史上最为精彩的社会变迁和文化演化。早在 2006 年，王光谦、王思远、张长春编著的《黄河流域生态环境变化与河道演变分析》一书，就利用现代遥感技术，对黄河流域自 20 世纪 80 年代以来的生态变化进行了系统研究，同时利用数字流域模型研究了黄河流域多沙粗沙区植被覆盖变化对流域水沙关系及河道演变的影响①。中原黄河流域自然生态演变，促使人们深化了对黄河生态的认识，并推动人们主动保护和改善黄河生态环境。

一、黄河治理观念的演化

黄河生态文化观念的演化，就是人类从自身角度、利益出发，管理黄河、利用黄河、统治黄河，让黄河为自己服务，过渡到从黄河自身发展规律出发，尊重黄河、保护黄河、治理黄河，实现人与黄河和谐相处，促进黄河生态高质量发展的过程。从这个角度来说，黄河生态文化是历史的产物，是对治黄工作的观点、看法、态度发展到一定阶段的产物，同时也是一定治黄实践的产物。

作为一条自然形成的大河，黄河所引发的自然灾害，如洪涝、断流、决堤、改道等，也为社会的经济发展埋下隐患，为治理黄河，减少黄河灾害造成的不良影响，中国劳动人民特别是古代先贤们，提出了很多治黄方略。从之前的治黄历史可以看出，中国先贤治黄思想的发展，大致分为五个历史阶段。

第一阶段是由"堵"到"疏"。从远古大禹治水的"疏川导滞"到战国的"宽立堤防"，人们重在防范黄河灾害，以减少黄河带来的危害，也是中国古人认识自然规律的最初阶段。

第二阶段是由"疏"到"防"。即从疏导洪水、引水入海到筑堤防水，时间上主要是汉朝以前。

第三阶段是由"防"到"分"。即从筑堤防水到人工改道、分流河水，时间上主要是从汉末到明代中期。汉代贾让提出了治黄的"贾让三策"。上策：不与水争地，人工改道，代价重大，可千载无患。中策：开渠引水，分水杀怒，不可一劳永逸，但可兴利除害。下策：加固堤防，需年年修补，劳费无穷。到宋朝，人们治理黄河重在"兴筑遥堤"。

第四阶段是从"分"到"攻"。从分流河水到"束水攻沙"，利用河水强大的冲刷力冲刷河道淤积的泥沙，防止洪涝、决堤等灾害的产生。到了明朝，潘季驯提出了"束水攻沙"的治黄思想，把水堤分为月堤、遥堤、缕堤、格堤几个

---

① 王光谦、王思远、张长春：《黄河流域生态环境变化与河道演变分析》，黄河水利出版社 2006 年版。

类型，根据不同特点"蓄清刷黄"，以达到"海不浚而辟，河不挑而深"的目的。

第五阶段是综合治理。从明末到近代，李仪祉、张含英等人提出的综合治理的思想，即综合上、中、下游的治理，综合工程与非工程、治标和治本、治水与治沙相结合的治理方法，以达到兴利除害的目的。

治黄思想转变的背后，是古人们对黄河态度的转变，从之前主要的人河对立——黄河是产生灾害的主要根源，到人河共生——黄河对社会经济发展有一定的促进作用。通过前人的共同努力，黄河也有过短暂的平静、安稳时期，但由于受生产力水平、科技水平、社会制度、人为破坏等主客观因素，治黄工作在根本上没有摆脱"修堤—淤积—决口—改道"的恶性循环局面，黄河屡治屡决的局面没有根本改变。1855年，黄河在兰考县东坝头附近完成最后一次大决口改道，夺大清河入渤海，大体形成人们现在所见的河道。

中华人民共和国成立后，毛泽东号召"要把黄河的事情办好"，黄河治理以及治理观念进入到一个新的历史阶段。1952年末，毛泽东考察黄河，发出了"要把黄河的事情办好"的号召，国家加强了对黄河治理的规划和实践，1955年一届全国人大二次会议通过了《关于根治黄河水害和开发黄河水利的综合规划的报告》，黄河治理进入到有规划、有行动的新阶段，保证了黄河几十年无决口。

改革开放以后，随着我国经济实力增强，人们对黄河有了更全面深刻的认识，形成了更加科学的治黄理念。1992年联合国里约环发大会通过的《21世纪议程》，提出了"无害环境"的概念。2004年，黄河水利委员会正式提出了"维持黄河健康生命"的治黄新理念。2006年，胡锦涛在中央人口资源环境工作座谈会上首次提出了"建设环境友好型社会"的号召。党的十八大以来，习近平总书记提出了创新、协调、绿色、开放、共享的五大发展理念，并多次强调："既要绿水青山，也要金山银山。宁要绿水青山，不要金山银山。"这个理论的提出，为中国人民治理和利用黄河打开了新思路。

从几千年的治黄实践中可以看出，中国人民的治黄观念在不断演化，人们对黄河的总体认识也在不断深化，实现了重要转变。一是实现了由"黄河—生命—生态"的观念转变，这是对黄河总体看法的改变。二是实现了由追求经济效益到追求生态效益的观念转变，黄河产生的生态效益的比重逐渐增加。三是实现了由黄河服务于人的需求到黄河与人和谐共生的观念转变。在现代生态观念中，人与黄河同属于一个生态系统，两者和谐共生。毫无下限地对黄河索取，受害的最终还是人类自己。在这种观念下，人们对黄河的治理就建立在尊重黄河以及尊重黄河自身发展规律的基础之上，摒弃了"先开发、后治理"的思路，开创了黄河流域生态保护和高质量发展的新格局。

二、新时代保护黄河生态的新思想

20世纪以来，随着工业革命和科技革命的突飞猛进，全球性的生态环境危机越来越严重，促使越来越多的人反思人与自然的关系，引发了自然环境保护思潮和运动。1962年，美国学者蕾切尔·卡逊出版了《寂静的春天》（*Silent Spring*）一书，标志着人类生态意识的进一步觉醒。20世纪90年代以来，中国政府和中国学者也深刻认识到生态环境保护的重要性。例如，1988年，原国家环境保护局发布了《中国环境保护事业（1981—1985）》，中国科学院可持续发展研究组发布了《1999中国可持续发展战略报告》。进入21世纪，"环境保护"和"生态文明"等关键词也成为党和国家文件中经常出现的高频词汇。在这种背景下，人们发出了"保护母亲河"的倡议，形成了保护黄河生态的新思想。

在改革开放的浪潮下，我国取得了令人瞩目的发展，但粗放型的发展方式，也大大增加了国内的环境资源成本，正如巴里·康芒纳在《封闭的循环——自然、人和技术》中写的一样："中国目前也面临着我们50年前在美国所犯错误的危险。"① 在严峻的形势面前，党中央提出要实施可持续发展战略，建设"资源节约型、环境友好型"社会。党的十六大以后，以胡锦涛同志为代表的党中央，继往开来，与时俱进，在理论创新上形成了科学发展观。科学发展观强调，构建社会主义和谐社会的内涵之一，就是实现人与自然和谐相处。

党的十八大以后，以习近平同志为核心的党中央，高举中国特色社会主义伟大旗帜，把生态文明建设纳入中国特色社会主义总体布局之中，形成了科学系统的习近平生态文明思想。党的十八大报告中，正式提出我国生态文明建设的总体目标是"建设美丽中国"。党的十八届三中全会提出，要加快建设系统完整的生态文明制度体系，并将资源产权、用途管制、生态红线、生态补偿等纳入生态文明制度建设体系之中。党的十八届四中全会要求，要用最严格的法律制度保护生

---

① ［美］巴里·康芒纳：《封闭的循环——自然、人和技术》，侯文蕙译，吉林人民出版社1997年版。

态环境，促进绿色发展。党的十九大报告中，明确提出了"坚持人与自然和谐共生"的基本方略。2018 年 5 月，习近平总书记在全国生态环境保护大会上，系统阐述了生态文明建设的思想，标志着习近平生态文化思想已经形成。习近平总书记强调："生态环境是关系党的使命宗旨的重大政治问题，也是关系民生的重大社会问题。"① 习近平总书记还提出，在新时代推进生态文明建设，必须做到"六个坚持原则"：一是坚持人与自然和谐共生；二是绿水青山就是金山银山；三是良好生态环境是最普惠的民生福祉；四是山水林田湖草是生命共同体；五是用最严格制度最严密法治保护生态环境；六是共谋全球生态文明建设。② 习近平生态文明思想将人们对生态文明建设的认识提升到一个新的历史高度，为中国生态文明建设提供了根本指引和遵循。

党的十八大以后，习近平总书记多次视察黄河，发表了一系列重要讲话，阐明了黄河流域生态保护和高质量发展的新思路、新观念、新战略。其中，2019 年 9 月，习近平总书记在黄河流域生态保护和高质量发展座谈会上指出，黄河流域在我国经济社会发展和生态安全方面具有十分重要的地位。习近平总书记指出："治理黄河，重在保护，要在治理。"要坚持生态优先、绿色发展，因地制宜、分类施策，"上下游、干支流、左右岸统筹谋划，共同抓好大保护，协同推进大治理，着力加强生态保护治理、保障黄河长治久安、促进全流域高质量发展、改善人民群众生活、保护传承黄河文化，让黄河成为造福人民的幸福河"。③ 习近平总书记的系列重要讲话，为黄河流域生态保护和高质量发展指明了方向，为推动黄河流域生态保护和高质量发展谋划了新的国家战略。习近平总书记关于黄河流域生态保护和高质量发展的思想，是当今中国保护黄河生态新思想的集中体现。

为了贯彻习近平总书记的重要指示精神，深入实施黄河流域生态保护和高质量发展国家战略，各级相关党委和政府开展了大量调研，谋篇布局，精准施策，快速推进，开启了黄河流域生态保护和高质量发展的新局面。相关专家学者也进行了深入研究，发表了大量科研成果，提出了诸多对策建议。特别是自 2019 年以来，"黄河流域生态保护和高质量发展"就成为政府和学术界讨论的热点课

---

①③ 《习近平谈治国理政》第 3 卷，外文出版社 2020 年版。
② 习近平：《推动我国生态文明建设迈上新台阶》，《求是》2019 年第 3 期。

题，形成了诸多新的建设性意见和观点。

三、生态文化产业的概念

在普遍倡导绿色发展的今天，环境治理、生态建设、生态产品、生态服务等已经转型为重要的发展需求，因而也就产生了生态文化产业。2016 年 4 月，国家林业局印发的《中国生态文化发展纲要（2016—2020）》（以下简称《纲要》）指明了"十三五"时期我国生态文化建设的指导思想、基本原则、主要目标、方法步骤等重大问题，要求推进建设森林公园、湿地公园、沙漠公园、美丽乡村和民族生态文化原生地等生态旅游业，健康疗养、假日休闲等生态服务业，打造生态文化教育、科普、体验基地等生态文化公共服务业，促进"生态文化创意产品产业等蓬勃发展"。《纲要》计划，到 2020 年生态文化产业年产值要达到 7000亿~8000 亿元，拉动就业，普惠民生。《纲要》还明确提出了"生态文化创意产品产业"的新概念，并且专门列出了标题为"推进生态文化产业发展"这一单独部分。

什么是"生态文化产业"？2017 年 5 月，中国生态文化协会第二届会员代表大会在北京召开，审议通过《中国生态文化协会章程》修改草案，号召大力传播普及生态文化知识和生态文明理念。中国生态文化协会开展了中国生态文化理论与实践的系列重大活动，出版了包括《生态文明时代的主流文化——中国生态文化体系研究总论》在内的丛书，创办《生态文明世界》期刊，推动建立了省级生态文化协会。中国生态文化协会还表示，要推动生态文化产业发展。有学者认为，生态文化产业就是立足生态基础、突出文化内涵、重视科技支撑，以生态环保为最高理念，以生产经营、市场运作为手段，为经济社会发展注入生态文化力量的产业①。简单地讲，生态文化产业，就是以生态资源为基础、以文化创意为内涵、以科技创新为支撑、以市场运作为手段的新兴产业。

其一，生态资源是生态文化产业的基础。生态文化产业的底色是绿色，基础是生态资源。习近平总书记曾经指出："保护生态环境应该而且必须成为发展的题中应有之义。"② 我国向来坚持节约资源和保护环境的基本国策，坚持节约优

---

① 张文娜、史亚军：《北京山区生态文化产业 SWOT 分析研究》，《中国农学通报》2011 年第 27 期。
② 《习近平谈治国理政》第 2 卷，外文出版社 2017 年版。

先、自然恢复为主的方针，着力形成绿色的产业结构、生产方式、生活方式。生态文化产业就是以生态资源为基本要素的文化产业，发展生态文化产业就是要进一步促进人与自然和谐共生。

其二，文化创意是生态文化产业的内涵。生态文化产业在大类上归属于文化产业，而文化产业的核心就是创意。正因为如此，国家林业局印发的《中国生态文化发展纲要（2016—2020）》将"生态文化产业"又称为"生态文化创意产业"。生态文化产业，一方面是以文化创意的方式进行生态文化产品生产或经营，解决生态环境问题；另一方面又以精神文化产品为载体，向消费者传播生态、环保、健康、文明信息，是一种无污染、低消耗、高效益的绿色发展产业。这两个方面的生产运营，都需要生产经营主体进行文化创意。

其三，现代科技是生态文化产业的支撑。邓小平曾经指出，科学技术是第一生产力。党的十九届五中全会提出，坚持创新在我国现代化建设全局中的核心地位，把科技自立自强作为国家发展的战略支撑。现代文化产业本来就是在科技进步背景下形成的新型产业，因此，文化产业离不开科技的支撑。有人曾经形象地说，"文化创意产业＝文化创意+科技支撑+思路模式"。① 现代的生态文化产业就是生态、科技、文化深度融合的产业，同样需要现代科技的支撑。

其四，市场运作是生态文化产业的手段。现代企业制度表明，市场是所有企业和产业实现生产目的的基本方式。因此，生态文化产业必须坚持市场化运作、专业化发展、多元化经营、现代化管理，在市场体制和市场运作中实现经济效益和社会效益的统一。正如党的十九届五中全会指出的那样，要坚持和完善社会主义基本经济制度，充分发挥市场在资源配置中的决定作用，更好地发挥政府作用，推动有效市场和有为政府更好结合。如果说生态文化事业建设主要依靠"有为政府"的话，那么，生态文化产业发展就主要依靠"有效市场"了。

基于以上对"生态文化产业"的理解，"中原黄河生态文化产业"就可以解读为，它是中原特定地区以黄河生态为内容的文化产业。2018年4月，河南省文化厅和洛阳市人民政府在洛阳联合主办的"第二届河洛文化大集"，开展了文化论坛、文创展示、非遗展销、书画展览展销、文艺表演、传统美食等活动，历时4天，来自全国特色文化企业以及非物质文化遗产项目近400家，各

---

① 马文良：《科技支撑文化创意产业发展》，《中关村》2006年第6期。

类文化产品3000多种，唐三彩、牡丹瓷、钧瓷、汝瓷、糖人、泥塑等富有黄河文化特点的接近民众生活的文化产品销售火爆。中原黄河生态文化产业，就是中原黄河生态文化的文化效益、生态效益和经济效益的有机统一，是"塑形"与"铸魂"相结合的新型产业；中原黄河生态文化产业化发展，就是促进中原黄河生态文化逐步转化为新型产业，为经济社会发展服务，不断增进人民福祉。

第二节　中原黄河生态文化资源开发现状

黄河进入中原地区以后，地势由险到缓，水面由窄到宽，真正呈现了黄河特有的气派。中原地区沿黄两岸的生态环境变化大，生态文化丰富，生态文化产业逐年壮大，呈现了良好的发展态势，但是，仍然有进一步提升的较大空间。

一、中原黄河生态文化资源

黄河生态文化是沿黄地区居民对黄河的态度及其生活方式的抽象体现，而黄河生态文化的转化则是一定历史阶段的产物。黄河生态文化随着生产力的发展、沿黄地区人民生活质量水平的提高及沿黄地区居民对待自然、对待外界态度的转变而发生变化，从之前的让黄河服务于人到人和黄河和谐发展、共同发展都体现了这种转变。随着黄河生态文化向科学、现代的转化，又会影响民众生活方式的改变，生活方式的改变又推动生态文化的发展，逐渐走上一个双向良性循环发展的道路，为把黄河生态文化转化为黄河生态资源提供保障。

黄河中下游大面积的平原地区，决定了中原地区以农耕为主的生产方式，同时丰富的自然生态资源、优美的生态环境以及较为优良的空气质量又丰富了中原地区的生态文化资源。按照所依据的不同资源，中原黄河生态文化资源可分为以下几种：中原黄河生态水资源、中原黄河生态旅游文化资源、中原黄河生态种植资源、中原黄河生态森林资源以及中原黄河生态文化知识资源等。当然，从不同的维度出发，对中原黄河生态文化资源可以进行不同的分类。

中原黄河生态水文化资源主要包括两部分，即中原黄河生态水资源及中原黄河生态水文化资源。其中，中原黄河生态水资源是指中原黄河流域能够利用的河水及其所产生的资源，包括居民生活用水、农田灌溉用水、畜牧用水、生产用水、人工湖河渠用水、水上娱乐项目用水、发电用水等，黄河生态水资源是黄河生态资源中最重要、最基础、最薄弱的一环，也是被利用时间最早、开发相对成熟的一种资源，生态水资源一旦出现问题，会影响整个黄河水系的高质量发展。中原黄河生态水文化资源是一种节约、绿色、高效使用中原黄河生态水资源的文化、理念和观念，绿色科学的水生态文化可以在一定程度上提高黄河生态水资源质量。

中原黄河生态旅游文化资源与一般的黄河旅游资源不同，是指基于中原黄河生态文化基础上的旅游资源，这一类资源往往靠优美的自然风光、独特的自然景观、优质的空气质量、天然的绿色植被而非掺杂融入过多的人工因素来吸引旅客，强调的是资源的自然性、天然性、原始性，展示的是黄河优质独特的自然生态资源，体现了从文明社会到自然田园的回归，让旅客们感受到大自然的气息而非厚重的历史、多样的文化或前沿的科技。黄河湿地、黄河生态公园、三门峡天鹅栖息地等，都属于黄河生态旅游资源。在这里，旅客们能够卸下压力，感受自然的魅力，感受人与自然的共存。

中原黄河生态种植养殖资源是指基于生态种植文化而形成的绿色种植资源。改革开放以来，我国经济有了飞速发展，与此同时市场经济导致的趋利性促使一些人为了经济利益频频挑战道德底线，食品安全问题频繁发生，食品安全危机促进了人们对绿色有机食品特别是与饮食密切相关的农副产品的需求激增。而中原地区位于黄河中下游，黄河充足的水资源、大量肥沃的土地及充足的日照为农副产品的种植养殖提供了丰富资源。而基于生态、绿色理念的有机产品种植养殖又能提升中原地区农副产品的市场竞争力。

中原黄河生态森林资源呈现从山区到平原、从原始森林到人工森林过渡的分布格局，总体面积在逐步扩大，逐渐建立了一批森林公园。这些森林公园与湿地公园、地质公园、文化公园一起，共同构成了"大公园体系"。据国家林业和草原局公布的数据，截至2018年底，全国共建立森林公园3505个，其中国家级森林公园881个，河南省有国家级森林公园31个（见表5-1）。在河南省的国家森林公园中，有半数以上位于黄河两岸。

表 5-1　河南省国家森林公园名录

序号	名称	所在地
1	大鸿寨国家森林公园	禹州市
2	天池山国家森林公园	嵩县
3	甘山国家森林公园	陕县
4	亚武山国家森林公园	灵宝市
5	宝天曼国家森林公园	内乡县
6	南湾国家森林公园	信阳市浉河区
7	黄河故道国家森林公园	商丘市梁园区
8	嵩山国家森林公园	登封市
9	云台山国家森林公园	修武县
10	开封国家森林公园	开封市龙亭区
11	白云山国家森林公园	嵩县
12	寺山国家森林公园	西峡县
13	郁山国家森林公园	新安县
14	神灵寨国家森林公园	洛宁县
15	黄柏山国家森林公园	商城县
16	燕子山国家森林公园	灵宝市
17	云梦山国家森林公园	淇县
18	风穴寺国家森林公园	汝州市
19	石漫滩国家森林公园	舞钢市
20	花果山国家森林公园	宜阳县
21	郑州黄河国家森林公园	郑州市金水区
22	淮河源国家森林公园	桐柏县
23	嵖岈山国家森林公园	遂平县
24	薄山国家森林公园	确山县
25	五龙洞国家森林公园	林州市
26	玉皇山国家森林公园	卢氏县
27	龙峪湾国家森林公园	栾川县
28	始祖山国家森林公园	新郑市
29	金兰山国家森林公园	新县
30	铜山湖国家森林公园	泌阳县
31	棠溪源国家森林公园	西平县

资料来源：保护地平台网，http://www.cnnpark.com/res-np.html。

中原黄河生态文化知识资源属于无形资源，是取之不尽、用之不竭的宝贵资源。黄河水资源、种植养殖资源、旅游资源等，都是基于实实在在的存在物，属于有形资源。相比有形资源，中原黄河生态文化知识这种无形资源更具有无消耗性、长久性、有效性等特性。通过对中原居民宣传黄河生态文化的相关知识，从根本上改变中原居民对黄河、对自然、对生态的态度，进而影响他们的生存、生活、生产方式，为促进黄河流域生态高质量发展做出贡献。

需要注意的是，中原地区以上各种黄河生态资源都不是独立存在的，而是相互交织、密切联系的，对其中任何一种有形资源的开发利用都可以进一步激发其内在的生态价值；对无形资源如黄河生态文化知识、生态水资源知识的教育宣传和强化，也能进一步将无形资源转化为有形资源。

总的来说，中原地区的黄河生态文化资源是既贫瘠又丰富。贫瘠主要表现在生态环境脆弱、生态文化欠佳，丰富主要表现在生态建设在加强、生态文化在增强。例如，郑州市北郊到黄河岸边，过去是农田和沙滩，现在是"林业公园"和"农业庄园"，呈现了生机盎然的繁华气象。三门峡市三门峡水库周围，过去是荒山丘陵，现在是林茂草绿，在市区黄河岸边还建成了天鹅湖国家城市湿地公园，成为三门峡市的一张亮丽名片。

二、中原黄河生态文化产业的成就

近年来，河南省沿黄地区基于丰富的黄河生态文化资源，大力发展生态文化产业，逐步形成了一批具有地方特点和文化特色相统一的生态文化产业。河南省鄢陵县利用当地自然条件，建成了中国南北花木最大的中转花木基地，花木种植面积达到 70 万亩，创办了鄢陵花卉市场，举办了"中原花木交易博览会"，培育特色产业集群，成为全国知名的"鄢陵国家花木博览园"。花木种植产业已经成为鄢陵县的支柱性产业。由于生态文化产业的边界不够清晰，还不能统计出中原黄河文化生态产业的产值。但是，从走访调研的情况看，中原黄河生态文化产业确实取得了重大进展。

第一，统筹制订了沿黄生态发展规划。2020 年，中共河南省委、河南省人民政府召开了黄河流域生态保护推进会，要求持续做好黄河流域生态修复和保护治理这篇大文章。2021 年，为了把黄河河南段的生态建设规划好，河南省在编制实施"十四五"规划的同时，还编制了《河南省黄河流域国土空间规划》《河南省黄河生态廊道建设规划》等专项规划，把生态廊道建设、湿地保护、滩区整治、堤防建设统筹布局，统筹推进"上段治山、下段治滩、全域建廊"，规划新建湿地公园 52 个，逐步形成"一县一湿地""一县一公园"的黄河生态保护格局。与此同时，沿黄各市人民政府也相继编制了建设黄河生态廊道的规划，如郑州市谋划了沿黄 210 平方千米的"起步区"，分年度持续推进黄河生态廊道建设。

第二，构建了中原沿黄生态走廊。早在 2012 年，河南省林业厅与河南黄河河务局签订协议，商定把小浪底水库以下 400 千米的黄河南岸建成"生态走廊"。近十年来，黄河生态走廊建设持续推进，面积逐步扩大，已经成为中原地区的一个重要生态屏障。根据规划和工作计划，2021 年，河南省要加快黄河生态廊道建设，将在中原地区黄河干支流上完成 3.6 万亩的黄河生态廊道建设任务，增加黄河干支流两侧绿量，做到"应植尽植""应绿尽绿"，实现黄河生态廊道全线贯通。

第三，完善了黄河综合利用的基础设施。除了各种沿黄交通网络之外，黄河的水利设施、岸边的湿地公园、两岸的特色农业、沿途的风景区等，都得到了较大改善。在黄河中游干流上建成的大型水库有三门峡水库和小浪底水库，在郑州市以东建成的有控制导流工程，在郑州市、开封市建成的有"悬河大堤"，在新乡市、濮阳市建成的有泄洪区，这些水利设施既保证了黄河安澜，又促进了地方工农业生产，还提供了研学、观光景点。三门峡水利枢纽是中华人民共和国成立后在黄河上兴建的第一座以防洪为主、综合利用的大型水利枢纽工程，控制流域面积 68.84 万平方千米，枢纽总装机容量 45 万千瓦，被誉为"万里黄河第一坝"。南水北调中线穿黄工程位于郑州市黄河京广铁路桥上游 30 千米处，总长 19.30 千米，由穿黄隧洞、南北岸渠道组成，使长江与黄河相遇，被誉为"世界级工程"。这些工程的建设历史以及现在的雄姿，构成了黄河流域的新文化资源。

第四，初步建成了中原沿黄观光通道。前些年，郑州市沿着黄河南岸建成了沿黄快速通道，基本上与黄河大堤相贯通，为游客观光提供了便捷。2021 年，洛阳市沿黄公路也全线贯通，成为游客聚集的新通道。沿黄公路的建成，将黄河沿岸各个风景名胜游览区、历史文化景点串联起来，便利了游客旅游观光。另外，根据中共河南省委、河南省人民政府制定的"十四五"规划，要加快推进黄河、大运河河南段适宜河段旅游通航和分段通航，预计在不久的将来，郑州市到黄河入海口有可能首先实现通航。届时，在黄河上又将开辟一条崭新的生态观光航道。

第五，形成了中原黄河特色生态农业产业带。长期以来，农业始终是河南省的基础性产业，也是河南最大的特色产业。改革开放以来，河南省沿黄地区逐渐形成了特色农业产业带。例如，兰考的花生、开封的西瓜、中牟的大蒜、原阳的稻米、滑县的小麦等农业种植、加工、销售，都形成了规模化生产，在市场上占有重要份额。其中，兰考县在种植泡桐树、改善生态环境的前提下，加强泡桐树木材加工利用，形成了重要的木材产业生产集群。兰考县有户籍人口 85 万人，兰考县人民用桐木为音板而生产的古筝、古琴、琵琶等乐器，大量销往海内外，产生了良好的经济效益。全县注册的古琴生产企业有 187 家，乐器网店 200 多家，家庭作坊不计其数。其中，兰考县徐场村共有乐器生产企业 52 家，60% 的村民都开有制作民族乐器的家庭作坊，其余 40% 的村民也在乐器作坊打工，主要生产古筝、古琴、琵琶，形成了一条比较完整的产业链，从业人员达 1000 多人，吸纳贫困家庭劳动力 160 余人，2020 年生产各类乐器 5 万多台（把），年产值达9500 万元。①

第六，拓展了中原黄河生态文化旅游线路。由于黄河流域生态保护和高质量发展战略的实施，特别是沿黄通道的开通，极大地促进了黄河生态文化旅游业发展，特别是自驾游大量增加。仅在郑州市周围就出现了许多旅游观光园区，如郑州黄河风景名胜区、郑州黄河国家湿地公园、桃花峪旅游区、黄河富景生态世界、黄河花园口旅游区、郑州市老龙窝森林公园、邙山森林拓展公园、象湖湿地生态公园、雁鸣湖湿地生态公园等。三门峡市依托当地黄河独特的自然资源，着力打造"以黄河为主线贯穿起来的充满野趣和史诗般辉煌的黄河生态与古文化游"线路，开展清水黄河、船行柳梢、天鹅戏水等自然奇观游乐项目，吸引了大批游客，推销了大量土特产。与此同时，在黄河两岸还出现了一系列以观光农业、采摘农业为主的农业旅游项目，特别受青少年的欢迎。例如，郑州市黄河岸边就有丰乐农庄、西禾草莓采摘园、汉唐葡萄园、君源有机农场、红枣小镇等生态农业种植采摘园和郑开大道采摘园带等，为中原地区居民提供安全、绿色、有

---

① 郑彦英：《探访中国民族乐器村》，中国文艺网，2021 年 3 月 26 日，http://www.cflac.org.cn/xw/bwyc/202103/t20210326_539510.html。

机的农副产品，亦成为周末市民娱乐休闲的好去处。2015 年，濮阳市还编制了《河南省濮阳市高效生态观光特色现代农业示范带总体规划》，着力将引黄入冀补淀工程沿线打造成为集高效生态、休闲观光、特色产业于一体的现代农业示范带。

可以预见，当黄河流域生态保护和高质量发展战略遇到乡村振兴战略以后，必将释放出更大的叠加效应，"幸福黄河"与"美丽乡村"交相呼应，进一步促进中原黄河生态文化产业化发展。

三、中原黄河生态文化产业化发展的困局

尽管中原黄河生态文化产业化发展已经取得了一些成绩，但是，由于生态环境脆弱，加之思想观念、市场开拓等因素的制约，中原黄河生态文化产业化发展依然不尽如人意。尤其是与一些生态建设先进地区相比，中原地区的生态环境建设还有待加强，生态文化产业还有待壮大。例如，20 世纪 80 年代，江苏省张家港市大力兴办乡镇企业，"村村点火、户户冒烟"，环境破坏严重，于是张家港市委、市政府确立了"生态立市、港口兴市、工业强市"的发展理念，先后荣获了全国首家国家环保模范城市、全国首批国家生态市、全国文明城市等荣誉称号，取得了生态保护与经济发展双丰收。相比之下，中原黄河生态文化产业化发展，还存在着诸多困境。

第一，中原地区的生态环境比较脆弱。中原地区所处的黄河中下游最大的问题就是水沙问题，黄土高原的泥沙随河水流向下游，这就使中下游沙多水少，水沙关系极不协调，造成黄河水资源匮乏，河道摆动频繁、滩面宽阔，地上悬河严重，洪水风险长期存在等危害，以上问题若不能得到及时有效的根治，不仅会影响中原地区经济社会的发展，更会加剧中原地区水土流失、洪涝灾害、动植物多样性锐减等生态问题，加剧黄河灾难的发生。中原地区人口密度相对密集，加之工业化发展迅速，使中原地区在农业、畜牧业、工业、生活等方面的用水量增加，粗放型、低效率的水资源利用方式进一步激化水资源短缺与用水量激增之间的供需矛盾。此外，由于中原地区以耕种为主要生产方式，也造成了农田与林地之间的紧张关系，这在一定程度上制约了黄河生态的改善。作为黄河生态文化资源的载体，黄河自然生态资源受到破坏，直接影响其内在价值的彰显。

第二，中原黄河生态文化产业化发展创意不足。创意既是文化产业的灵魂，

也是文化的核心要素。从河南省黄河生态文化产业发展现状来看，群体创意观念比较滞后，无论是环境设计、园区建设，还是产品生产、市场营销，总体上仍然落后于发达地区。一是粗放型经营。黄河两岸植树造林取得了显著成绩，绿化带逐步拓宽，但是树种单一，缺乏精细规划和布局。黄河两岸建设了许多园林景点，但是，很难找到像苏州园林那样的精品力作。二是同质化严重。黄河两岸建设了采摘园区，基本上都是大同小异。三是创意产品模仿严重。比如黄河澄泥砚、禹州钧瓷、洛阳唐三彩、浚县泥玩等，当一个新的款型出现之后，其他仿制品很快也就出现了。四是综合创意项目较少。在江苏、浙江、福建等地，有些商家把观光园与食宿、休闲、娱乐、产品包装等结合起来，创办的综合性文旅项目越来越多，留住客人、带走商品，效果很好。然而，河南省内的一些观光园创意不足，例如农业采摘园，往往仅有游人采摘项目，没有培育出更长的产业链。创意不足，是限制中原黄河生态文化产业化发展的重要原因。

第三，黄河生态文化资源的配套设施尚不完善。深度体会、感受黄河生态文化，除了便利的交通条件外，相应的配套和基础设施也必不可少，包括酒店、休闲娱乐、餐饮、游客服务、停车场等。完善的基础配套和基础设施在一定程度上能够解决来参观、感受黄河生态文化的旅客的后顾之忧，提升旅客旅行的质量，增强黄河生态文化资源的对外的影响力和吸引力，并且能够解决相关行业的人员就业问题，促进当地经济的发展，在整体上，也能为黄河生态文化资源提供更好的监管和保护。中原地区特别是作为国家中心城市的郑州市，由于发展势头强劲，吸引了国内外诸多知名企业前来投资，豪华酒店、知名餐饮一应俱全，但这些大多集中于郑州市内的数个商圈，或者较为成熟的黄河生态文化景区，如郑东CBD、二七广场、郑州黄河国家湿地公园等，对于较为原始的黄河生态文化资源，配套设施尚不完善。

第四，生态补偿制度尚未完全健全。深度挖掘中原黄河生态文化资源的内在价值，具有很大的经济潜力，同时也存在巨大风险。在此过程中，生态补偿制度为黄河生态文化资源的开发和利用提供了重要的制度保障。党的十八届三中全会提出："构建生态文明，首先一定要确立系统完善的生态文明制度体系，通过制度来维护生态环境状况，生态补偿机制是推进构建生态文明的基本制度保障。"对于黄河生态文化资源的开发者来说，如何有效避免环境恶化、资源稀缺带来的问题；如何有效避免投资效益递减、资金外逃等问题，都是值得深入研究的。生态补偿制度能够在一定程度上降低投资经营者的经济成本和投资风险，吸引更多的投资者将资金投入到对黄河生态保护和文化资源的开发利用中。我国生态补偿机制自20世纪80年代就已经确立，但仍然存在着一些不足。在我国与生态补偿相关的资源与环境的法律规范中，对生态补偿的根本性要求较为清晰，但对诸多利益相关者的义务、权利、责任缺少清楚的规定，同时对于方式、补偿内容、标准与实施措施也没有详细的要求，在进行生态补偿活动时，无法律依据[①]。生态补偿制度和体制机制不健全的现实，在一定程度上也制约了中原黄河生态文化产业化发展。

第三节　中原黄河生态文化产业化发展的策略

　　生态文化产业是生态文化理念与产业生产方式相结合的产物，是生态资源与文化创意的有机耦合，是文化产业的重要组成部分。由于这项产业在理论上还不够成熟，在实践上还处于探索时期，所以总体发展规模还有待扩大，发展水平还有待提高，如何推动中原黄河生态文化产业化发展成为重要课题。国家林业局印发的《中国生态文化发展纲要（2016—2020）》"推进生态文化产业发展"部分强调了两个方面，即科学规划布局，加快生态文化创意产业和新业态发展；发展产业集群，提高规模化、专业化水平。这同样适用于推进中原黄河生态文化产业化发展。当然，像其他任何产业一样，要发展壮大，就需要有多重条件支撑，要有科学适宜的开发方略，可选择的路径和方法都是多种多样的，不可能有固定模式。在当下，推动中原黄河生态文化产业化发展，当务之急是要推动生态文明建设、扩大生态文化产业规模、健全生态补偿机制。

一、加强中原黄河生态文明建设

　　在中国改革开放的过程中，有一些学者在总结发达国家工业化实践经验教训时提出了"先污染、后治理"的观点，在地方实践上产生了一些不良影响。20

---

　　① 李峤、申双溥：《生态经济补偿机制建立过程中存在的问题研究》，《现代经济信息》2016年第11期。

世纪 90 年代以后，美国学者迈克尔·波特提出了环境保护能够提升国家竞争力的观点，认为经济增长与环境保护之间不一定存在互相抑制的必然关系；相反，环境保护标准的提高，还可以促进企业改进技术，创新发展。实践已经证明，保护生态环境，建设生态文明，不仅能够从整体上促进经济社会的发展，而且能够培育新型的生态文化产业。生态环境和生态文明，是发展生态文化产业的基础和前提。所以，发展中原黄河生态文化产业，首先还是要保护和改善生态环境，促进生态文明建设。

一要大力保护和改善中原地区黄河生态环境。中华人民共和国成立以来，党和政府带领中国人民提升对黄河的综合治理水平，在上中游致力于减少水土流失，在中下游加固黄河大堤，植树造林，防洪防涝，黄河流域整体生态有所好转，但是黄河"体弱多病、水患频繁"的痼疾并未彻底根除。如今，黄河中下游依然面临生态环境较脆弱，水资源保障不足等问题。因此，在实施黄河流域生态保护和高质量发展战略的过程中，首要的任务就是保护和改善黄河生态环境。2019 年 8 月，习近平总书记在中央财经委员会第五次会议上指示，要支持各地区比较优势，构建高质量发展动力系统。沿黄各地区要从实际出发，宜水则水、宜山则山，宜粮则粮、宜农则农，宜工则工、宜商则商，积极探索富有地方特色的高质量发展路子。也就是在创新、协调、绿色、开放、共享五大发展理念的指导下，大力开展自然生态保护、生态修复、生态美化建设等。比如，郑州市在建设黄河国家地质公园过程中，不断完善地质公园配套设施，丰富地质公园文化内涵，加快地质公园建设步伐，提供了新的就业岗位，增加了当地居民收入。保护和改善黄河流域生态环境，不仅能够改善生产和生活条件，而且能够创造出新的经济效益。

二要大力发展黄河生态文化事业。1999 年，国务院授权黄河水利委员会实施黄河水量统一调度，从此之后，黄河干流再未出现断流现象，黄河三角洲再现了草丰水美的画卷，黄河生命得以复活。这也说明，发展黄河文化事业至关重要。近年来，河南省滑县利用黄河故道和运河故道，疏通河渠水系，建设人工湖泊，扩大森林公园，已经取得了很好的效果。根据河南省对沿黄生态廊道的规划，要依托黄河干流和主要支流，积极"打造左右岸统筹、山水河林路一体、文化自然融合、沿线全景贯通的生态长廊"。这是一项功在当代、利在长远的生态工程和文化工程。河南省沿黄各地，可以根据自己的特点和优势，建设主题鲜明的森林公园、湿地公园、地质公园、文化公园等。文化事业对文化产业具有引领作用，文化产业对文化事业具有促进作用。因此，要在政府主导下统筹生产生活生态空间，大力发展黄河生态文化事业。

三要进一步加强黄河生态文明建设。党的十九大报告指出，人类只有遵循自然规律才能有效防止在开发利用自然上走弯路，人类对大自然的伤害最终会伤及人类自身，这是无法抗拒的规律。所以，在开发利用自然时，一定要牢固树立"人与自然是生命共同体"的理念，牢固社会主义生态文明观。为此，要加强宣传教育引导，正确处理人与自然的关系。在生态文化教育中，不仅要教育人们掌握相关的生态知识和环境知识，还要引导人们改进生产方式和生活方式，发展循环经济，推动绿色发展，倡导绿色低碳生活方式，开展节约型机关、绿色家庭、绿色学校、绿色社区、绿色出行等行动，在全社会形成生态文明氛围。

二、推动中原黄河生态文化产业多元化发展

中原地区丰富的黄河生态文化资源，如何能够转化为产业优势，仁者见仁、智者见智，没有标准的答案。兰考县充分利用桐木资源，做大做强桐木加工产业，包括生产销售乐器、棺材、支板等，带动了一方经济的发展，这是拉长产业链的一个范例。焦作市大力开发扩大山药、牛膝、地黄、菊花四大怀药产业，培育了深加工企业 59 家，生产合作社 700 多家，销售网站 60 多家，年销售额达到45 亿元，这是开发特色农产品的一个范例。由此看来，河南省沿黄各地应该因地制宜地推动黄河生态文化产业多元化发展。

第一，发展环境艺术设计产业。一般说来，环境艺术设计包括公园景观、城市广场、建筑庭院、室内活动空间设计等，范围很广，用途很多。环境艺术设计是朝阳产业，是富有创造力和想象力的新型文化产业链的龙头。保护黄河，植树造林，都应该引进科学设计。"在创意产业经济的背景下，环境艺术设计的发展面临着更大的机遇和挑战。"[①] 近年来，河南省涌现出一批优秀的环境艺术设计公司，如河南和畅环境艺术设计有限公司、郑州佰寻环境艺术设计有限公司等。但是，这些企业的业务范围主要从事城市园林设计和建筑物装饰设计，大跨度的生态环境设计建造业务不多。随着生态文明建设的持续推进，社会急需有实力的

---

① 张悦：《创意产业经济背景下的环境艺术设计发展》，《今日财富》2019 年第 23 期。

大型野外环境建设设计企业。

第二，发展园林绿化产业。黄河生态建设重点有两个方面：一是黄河水的防灾和利用，二是黄河流域的水土保持和绿化。在这两个方面，园林绿化产业都大有可为。一般来讲，园林既包括庭园、宅园、小游园、花园、公园、植物园、动物园等，也包括森林公园、风景名胜区、自然保护区或国家公园的游览区以及休养胜地等。绿化园林化，园林绿化化，是当今环境改造的趋势。1993 年，原国家建设部发布的《城市绿化规划建设指标的规定》明确要求，新建居住区绿地占居住区总用地比率不低于 30%。2012 年，住房和城乡建设部发布的《关于促进城市园林绿化事业健康发展的指导意见》要求，全国地级以上城市加快创建园林城市。国家发改委要求把城镇园林绿化列为鼓励发展的产业。中原黄河两岸的植树造林，绿化荒山荒滩，也应该引入园林建设理念，设计建设不同类型的园林。郑州市郊区建设的黄河桃花峪景区、丰乐农庄、黄河花园口旅游区、郑州市老龙窝森林公园、五龙峰景区、黄河富景生态世界、郑州黄河国家湿地公园等，已经显示了园林绿化产业的良好势头。除了加强城市园林建设外，还要进一步推动黄河流域生态环境建设与生态修复相关的森林公园、流域治理、生态湿地修复、矿山环境治理与生态修复、滩涂环境治理与生态修复等园林行业新兴细分领域快速发展。

第三，发展黄河研学产业。2021 年 5 月，由教育部基础教育司指导，山东省教育厅、东营市人民政府主办的"沿黄青少年学生研学实践活动暨黄河流域研学联盟"正式成立，标志着黄河研学实践又有了新进展。河南省郑州市、洛阳市、开封市的一些中小学也相继开展了"中国梦·黄河情"系列研学活动。但是，这些研学活动都是非持续性、非全局性、非市场化的"个案"。在实施黄河流域生态保护和高质量发展战略中，完全可以引入社会资本，筹建黄河研学基地（包括科学考察基地、绘画写生基地、文学采风基地等）、创建黄河研学专线、开发黄河研学课程、创办黄河研学项目。随着国家中小学"双减"政策的实施，黄河研学活动可能会快速兴起。

第四，发展健康养生产业。19 世纪 40 年代，德国人首次打造了世界上第一个森林浴基地，形成了"森林康养产业"的概念。2012 年，北京市将森林康养的概念引入北京。2019 年，国家林业和草原局、民政部、国家卫生健康委员会、国家中医药管理局联合印发了《关于促进森林康养产业发展的意见》（以下简称

《意见》）。该《意见》提出，到 2022 年建设国家森林康养基地 300 处，到 2035 年建设国家森林康养基地 1200 处，向社会提供多层次、多种类、高质量的康养服务，满足人民群众日益增长的美好生活需要。随后，各省市纷纷启动了森林康养项目建设。

目前，美团大众点评研究院发布的《中国健康养生大数据报告》显示，中国健康养生市场规模已经超过万亿元，市场不仅巨大且增长快速。随着中国老龄化的到来，健康养生市场还有进一步扩大的趋势。2016 年，国务院发布的《"健康中国 2030"规划纲要》中指出，应积极促进健康与养老、旅游、互联网、健身休闲、食品融合，催生健康新产业、新业态、新模式。河南省内黄河沿线是人口聚集的地区，人口老龄化向康养产业提出了新需求。根据现实需求，随着黄河流域生态环境的改善，有条件的乡村可以考虑将城镇化后留下的学校、厂区、民居改建为森林康养场所，打造健康旅游休闲基地，发展健康养老产业。

第五，发展文化旅游产业。如前文所述，发展黄河文化旅游大有可为，已经发挥并将继续发挥重要作用。发展黄河生态文化旅游，是发展黄河文化旅游的一个重要方面。随着基础设施的改善，文化旅游业应该引起人们的高度重视，发挥更大效能。

值得一提的是，在黄河沿岸发展文化旅游产业应该重视发展乡村旅游尤其是乡村民宿产业。"民宿"一词的原意是指以农家住宅为基本载体的住宿形式。2020 年，我国发布的首部《民宿蓝皮书：中国旅游民宿发展报告（2019）》的数据显示，2019 年我国民宿总量 16.98 万家，房源数量高达 160 万套，占住宿市场的比例为 24.77%，全年民宿营业总收入为 209.4 亿元，同比增长 38.92%。2019 年 12 月，河南民宿发展座谈会在河南鹤壁召开，来自省内外的民宿专家、旅游融资公司负责人以及知名民宿创始人及运营团队共聚一堂，共同探讨河南省民宿项目落地情况及河南省民宿发展思路，会上宣布了被评为"河南省精品民宿"的 40 家民宿（见表 5-2）。

表 5-2 "河南省精品民宿"名单

序号	名称	序号	名称
1	郑州市惠济区泊心美宿	3	郑州市登封洪宾永泰净舍
2	郑州市登封禅心居·知白民宿	4	洛阳市栾川县拾光二十度

续表

序号	名称	序号	名称
5	洛阳市栾川县悦里客栈	23	开封市朱仙镇启封故园·枕水人家
6	洛阳市栾川县风吹过客栈	24	洛阳市栾川县漫居十三月
7	安阳市林州石板岩镇院望	25	洛阳市栾川县青瓦台
8	鹤壁市淇县灵泉妙境·石光院子	26	平顶山市郏县一鸣书居
9	新乡市卫辉龙溪湾度假民宿	27	安阳市林州淇心小筑
10	焦作市修武县纳里	28	新乡市辉县林境三湖民宿小院
11	焦作市孟州何家大院民宿	29	焦作市修武县云上院子
12	许昌市禹州建业星舍客栈	30	焦作市孟州璞华文宿农耕文化苑
13	三门峡市卢氏县山水隐庐	31	濮阳市台前县姜子牙的渡口
14	三门峡市义马朝阳祥坡居民农家院	32	许昌市禹州歌璞·灵心舍人文
15	信阳市新县老家寒舍	33	三门峡市灵宝踞溪画苑
16	信阳市罗山县村人陶舍	34	永城市芒砀小院
17	信阳浉河区茶园民宿	35	信阳市新县西河水舍
18	信阳市新县兰舍	36	信阳市新县香山湖水垮院子
19	信阳市罗山县鸡笼山桃源居	37	信阳市新县大别山露营公园—别苑
20	济源产城融合示范区小有洞天·山居	38	信阳浉河区悟园民宿
21	郑州市惠济区桂花小院	39	信阳市新县白云阁
22	郑州市登封福润雅居	40	济源产城融合示范区知晓山居民宿

从表 5-2 中可以看出,河南省境内依托黄河景区的精品民宿屈指可数。以郑州为例,只有郑州市惠济区桂花小院位于惠济区江山北路黄河风景名胜区内,可以近距离参观黄河国家地质公园、黄河碑林、中国黄河第一铁路桥遗址等景区,其他民宿均未建设在黄河风景区内,更没有以黄河为主题的民宿。由此看来,需要大力推动以黄河生态、黄河生态文化、黄河生态文化景区为依托的民宿产业的发展。

第六,发展工艺美术产业。抗日战争时期,一首《黄河大合唱》激励了几代中国人为民族独立、人民解放而奋斗。20 世纪 80 年代,由河南作家李准小说改编的电视连续剧《黄河东流去》影响深远。当下,围绕黄河生态文化产业化发展,可以鼓励更多的社会人才、技术和资本,创作展示黄河精神的文学作品,开展体现黄河文化的演艺活动,创造反映黄河面貌的美术作品等。例如,2021

年 4 月，河南省文学艺术联合会实施了"河南省黄河生态文化影像名片创造工程"，着力用影像作品展示"大相中原、黄河魅力"。同月，郑州市美术馆举办了"新时代黄河大合唱"大型摄影主体展览，来自黄河流域九省（区）的 100 名摄影名家，用镜头展示了黄河两岸人民的生产、生活万象，让参观者全方位领略母亲河的风采，产生了良好影响。这些事例都说明，许多黄河生态文化资源，均可以转化为产业资源，也有必要转化为文化产业。

总之，推动中原黄河生态文化产业化发展，有望构建中原黄河生态文化经济带。中原黄河可以长江经济带的有益经验为参照，以流域生态的保护和恢复为目标，再以良好的自然生态资源促进中原地区经济健康、绿色、协调、可持续的发展。这需要政府制定并颁布相关的指导意见和规划纲要，对中原地区黄河流域生态文化经济发展进行指导和规划，同时出台相关的政策措施，为中原地区黄河生态文化经济带的发展提供制度支撑，使中原地区相关的区域战略规划符合"共抓大保护，不搞大开发"和以生态保护、生态文化建设为重点的生态发展思路，引导中原沿黄市县转变社会经济发展方式，强化生态保护意识，走上一条绿色生态发展的道路。

三、完善黄河流域生态补偿体制机制

由于目前相关的生态补偿体系尚未完善，因此，在开发黄河生态文化资源的同时，也要完善相应的生态补偿体系和机制，为黄河生态文化资源的可持续开发利用提供制度保障。所谓生态补偿机制，是生态产品价值实现的重要方式，其内涵是通过市场化的生态补偿机制实现公共性生态产品价值，以保护和持续利用生态系统为目的，坚持"谁受益、谁补偿"的原则，以经济手段为主调节利益相关者之间关系（范振林等，2020）。国际上，生态补偿的范围非常广，包括森林、矿产、生物多样性保护、流域、耕地等，而不同的资产要素所获得的补偿标准和补偿方式也不一样，国际上的一些补偿方式也为国内黄河生态文化资源开发利用的补偿提供一些新思路。

第一，流域生态补偿。这是对黄河流域、黄河生态最基本的补偿。在国际上，对流域补偿的方式有环保基金支付、政府支付和市场支付三种，其中又以市场支付为主要支付方式。在支付类型上，则有公共支付、一对一补偿、多对一补偿、市场贸易、生态标记、政府支付等。其中，公共支付属于政策补偿，生态标

记、市场贸易、一对一补偿则属于市场补偿。目前，实施流域生态服务付费项目的国家已有40余个，相对来说，覆盖范围广、市场化程度高，流域管理产业化特征明显。

第二，耕地资源生态补偿。在国际上，这一补偿包括生态服务收费、排放许可交易、政府补贴、生态信用额度交易、生态标志等，大多数的耕地资源生态补偿都属于政府补贴范畴。如美国、德国和日本的土地休耕计划，加拿大草地永久性覆盖项目，欧盟共同农业政策等，都采用政府补贴模式。如美国的退耕项目，选择的是"政府购买生态效益、提供补偿资金"政策，同时也遵照自愿原则和竞标机制来确定相应的补偿标准和租金率等。

第三，森林资源生态补偿。森林资源生态补偿的最初目标，是利用最有效的经济手段对现有的森林资源以及森林生态环境资源进行保护。作为一种制度保障，森林生态补偿对实现森林生态系统整体功能的稳定性、对实现森林生态经济及生态价值提供了重要的制度保障。

第四，矿产资源生态补偿。这指对因开采矿产而遭受破坏的生态环境进行修护和治理。为保护矿产周边资源的生态环境，国际上的一些国家主要通过制定相关的法律法规来推动矿产资源生态补偿工作。

第五，自然保护区生态补偿。是一种以保护生态区生物多样性为目标的生态补偿，其基础是自然生态得到保护，自然保护区生态补偿的主要模式有三种：市场主导、政府直接支付和中介参与。

目前，我国涉及黄河流域生态补偿的法规相对较少，涉及的大多也是实现某一特定生态目标，对于黄河生态文化补偿的法律法规更是屈指可数。因此，我国可以借鉴国际上的做法和经验，结合黄河生态保护实际，制定相关的规章制度，确定黄河生态补偿的基本准则、补偿对象、主要领域、补偿范围、资金来源等。通过制定完善的法律法规，构建黄河生态资源补偿长效机制，维护黄河生态、黄河生态文化的稳定性。一方面，要利用生态补偿机制鼓励人们珍惜和保护黄河生态环境；另一方面，要利用生态补偿机制鼓励人们投资和建设黄河生态环境。建立完善的生态补偿体制机制，既有利于保护现有的生态资源，又有利于吸引更多社会资源参与生态环境建设。

第六章 中原黄河文化会展产业化发展

文化产业越来越成为我国经济社会发展的支柱性产业，在国民经济中所占有的比重逐年增加。作为会展产业与文化产业相结合的文化会展产业，理所当然是文化产业的重要组成部分，目前，在我国也呈现蓬勃发展的良好势头。在积极促进黄河流域生态保护和高质量发展、推动中原经济区建设、打造中原文化高地、建设郑州航空港综合实验区等重大战略机遇面前，中原黄河文化会展产业理应顺应改革发展的历史趋势，利用其区位、交通、历史文化等众多优势，努力克服原有的发展不足，积极主动参与到河南省经济建设中去，为"中原更加出彩"贡献更大的力量。

第一节 中原黄河文化会展产业发展概况

中原黄河文化是河南省各种文化会展活动的主要元素，大力发展河南省文化会展产业，理应大打中原黄河文化之牌。当下，河南省会展产业发展局势良好，郑州也正在打造地区性会展城市，每年河南省会展业直接收入稳步上升。与此同时，河南省各种类型的文化会展也随之兴旺、发展起来。从目前河南省主要城市、地区举办的各类会展来看，主要集中在农产品、机械、汽车、服装、电子产品、建筑等领域。文化类，尤其是黄河文化主题类的会展，存在着以下一些特点：从举办的数量上看，每年以传统的文化展会、节庆为主，新增的黄河文化类型的会展不足；从地区上看，主要分布在郑州、洛阳、开封、三门峡、济源、鹤壁、焦作等黄河沿岸城市和地区；从内容上看，主要以旅游节庆、传统庙会、国内外文化交流研讨、祭祖庆典等为主，形式较为单一；从创造的经济价值上看，不管是直接的会展收入还是间接带来的文化产业相关收入都相对较少，往往以借黄河文化会展之名，拉动非文化领域的经济发展，而真正试图通过黄河文化内容的会展来拉动文化产业的发展，则显得动力不足。

一、中原黄河文化会展产业的地位与意义

文化会展产业是文化产业与会展产业相结合的产物，是在改革开放后随着会展经济的发展壮大而涌现出的经济门类，同时也是国家在推行文化强国战略，不断提升国家文化软实力，不断提高文化产业化水平的政策引领下兴起与发展起来的。文化会展产业的内容当然是各种文化资源和文化产品，继之以会展经济的形式来对这些文化资源和文化产品进行推广、销售、弘扬、宣传，以起到将之转化为文化产值的目的，因而文化会展产业既能起到创新、繁荣文化事业，促进精神文明健康发展，又能起到发展国民经济，提高人民物质生活水平的重要作用。

河南省作为一个以中原黄河文化为主线的文化大省，有着丰富的黄河文化资源，这些资源主要包括为数众多的黄河文化遗址、黄河自然和人文景观、以黄河文化为纽带的文化出版企业、黄河数字文化产品、黄河文化创意产品、黄河生态文化产业链等，在文化产业化的浪潮中，其中已经有许多文化产业品牌为河南省经济建设贡献出了巨大的力量，创造出了较大的产值。会展业作为新兴的服务业门类，对经济的发展能起到巨大的促进作用，举办一次会展能够通过拉动交通、饮食、住宿等领域消费而将会展直接收入放大 6~10 倍。"会展业是一个高关联度的产业，会展业每举办一次大型活动，都会带动这个地方的交通、物流、广告、酒店业、银行业，包括商场、旅游业等相关产业的发展。"① 除此之外，还能够带来招商引资、签订相关购买合同等效益，因而会展产业是各大城市争先恐后要大力优先发展的无公害、无污染产业。将中原黄河文化与会展产业相结合，则既能发挥、彰显中原黄河文化的底蕴与风采，又能很好地利用会展经济的便捷、灵活、绿色等优点以及巨大的带动力。鉴于此，河南省应将中原黄河文化会展产业作为文化产业化战略中优先发展的门类来加以发展壮大。

---

① 杨健燕：《河南省文化产业创新与发展研究》，中国经济出版社 2017 年版，第 80 页。

第一，发展中原黄河文化会展产业是推行文化强省战略的重要途径。作为国民经济发展的支柱性产业，文化产业能够创造多大的经济价值，能够在国民经济中占据多大的比重，这是衡量文化产业发展水平高低的关键指标。只有在经济贡献量上达到一个高的水平，才能让文化产业的各种优越性发挥完整，但是仅仅一味追求文化产业的高经济附加值，并不意味着其质量就高，因为文化产业是靠创造出高质量的文化产品来满足人们的精神层面需求的。文化产品在市场上流通也要遵守价值规律的法则，但文化产品是否越符合大众消费就越优秀呢？并不符合大众消费品位的高雅文化产品，是否就不优秀呢？这两个问题的答案当然都是否定的。要繁荣文化产业，必然要追求文化产品转化为经济利益的效率，否则就违背了文化产业化的初衷，但更重要的是，文化产业始终要追求走在人类文化前沿，为全人类贡献更优秀、更先进的文化产品的理念，否则，其文化产业化的水平就不可能高，其创造的文化产品就只是在重复别人，而不可能从根本上提高国家的文化软实力。

中原黄河文化是河南省文化之根，是河南省推行文化强省战略所必然要依赖的最重要文化资源。要想让更多的河南省文化资源以更真实的形式呈现在人们眼前，以展示其巨大的魅力，让人能够从细节上来把握河南省文化的特质，最好的方式莫过于举办形式多样的会展。"会展经济是一种新的经济形式，河南地处中原，有独特的区位优势，应充分认识会展经济对河南经济的拉动作用，通过发展会展经济体现河南省在中原经济区建设中的主导作用。"①

如果某一地区文化会展产业发展成熟，那么就能及时通过举办各种会展的方式将该地区的文化资源推广开来，并且是以全方位的形式进行推介，让参展的人能够更生动、具体、细致地了解众多的文化资源和文化产品，既能通过会展直接增加展会方的收入，以6~10倍附加值增加会展地的交通、饮食、住宿等消费，更重要的是参展企业和部门能从中受益，不管是让参会的观众、消费者或者单位现场购买产品，现场签约项目，还是先了解该产品，在展会后继续商谈或者后续实地考察，他们都能从中得到一定的收获。当然，这是一般类型的会展都具备的特点，而最能够体现河南省文化特色的中原黄河文化，通过举办会议、展览、节

---

① 吕玉辉：《中原经济区框架中的河南会展经济制度创新》，《河南工业大学学报（社会科学版）》2012年第1期。

庆、博览会等会展形式，能够给人以持久的影响力，尤其是那些优秀的文化资源和文化产品，更能让人产生一见如故、爱不释手的强烈震撼，其意义更为深远。因而，必须要加大中原黄河文化会展产业的发展步伐，以适应河南省文化产业高质量发展的需要。

第二，发展中原黄河文化会展产业是提升河南省文化软实力的切实要求。河南省文化有着深厚的历史积淀和底蕴。在国家文化产业化发展的战略引领下，河南省需要充分利用其独有的文化资源，尤其是中原黄河文化资源，将其作为推动河南省经济社会发展的重要推动力。中原黄河文化源远流长，有着上下 5000 年的历史，有着顽强的生命力，见证了中华文明起起伏伏的整个过程，其中所蕴含的自强不息、勤劳勇敢、诚实守信等精神品质，构成了中华民族精神的主要内容。中原黄河文化作为优质的文化资源，在今天需要转化为强大的文化产业和文化事业，极大提升河南省的文化软实力，这样才是建设中原文化强省的可持续之路。丰富的中原黄河文化资源成为建设文化强省的重要条件，但这远远不够。文化软实力更体现在文化创新上，一方面是因为传统的中原黄河文化成为中华民族共有的公共文化资源，另一方面是因为文化软实力仍然需要转化为强大的经济控制力或者创造出先进的现代文化才能体现其强大性和影响力，而不是总拿传统文化来说话。传统文化毕竟是过去历史的产物，是过去劳动人民智慧的结晶，而真正能体现当代劳动人民智慧结晶的，是要去创造新时代的文化，其中既包括物质化的文化产品和文化产值，也包括精神性的文化思想。

相对于文化软实力强大的省份和地区来说，河南省文化产业化的规模和质量都有待提升，而文化产业化规模和质量高的省份和地区，自然其文化软实力也是很强大的。丰富的黄河文化资源的确提供了建设文化强省的便利，但这不是最重要的因素。最重要的任务还是在于将这些优秀的文化资源转化为强大的产业，同时创造出先进的、反映时代潮流的新时代文化。文化会展产业本身是文化软实力的重要组成部分，完善的文化会展产业彰显的是该地区强大的文化软实力，而通过大力发展文化会展产业的方式来提升文化软实力，是一条切实可行的便捷之路。对于河南省来说，如何将富饶的中原黄河文化资源尽快走上产业化之路，在国内外文化市场竞争中脱颖而出，是符合河南省实际的提升文化软实力的有效路径。而这一路径的便捷之处，则在于加强中原黄河文化会展产业的建设。

第三，大力发展中原黄河文化会展产业有利于全面掌握并评估河南省文化产业发展的内在潜力与前景。河南省文化产业发展的内在潜力在很大程度上源于中原黄河文化。因为中原黄河文化是河南省文化之根本，其历史悠久，内容丰富，形式多样。在中原黄河文化产业化过程当中已经形成了中原黄河旅游文化、文化创意、会展文化、文化遗址、非物质文化遗产、数字文化等多种多样的文化产业化类型。这每一种产业化类型都在经济社会发展当中做出了其应有的贡献。那么，中原黄河文化的内在潜力是否都进行了充分的挖掘？古老的中原黄河文化的遗产在今天人们是否都进行了全面的继承与发展？会不会很多优秀、灿烂的中原黄河文化被人们所忽略、忽视，或者是有的已经遗失，有的则被遗忘？

要想发展并壮大河南省文化产业化的规模与质量，首先就需要对中原黄河文化的资源进行全面掌握。在广泛调查、走访、了解、研究、查阅相关文献的基础上，对中原黄河文化的各种遗产进行全面的排查摸底。当然对于旅游文化遗产、文化遗址、非物质遗产文化这些类型的中原黄河文化资源，我们已经进行了非常详细的调查。而对于很多有着悠久历史的民间风俗、庙会、习俗等这些类型的中原黄河文化资源，我们还存在很多遗漏的地方。那么全面掌握中原黄河文化遗产，实际上就是要将更多优秀的民间文化传统挖掘出来。这些优秀的民间文化传统风俗有很多在今天仍然具有很强的生命力。这需要人们对之加以改造并发展、创新，使之能够适应 21 世纪文化产业发展的需要。还有一些是由于历史、自然等气候变化原因而中途消失的中原黄河文化资源，需要相关人员认真查阅各种历史文献资料并进行整理，这些在历史上记载过而中途消失了的文化遗产，或许其中就蕴含着强大的潜力与发展前景。

文化会通过各种各样的方式表现出来，其中有的是文字记载，有的是艺术表现形式，有的是风俗传统等。对于那些有文字记载的文化样式，比较容易被发现。但仍然有更多的文化传统、风俗习惯没有文字记载，而是通过庙会、节庆等以会展的形式表现出来。由于这些会展的形式自古至今一直延续了下来，没有中断过，因而人们从各种各样的会展形式当中可以很清晰地、全面地掌握这种类型的民间中原黄河文化的特征，并且挖掘其在当今的价值。这些地域性的民间展会，内容丰富、形式多样，很生动、形象地表现了中原黄河沿岸劳动人民的生活。其中很多富有深厚的感染力，在今天依然值得我们尊重，也值得我们将其推广并发扬光大。继承并发扬中原黄河民间文化的最好途径莫过于将庙会、节庆、风俗等文化会展发扬光大，传递给更多的人。一方面通过了解展现这些文化内容特征的文化会展，我们可以清晰、全面地掌握河南省文化资源的状况，分析这些文化在未来的产业化过程当中所具有的潜力与前景；另一方面将这些形式多样的民间文化会展从规模和质量上进行提升，对于当地的经济社会发展是十分有利的，尤其是将这些形式各异的文化会展发展成为河南省有特色的会展文化产业链，这对于河南省文化产业未来的发展是至关重要的。

文化会展的产业化之路是未来历史条件之下的必然选择，也是文化强省战略的必然要求。对于已经有一定知名度且颇具规模的中原黄河文化会展品牌，仍然需要进一步对其完善和补充，在保留原有中原黄河文化传统的基础上增加新的时代内容和时代元素，用更能够让大众所接受的形式来展现其魅力。中原黄河会展文化产业化的重心应该放在这些已经有一定影响力且颇具规模的文化会展企业上，进一步将其发展壮大。

二、中原黄河文化会展产业的发展现状

会展产业与一定的经济发展程度相适应，并从根本上由当地的经济发展水平所决定。河南省的经济发展状况，从根本上决定了河南省文化产业化的发展状况，也从根本上决定了中原黄河文化会展产业的发展状况。但同时会展产业作为社会经济发展的重要组成部分，对于促进消费，拉动经济的发展起到了越来越重要的作用。因此，大力发展会展产业能够极大地激发当地经济建设的活力，在一定程度上起到弥补因生产力发展程度不高所带来的一些不足。文化会展产业理所当然要遵循会展业发展的一般规律和原则，但由于文化会展产业是以文化为内容和载体的，那么，它又具有其他类型的会展产业所不具备的一些特点。河南省是一个文化大省，其在历史上具有灿烂丰富的中原黄河文化，"随着历史长河奔流向前，河南积累了深厚的根亲文化、古都文化、功夫文化和黄帝文化等中原优秀文化"。① 这使文化产业化发展能够形成局部优势，目前已经产生了不少国内领先、国际知名的文化会展品牌。

改革开放以来，河南省会展产业得到了快速发展，取得了巨大成绩。2019年河南省共举办各类展览 412 场，展览总面积达到 442.23 万平方米，在全国31 个省份中居第十位，2019 年河南省共有展馆数量 26 座，展馆总展览面积达

---

① 杨健燕：《河南省文化产业创新与发展研究》，中国经济出版社 2017 年版，第 99 页。

到 55.8 万平方米，其中，共有 16 座展馆的可展览面积达 1 万平方米以上（见表 6-1）。

表 6-1 河南省室内可展览面积达 1 万平方米以上展馆（截至 2019 年）

序号	展馆名称	所在城市	展览面积（万平方米）
1	郑州国际会展中心	郑州市	6.50
2	永城国际会展中心	商丘市	5.00
3	长垣国际会展中心	新乡市	4.00
4	信阳国际会展中心	信阳市	4.00
5	清丰县家居会展中心	濮阳市	3.85
6	商丘国际会展中心	商丘市	3.00
7	民权梦蝶会展中心	民权县	3.00
8	鹤壁市会展中心	鹤壁市	2.50
9	华龙展览中心	濮阳市	2.50
10	中原国际博览中心	郑州市	2.30
11	洛阳国际会展中心	洛阳市	2.20
12	驻马店会展中心	驻马店市	2.00
13	安阳国际会展中心	安阳市	1.96
14	洛阳中百物流国际会展中心	洛阳市	1.70
15	漯河国际会展中心	漯河市	1.50
16	三门峡国际文博城会展中心	三门峡市	1.40

资料来源：《2019 年度中国展览数据统计报告》。

河南省的会展产业状况发展形势良好，所创造的经济收入逐年增加，举办的会展数量、会展场馆面积都在稳步增长。以郑州市为例，2018 年全市共举办展览 239 个，与 2017 年基本持平；展览面积 281.4 万平方米，同比（较 2017 年同期）增长 8.9%；其中，举办国际性展会 15 个，3 万平方米以上展览 23 个，引进全国性展会 9 个，新创办展会 8 个，会展产业实现经济社会效益约 340 亿元。郑州国际会展中心和中原国际博览中心的展场出租率分别达到 43% 和 40%，在全国处于较高水平。2018 年以来，郑州会展产业得到业界的广泛关注和一致认可，先后获得"中国最具竞争力会展城市""中国最佳会展目的地城市""中国会展

名城""2018 年度金五星优秀会展城市"等奖项。① 2019 年全市共举办展览 240
个,展览面积 301 万平方米,同比增长 6.6%。其中,举办国际性展会 20 个;3
万平方米以上的展览 24 个,展览面积 119 万平方米;国家级流动展 10 个,展览
面积 21.5 万平方米;新创办展会 6 个,展览面积 4.6 万平方米。郑州国际会展
中心和中原国际博览中心的展场出租率在全国处于较高水平,郑州市获得"中国
最具竞争力会展城市"等奖项。② 2016~2020 年郑州市会展状况如表 6-2 所示。

表 6-2 2016~2020 年郑州市会展状况

年份	举办展览（个）	国际性展会（个）	展览面积（万平方米）	实现经济社会效益（亿元）
2016	238	8	236	210
2017	237	11	258	300
2018	239	15	281	340
2019	240	20	301	380
2020	88	暂停举办线下国际展会	140	550

资料来源：2016~2020 年《郑州会展发展概述》。

　　河南省会展产业形势发展迅猛,但与东南部沿海省份相比,仍然相去甚远。
郑州市作为河南省各大型以及主要会展举办城市,目前正在打造区域会展名城,
但是与上海、广州、深圳、北京的会展产业相比差距也是十分明显的。2019 年 6
月 19 日,国际会展业 CEO 上海峰会在上海市青浦区举行,峰会首发了《2018 上
海会展业白皮书》。该白皮书披露,2018 年上海共举办各类展会 1032 个,居全
球主要会展城市之首。2016~2018 年,上海展览总面积突飞猛进,净增 275 万平
方米,年均增长 7.5%,办展面积已连续多年稳居全国首位。到 2020 年,上海展
览总面积全年将达到 2000 万平方米,国际展占展览总面积的比重达到 80%,全
市会展业直接收入超过 180 亿元、拉动相关行业收入达到 1600 亿元以上,上海
会展业配置全球资源能力进一步提升,基本建成国际会展之都。《2019 年北京展
览业白皮书》统计,2019 年北京市 1 万平方米及以上规模展会 185 个,上海 407

① 《2018 年郑州会展发展概述》,郑州会展网,2019 年 5 月 23 日,http://www.zzhzw.net/app/site/news/5146。

② 《2019 年郑州会展发展概述》,郑州会展网,2020 年 7 月 28 日,http://www.zzhzw.net/app/site/news/5921。

个，广州 242 个，深圳 105 个。从总体展览面积来看，北京市 1 万平方米及以上规模展会总体展览面积为 586.6 万平方米，上海为 222.3 万平方米，广州为 1388.4 万平方米，深圳为 502 万平方米。根据对行业分类的统计，房屋建筑、装修及经营服务，日用消费品及居民服务，文化、体育和娱乐，工业与科技，食品、酒饮及酒店服务，交通运输、仓储及邮政这六个行业的展会在数量和面积上综合排名都占据较大的比例，是在北京举办展会的主要行业来源。

从调研的情况看，黄河文化会展产业存在着众多不足，例如数量少、规模小、创造的经济价值不足、宣传不到位，使知名的文化名牌被埋没等问题，都需要努力改正。这些问题和不足，主要表现在以下几个方面：

第一，中原黄河文化会展产业在规模和质量上有待提高。会展产业作为新兴的第三产业，因其对经济发展能起到巨大的推动作用，全国各地目前发展速度迅猛。"从 20 世纪 80 年代以来，我国会展业以年均近 20% 的速度递增，行业经济效益逐年攀升，场馆建设日臻完善，会展经济已逐步发展成为经济发展新的增长点，大力发展会展业，全面提升会展经济势在必行。"① 举办各种形式的会展，除了能够取得直接的会展经济收益外，还能够通过拉动消费的方式将这一收益放大 6~10 倍以增加举办地的经济收入。正是因为这一特点，各大城市都竞相大规模地发展壮大它们的会展产业，大打会展经济之牌，以提升城市的会展竞争力和整体实力。

从上文分析中可以看出，2019 年郑州市举办的各种规模的展会总数比上海（或广州）举办的 1 万平方米以上规模的展会数还要少。如果统计 2019 年郑州市举办的 1 万平方米以上规模展会数，与北京、上海、广州、深圳这些城市比较的话，那么这一差距将会更大。根据《2017 年郑州市会展发展概述》，2017 年郑州市展览项目主要集中在汽车交通工具、房产建筑装潢、家电家具日用品、教育培训等消费热点行业，3 万平方米以上的大型展会主要集中在汽车交通工具类、建材类和综合类展会，文化领域只是涉及，但构不成主要体系。从中可以发现郑州市文化会展的数量和规模比起北京市、上海市、广州市和深圳市，其差距实际上在进一步拉大。

河南省会展产业与东南沿海省市相比差距比较明显，以文化为主题和内容的

---

① 赵振杰：《〈河南省促进会展业发展暂行办法〉解读》，《河南日报》2014 年 10 月 14 日，第 003 版。

会展在河南省会展产业中所占的比重较小。那么以中原黄河文化为内容和载体的会展也呈现数量相对较少，规模相对较小，质量仍然有待提高这一现状。应当正视这一现状，并从中吸取经验教训，借鉴经济发达省市所走过的文化会展业的成功经验。建议充分利用黄河流域生态保护和高质量发展的大好机遇，挖掘河南省所拥有的丰富的、优秀的中原黄河文化资源，逐渐缩小河南省与东南沿海省市会展产业的差距，以此增强文化产业在会展产业中的比重，并充分挖掘文化资源和文化产品转化为经济效益的潜力。

第二，中原黄河文化会展产业对经济的贡献值有限。会展产业能够产生巨大的经济价值，为会展举办地的经济发展贡献巨大的力量。会展所产生的经济收益分两个部分：一部分是直接的会展收益，主要包括会展举办方的场地摊位费、服务费、参展报名费等收入；另一部分是会展所产生的相关性收入，这一部分的产值要远远大于会展的直接收入。这其中一部分为会展所有参会人员所带来的消费收入，如交通、住宿、餐饮、通信、广告等，这部分收入是会展直接收入的9倍以上。其实会展所产生的收益最多的并不是上述方面，而是在会展中相关的会展产品、资源、项目的销售收入和签约订单所带来的经济效益。当然，这最大的收益部分也应算入会展所产生的相关性收入之中。这部分收入的多少，既跟会展本身的举办状况有关，又跟会展中的产品、资源、项目的质量与品质有关。高质量、高规格、高服务的会展，再配置上高品质的会展产品，就更容易带来高收益。

会展业作为一种新兴的服务业，其所带来的经济受益中最多的部分还是由会展所展示的产品、资源和项目的内容决定。在会展中受益最大的还是参加会展的产品、资源或项目所从属的经济门类的相关企业和个人。如果是以电子产品为主导的会展，那么参加会展的电子产品的相关企业、部门和单位将从中受益；如果是文化类的会展，那么相关的文化产业部门将会从中受益。中原黄河文化会展产业产值低，对经济的贡献有限，体现在两个层面上：一是相对于其他经济发达省份其文化会展产业的产值而言，发达省市文化类型会展在举办数量、展览面积、所展示产品的质量和品质上，都不逊色于其他类型的会展，其文化类会展所创造的直接收益和间接相关性收益均高于河南省的同类会展，其文化会展产业的总收入在所有会展产业当中所占的比重也高于河南省同类水平。二是相对于河南省会展产业发展状况而言，每年河南省所举办的各种类型的会展中，从展会数量和展会面积上来看，以汽车交通工具、房产建筑装潢、家电家具日用品、食品消费为主，而文化类产业会展并不占优势，因而文化类会展所带来的直接和间接收入均比不上汽车、建筑、家电、食品等类型的会展。这说明了河南省通过会展这种形式来推行文化产业化，从规模、数量、贡献产值等方面来看，总体上仍然不成熟，有待提高。在河南省举办的文化类会展中，以文化旅游、教育培训为主，而直接以中原黄河文化为内容或打上中原黄河文化元素的会展，数量更加有限，中原黄河文化会展产业所创造的经济价值与其影响力相比，呈现很大的不对称性。

第三，凝练中原黄河文化时会展精品有待增强。在河南省文化产业发展壮大的过程中，已经形成了诸如中原国际文化旅游产业博览会、中原鹤壁文化产业博览交易会、新郑拜祖大典、嵩山国际论坛、洛阳牡丹节文化会展等会展精品品牌。其中，有的能够极大地提升河南省文化的影响力，将灿烂、优秀的黄河文化传播到世界各地，让世界更加了解河南；有的能够借中原黄河文化持久的影响力和知名度在当代社会发展的形势下进一步寻找并挖掘其中的优秀传统，并试图为解决当今在社会治理、文化建设、文化产业化、人与自然的关系等方面所存在的问题提供新方法；有的会展品牌直接以展示河南省文化产业化建设过程当中的最新成果为主，并且在会展中这些最新的文化成果能够直接转化为经济效益。以上这些重要的文化会展品牌已经为河南省的经济建设和文化事业的发展做出了巨大的贡献，并且正在发挥着越来越重要的文化引领作用，在中国文化会展领域内也具有相当的知名度。对于这些打上中原黄河文化元素的会展精品，还需要进一步打量，精打细磨，以进一步提升河南省文化软实力，同时以期带来更大的经济效益。

在众多的中原黄河文化会展品牌中，有的会展其主要目的是进一步展现中原黄河文化中的深层次的内涵，将其中的中原黄河文化从萌芽、产生、发展、繁荣到今天所呈现的局面这一系列过程完整地阐述清楚，从哲学、文学、艺术、科学等多学科的视角来阐释中原黄河文化。尤其是要阐述清楚这些文化内涵与中原地区劳动人民的生产、生活之间的密切联系，这些文化是如何从人民的劳动实践当中产生并得以发展的，推动文化不断地创新并涌现出新的内容和形式的内在动力到底是什么。这是侧重于从文化事业建设方面来提升河南省文化软实力的会展品牌，带有很强的研究性和公益性的色彩，可能其创造的直接经济效益是有限的，但不能因此而不去精心打磨。这种类型的文化会展品牌需要长期投入，精益求精，等发展到一定程度和水平的时候，其自身的经济价值以及带动其他相关文化产业发展壮大的价值自然就能体现出来。

对于一些直接以展示、销售文化资源、文化产品、文化项目为目的的文化会展品牌，更需要进一步打造，从形式上要让会展举办得更具有感染力，会展的举办方、管理方要精心准备，服务周到，让参展的个人、企业、部门、单位都能够切身感受到会展是经过精心准备的。与会展相关的交通、住宿、餐饮等各种服务设施要齐全便利，价格合理，卫生条件要严格按照标准执行，给参与到会展中的所有人以赏心悦目的感觉。这样能够让消费者对举办地和举办城市产生一个好的印象，让其放心消费，放心购买，放心洽谈业务，敢于投资。

会展场馆的软件、硬件以及相关的配套部门设施的好坏与否，将极大程度地影响到会展是否能取得好的效果和收益。不过，会展中所展出的产品、资源以及参展项目这些是否能够打动人，是否是前所未见的、第一次向世人展示、体现其创新性和先进性，是否能够很好地满足消费者的消费需求，是否具有较强的实用性、推广性，这些才是会展文化产业化发展中的核心问题。因为最终衡量一次会展到底能产生多大的经济效益，在多大程度上能够为当地的经济建设贡献一定的力量，还是要看在会展中最终出售了多少产品，签订了多少投资项目，达成了多少投资意愿，这些加起来的总金额是多少。而这些从根本上都是由所展出的文化资源、文化产品、文化产业项目的内在质量所决定的。

所以，我们在进一步凝练并打造原有中原黄河文化会展精品的同时，依然需要创造出更多的中原黄河文化会展产业的良好品牌。这需要进一步完善河南省的会展产业，不断提高河南省文化会展产业的知名度和内在实力，同时更需要河南省从事文化产品生产、创造的每一名劳动者脚踏实地地工作，不断学习进步，立足于新时代文化产业的前沿，能够把握住当今时代文化发展的趋势，以宽阔的眼界、精湛的技艺、刻苦奋进的精神，创造出高质量的文化产品，拓展出更实用、更具有前瞻性、更具有推广性、更能够满足广大人民群众需要的文化产品。

三、中原黄河文化会展产业的发展前景

一种文化会展产业是否具有好的发展前景，既要看这种会展产业在当下的发展状况，更要看在未来的社会发展潮流中这种会展产业是否能够主导会展产业的发展方向，是否能够持续引起人们的广泛关注。中原黄河文化有着上下五千年的

悠久历史，其中的文化精髓和文化品质广为流传，甚至可以说中原黄河文化在相当长的时间里代表着中华文化的主流，中原黄河文化中所蕴含的优秀的文化品质和深邃的文化精神，需要人们来继承并发展。有了中原黄河文化的深厚底蕴做保障，那么中原黄河文化会展产业作为一个新兴的服务业门类，一定有着旺盛的生命力，一定能够在不久的将来引起人们的广泛关注。

第一，中原黄河文化的深厚底蕴是发展壮大其会展业的底气。黄河文化源远流长，思想深邃，有着持续的影响力。中原黄河文化从分布地域上来看，主要位于河南省境内，狭义上的中原黄河文化指的是河南省境内黄河沿岸的地区文化。而广义上的中原黄河文化则涵盖了整个河南省所传承并发展下来的文化。古代中原黄河文化实质上是一种农耕文化，是从古代的中原地区的农耕生产当中发端的，并且随着农业生产力水平的提高而产生出与之相适应的多种多样的文化形式，经过数千年的沉淀和发展，这种文化精神已深入到中华民族的血脉之中。

文化产业化发展之路，一定是一条不断地提高文化产品质量和内涵的发展道路。有了中原黄河文化的深厚底蕴作为保障，那么，河南省大力发展的中原黄河文化会展产业就有了充足的底气。因为中原黄河文化是一个巨大的文化宝藏，其中所蕴含的优秀先进文化资源可以说取之不尽、用之不竭。当然，中原黄河文化的深厚底蕴并不是现成的摆在那里，而是需要人们潜心钻研，认真发现，通过研究、调查、走访等多种形式来不断地挖掘中原黄河文化中的优秀内容，并且将之与当今的社会发展相结合，运用到社会生产、生活的方方面面，为我们的经济建设和社会发展提供精神支持，同时将中原黄河文化传统与现代社会发展联系起来，从中创造出新时代的中原黄河文化，起到引领中国文化潮流的作用。带着这一初心来进行中原黄河文化会展业的建设，相信经过一段时期的积累，就能够打造出具有国内领先地位的中原黄河文化会展产业。

第二，已有的中原黄河文化会展品牌是发展壮大其会展产业的基础。在文化产业化过程当中，我们经过不懈努力，已经打造出来了一些中原黄河文化会展的品牌，并且有越来越多的会展品牌正在打造的过程之中。这些文化会展品牌对于继承和发扬中原黄河文化起到了一定的作用，同时这些会展品牌是文化产业化的产物，其目的是以中原黄河文化为依托，促使这些内容丰富的传统文化能够实现文化产业的转型，以创造出相应的经济效益来促进河南省经济的发展。要大力发展中原黄河文化会展产业就必须拥有一批杰出的中原黄河文化会展产业精品，这些已经打造出来的精品是一面面旗帜，引领着中原黄河文化会展产业勇猛地向前发展。在打造这些精品的过程当中所积累的经验和留下的教训，都能够直接为今后打造更多的中原黄河文化会展品牌服务，并且提供参考。

《河南省"十三五"旅游产业发展规划》曾经提出，要打节庆品牌，积极打造以中国（郑州）国际旅游城市市长论坛、黄帝故里拜祖大典、中国开封菊花文化节、中国洛阳牡丹文化节、"中华源"国际文化旅游推广周等为代表的节会活动品牌[1]。现有的中原黄河文化会展品牌虽然数量不多，规模和质量也有待提升，但仍然是来之不易的，其已经为河南省经济社会发展贡献出了巨大的力量。这些会展品牌帮助了许多企业和个人走向了成功，也通过这些会展品牌，很大程度上宣传了中原黄河文化的精神，起到了让世界了解河南，让河南走向世界的作用。因此，在倍加珍惜这些虽然为数不多但来之不易的中原黄河文化会展品牌的同时，也不能停滞不前，而是要在原来的基础上继续打磨这些已有的品牌，使其更加完善，设计上更具有活力，不断提升其知名度和影响力。中原黄河文化会展品牌的建设与发展就是在这些已有的会展品牌的基础上来一个一个地创造，一个一个地打磨，脚踏实地，相信经过若干年的不懈努力，一定能够创造出一个发达的、完善的中原黄河文化会展品牌体系。

河南省已经打造出的有代表性的中原黄河文化会展品牌有河南省新郑黄帝故里拜祖大典、嵩山论坛、洛阳牡丹节文化会展、中原国际文化旅游产业博览会、中原（鹤壁）文化产业博览交易会等（见表6-3）。它们各具特色，形式多样，各有各的侧重点和功能定位，能够起到极大地向世界和中国传播中原黄河文化的作用，增强了河南省文化的影响力和知名度，并且能够带来巨大的经济效益。

表6-3　具有代表性的中原黄河文化会展品牌一览表（截至2020年）

名称	举办时间	举办地
中国（郑州）国际旅游城市市长论坛	2008年至今已成功举办了6届	河南省郑州市
黄帝故里拜祖大典	自2006年开始每年农历三月初三	河南省郑州市新郑市黄帝故里景区
中国开封菊花文化节	自1983年开始每年10月18日	开封市

---

① 河南省文化和旅游厅：《河南省"十三五"旅游产业发展规划》，河南省文化和旅游厅官网，2017年9月13日，https://hct.henan.gov.cn/2017/09-13/790447.html。

◆ 中原黄河文化产业化发展研究

续表

名称	举办时间	举办地
中国洛阳牡丹文化节	自1983年开始每年4月5日前后至5月5日前后	主会场为洛阳市，分会场有北京、上海、青岛、台湾花溪等，国外分会场有日本冈山、法国图尔、西雅图等
嵩山论坛	自2012年以来已成功举办9届	郑州市登封市
中原国际文化旅游产业博览会	自2018年以来已成功举办3届	洛阳市
中原（鹤壁）文化产业博览交易会	自2014年以来已成功举办7届	鹤壁市
中国郑州国际少林武术节	自1991年以来已成功举办12届	郑州市登封市

其中，河南省新郑黄帝故里拜祖大典是每年农历三月初三在黄帝故里河南省新郑市举办的重大仪式，每年的农历三月初三全球的华夏炎黄子孙将共同见证这一盛大节日。新郑黄帝故里拜祖大典于2008年由国务院确定为第一批国家级非物质文化遗产拓展项目。2019年的新郑黄帝拜祖大典于4月7日隆重举行，有来自海内外40多个国家和地区的华人华侨及社会各界嘉宾约8000人参加，适逢迎接中华人民共和国成立70周年，拜祖大典现场洋溢着浓浓的爱国热情。海内外炎黄子孙循着祖先的足迹，汇聚黄帝故里，礼拜人文始祖，弘扬爱国奋斗精神，祈愿和平和睦和谐，为实现中华民族伟大复兴的中国梦凝聚强大力量。在成功举办拜祖大典之际，新郑市举行了黄帝故里拜祖大典经贸洽谈会，签约了一批经济效益好的优质产业项目，达成合作意向项目21个，意向金额239亿元。十多年来，借助黄帝故里拜祖大典所搭建的平台，新郑市招商企业累计达到708家，到位资金1098.6亿元，累计实际利用外资15.8亿美元，构建了以现代商贸物流、食品制造、生物医药为主，电子信息、高端装备制造、文化旅游等新兴产业加速崛起的现代产业体系。[①] 2020年受新冠肺炎疫情的影响，新郑黄帝故里拜祖大典采用网络在线直播的方式举行。

2020年9月12日上午，第三届中原国际文化旅游产业博览会暨2020洛阳河洛文化旅游节在洛阳会展中心开幕。2020年河洛文化旅游节恰逢习近平总书记

① 王芳：《共拜始祖 凝聚力量 新郑21个项目引资239亿元》，中华网，2019年4月8日，https://henan.china.com/zt/2019bzdd/zuixinzixun/2019/0408/253018136.html。

提出黄河流域生态保护和高质量发展战略一周年，又喜迎央视中秋晚会在洛阳举办这一文化盛事，强化"中华源，黄河魂"主题，精心策划了世界古都论坛、黄河非遗大展、客家文化论坛等44项精彩活动，传承黄河文化，展示河洛新貌，助力中原更加出彩，为海内外朋友奉献一场异彩纷呈的文化旅游盛宴。作为河南省重要的文化旅游节会，近年来，洛阳河洛文化旅游节围绕建设国际文化旅游名城的目标，依托洛阳独特的历史文化和生态资源优势，深入挖掘文化内涵，持续推进文旅融合，已经成为拉动洛阳秋季旅游市场、推动产业融合、扩大对外开放、提升城市形象的综合平台。本届博览会在第二届的基础上增加了"国际"二字，旨在强化洛阳历史文化的现代表达和河洛文化的国际表达，突出国际化、市场化、专业化、产业化，为全省乃至全国搭建文化旅游产业展览展示、交流、交易的综合平台。本届博览会中，德国、泰国作为双主宾国坐镇，德国、泰国、法国等30个国家和地区的152家企业和国内的366家文化旅游企业参展，展示"一带一路"沿线国家和地区的传统工艺美术、创意设计作品、文化旅游特色产品等30余类2000余种商品，并设置奥莱全球购等跨境电商专区，展示商品和服务品牌，引导供需对接，培育消费热点，拓展消费内涵。① 本次博览会共接待游客7.8万人次，现场交易金额达到7160万元，线上参展人数超过1400万人次，线上线下共签约意向合同金额37.6亿元。

第三，丰富的中原黄河文化资源与欠发达的文化会展产业之间的反差是发展壮大其会展产业的动力。在长达五千年的历史长河中，中华先民们创造了灿烂的中原黄河文化，其内容博大精深，形式多种多样，其中的优秀文化成果是中华民族的文化瑰宝。中原黄河文化经久不衰，不断地在历史的长河当中推陈出新，在不同的时代都能够涌现出站立于时代潮头并引领时代历史向前发展的优秀文化。这些优秀的文化成果及文化思想鼓舞着劳动人民的斗志，激发着劳动人民的热情，激励着他们去不断地创造历史，并推动历史向前发展。而如此璀璨的中原黄河文化成果和资源主要集中于河南省境内。河南省素有中国文化大省之美誉，有重大意义的传统文化成果数量众多，有重要历史意义和考古价值的文化遗址举不胜举，出土了无数极其珍贵的文物。河南省的洛阳、开封、安阳、郑州、许昌、

---

① 王佩、杨晓娜：《第三届中原国际文化旅游产业博览会暨2020洛阳河洛文化旅游节开幕》，人民网，2020年9月12日，http://henan.people.com.cn/n2/2020/0912/c351638-34288320.html。

濮阳、周口、商丘等均为重要的文化名城。这一系列的中原黄河文化资源和遗产足以让河南省名扬海内外，这是河南省的骄傲，也是中国人民的骄傲。

面对拥有丰富的中原黄河文化资源与相对落后的文化会展产业这一事实，表明了中原黄河文化会展产业有着广阔的发展空间，中原黄河文化会展产业目前正处于其发展的初始阶段，存在着各种各样的问题，这也是每一种新事物在成长过程当中必然要经历的过程。河南省要变压力为动力，充分利用中原经济区建设和促进黄河流域生态保护和高质量发展的大好机遇，广集良策，逐步缩小中原黄河文化与其他文化会展产业之间的差距，让中原黄河文化会展产业走上一条健康、持续的良好发展道路。

第四，以中原黄河文化为内容的会展产业具有可持续发展的潜力。会展产业属于新兴的第三产业类型，由于其能极大地增加相关产业的经济附加值，不仅能给参展的相关企业提供一个向社会展现其产品价值的良好机遇，从而扩大企业及其产品的知名度和社会影响力，起到增加其销量的作用，同时又能拉动会展举办地的服务业消费，繁荣当地经济。因此，从长远时期来看，会展产业具有可持续发展的潜力。这是在一般意义上来谈论会展产业的发展前景，如果具体到某一种类型的会展产业的话，那么情况就有所区别了。对于一门具体的会展产业来说，其前景如何，是否具有可持续发展的潜力，从根本上来说是由会展上展出的产品内容和质量决定的，要看参加会展的企业是否能够在会展上展示其物美价廉的产品，这一产品是否能够极大地满足广大人民群众的需求。会展中所展出的产品是否是消费者所迫切需要的，产品的质量是否值得消费者的信赖，产品是否符合时代潮流，这是衡量这一会展及参与会展的企业能否实现可持续发展的关键所在。会展作为一种有效地将产品展示给消费者的一种产业形式，在今后相当长的历史时期内一定会蓬勃地发展壮大起来，但究竟是哪种类型的会展会兴起，哪种类型的会展会慢慢走向没落，依然取决于参加会展的企业是否具有可持续发展的潜力。

中原黄河文化源远流长，在任何历史时代都有新的中原黄河文化被创造出来，其在社会经济、政治、科学、艺术等各种领域中发挥了持久的影响力。纵观整个人类历史，能够与中原黄河文化相媲美的文化并不多见。在国家文化产业化发展战略的引领下，河南省也在积极地探索中原黄河文化的产业化之路，目前已经成功打造了一些中原黄河文化会展产业的品牌，这些品牌正发挥着越来越大的作用。已经探索出来的以中原黄河文化为内容和元素的会展产业被实践证明是一条成功之路，成功的关键因素就在于其打上了中原黄河文化的烙印，根源于中原黄河文化悠久的历史和顽强的生命力。不管是在过去、现在还是在将来，中原黄河文化都能够发挥出其应有的作用，都能够起到引领文化向前发展的作用，那么以中原黄河文化为内容和元素的会展产业就一定具有可持续发展的潜力。

第二节　中原黄河文化会展产业发展的机遇与困难

2020 年，受新冠肺炎疫情的影响，尤其是在第一季度和第二季度，我国经济发展速度受挫严重；第三季度，尤其是第四季度我国经济增长速度又恢复到往年的同期水平。2021 年新年伊始，我国经济依然保持强劲的发展态势，与世界上其他国家相比，我国取得了抗击新冠肺炎疫情的重大胜利，经济得到了恢复性增长。从 2020 年第四季度开始，河南省经济发展也保持了旺盛的生命力，发展态势良好，各种类型的会展已经开始有序复工复产。中原黄河文化会展产业的发展状况和前景从根本上来说也是受中国经济和河南省经济的宏观发展状况的影响，健康有序的国内经济运行环境是不断发展壮大中原黄河文化会展产业的根本保证。同时，依然要注意中原黄河文化会展产业发展面临着的重重困难，究竟如何将中原黄河文化的宝贵资源转化为文化产业以实现其经济价值，这是一个难题。

一、中原黄河文化会展产业发展的机遇

21 世纪的今天，中原黄河文化会展产业正处于重要的发展机遇期。从国家层面上或河南省层面上来看，都有许多对其发展有利的政策支持，这为其在当下及今后相当长的时间里保持持续健康发展提供了政策保障。我国已经取得了全面建成小康社会的根本性胜利，人们生活水平有了长足的提高，人们生活越来越富裕，人们对美好生活的向往与追求越来越迫切。那么，人们对文化的追求和对文化产品的需要也将会越来越强烈。当然，会展产业作为一项新兴的第三产业，以其所具有的巨大的产业优势，在当下乃至今后较长时间内必然会呈现良好的发展

态势。在国家大力发展文化事业和大力推行文化产业化建设，实行文化强国战略的背景下，中原黄河文化悠久的历史，灿烂辉煌的成果，深邃的思想，是社会主义现代化文化事业和文化产业发展中的一座宝藏。

第一，全面深化改革并促进文化产业化健康发展的重大机遇。2019年9月18日，习近平总书记在郑州主持召开了黄河流域生态保护和高质量发展座谈会并发表了重要讲话。习近平总书记在讲话中强调指出，黄河流域在我国经济社会发展和生态安全方面具有十分重要的地位。黄河流域省份2018年底总人口4.2亿，占全国30.3%；地区生产总值23.9万亿元，占全国26.5%。沿黄各地区要从实际出发，宜水则水、宜山则山，宜粮则粮、宜农则农，宜工则工、宜商则商，积极探索富有地域特色的高质量发展新路子。习近平总书记要求，深入挖掘黄河文化蕴含的时代价值，讲好"黄河故事"，延续历史文脉，坚定文化自信，为实现中华民族伟大复兴的中国梦凝聚精神力量。黄河流域生态保护和高质量发展，同京津冀协同发展、长江经济带发展、粤港澳大湾区建设、长三角一体化发展一样，是重大国家战略。① 这对于河南省经济社会发展，包括文化产业化建设来说，都具有决定性的意义，将开启中原黄河文化会展业发展的新局面。

在国家文化产业化发展战略的引领下，我国文化产业实现了长期健康稳定的发展。根据《中国文化产业年度发展报告2020》统计，2019年，中国文化及相关产业规模以上企业实现营业收入86624亿元，按可比口径计算，比2018年增长7%，保持平稳快速增长。《中华人民共和国2020年国民经济和社会发展统计公报》统计，2020年全年全国规模以上文化及相关产业企业营业收入98514亿元，按可比口径计算，比上年增长2.2%②。虽然2020年全国文化产业收入增长出现较大回落，但到2020年下半年的时候，文化产业收入状况比上半年有很大提升，整个文化产业各行业均出现良好的恢复状态。2021年全国规模以上文化及相关产业企业营业收入较2020年相比有较大幅度提升。也就是说，文化产业的长期稳定增长将是常态。

河南省文化产业发展积极响应习近平总书记2019年9月18日讲话精神的号

---

① 习近平：《在黄河流域生态保护和高质量发展座谈会上的讲话》，求是网，2019年10月15日，http：//www.qstheory.cn/dukan/qs/2019-10/15/c_1125102357.htm。

② 国家统计局：《中华人民共和国2020年国民经济和社会发展统计公报》，国家统计局，2021年2月28日，http：//www.stats.gov.cn/tjsj/zxfb/202102/t20210227_1814154.html。

召，契合河南省"1+4"都市圈，打造中原文化高地，"三山一滩"开发，郑州航空港综合试验区等重大战略，加大文化产业的扶持力度和政策支持，促进河南省文化产业持续健康高质量发展。

第二，中国经济和河南省经济稳步增长的新常态。中国经济建设在保持了长期的快速增长后已进入稳步增长的新常态时期。河南省也进入到经济发展的新常态之中，河南省近年来经济总量排名均稳居全国第五位，国民生产总值的年增长速度也位于全国前列。2020 年受新冠肺炎疫情的影响，全球经济遭受重创，我国经济发展速度比 2019 年有所回落，但仍然取得了 2.3% 的增长。2020 年河南省 GDP 总量比 2019 年增长 1.3%，这一成果来之不易。国家统计局 2021 年 2 月 28 日公布的《中华人民共和国 2020 年国民经济和社会发展统计公报》显示，初步核算，2020 年全年国内生产总值 1015986 亿元，比上年增长 2.3%。第一产业增加值占国内生产总值比重为 7.7%，第二产业增加值比重为 37.8%，第三产业增加值比重为 54.5%。[1] 河南省统计局 2021 年 1 月 22 日公布的数据显示，根据地区生产总值统一核算结果，2020 年全省生产总值 54997.07 亿元，按可比价格计算，比上年增长 1.3%。分产业看，第一产业增加值 5353.74 亿元，增长 2.2%；第二产业增加值 22875.33 亿元，增长 0.7%；第三产业增加值 26768.01 亿元，增长 1.6%。2020 年全省生产供给不断改善，市场需求稳步回暖，新兴动能继续增强，民生大局总体平稳，经济运行呈现持续稳定恢复向好态势[2]。

第三，人们对文化产品的需要呈现越来越强烈的趋势。社会主义现代化建设进入新时代后，我国社会主要矛盾已经转化为人民日益增长的美好生活需求和不平衡不充分的发展之间的矛盾。美好生活的需求既包括更高的物质生活水平，也包括更高程度上的精神需求的满足。而满足人民美好精神生活需求的主要来源就是文化和文化产品。2020 年，我国已经全面建成小康社会，所有的贫困地区全部摘帽，人民群众越来越富裕，这极大地激发了人民群众更高的消费需求。

我国每年文化产业的产值持续增长，便是人们对文化产品的需求越来越强烈的反映。《中华人民共和国 2020 年国民经济和社会发展统计公报》统计显示，

---

① 国家统计局：《中华人民共和国 2020 年国民经济和社会发展统计公报》，国家统计局，2021 年 2 月 28 日，http：//www.stats.gov.cn/tjsj/zxfb/202102/t20210227_1814154.html。

② 河南省统计局：《2020 年全省经济持续恢复　稳定向好》，河南省统计局网，2021 年 1 月 22 日，http：//tjj.henan.gov.cn/2021/01-22/2084239.html。

2020 年全年全国居民人均可支配收入 32189 元，比上年增长 4.7%，扣除价格因素，实际增长 2.1%。全国居民人均可支配收入中位数 27540 元，增长 3.8%。按常住地分，城镇居民人均可支配收入 43834 元，比上年增长 3.5%，扣除价格因素，实际增长 1.2%。城镇居民人均可支配收入中位数 40378 元，增长 2.9%。农村居民人均可支配收入 17131 元，比上年增长 6.9%，扣除价格因素，实际增长 3.8%。农村居民人均可支配收入中位数 15204 元，增长 5.7%。城乡居民人均可支配收入比值为 2.56，比上年缩小 0.08。统计显示，全国居民人均可支配收入增长速度从 2016 年到 2019 年以较快速度持续提升。2020 年人均可支配收入增长速度有所回落，但依然达到了 32189 元。全年全国居民人均消费支出 21210 元，比上年下降 1.6%，扣除价格因素，实际下降 4.0%[①]。从 2020 年全国居民人均消费支出及其构成上看，人均教育文化娱乐消费支出 2032 元，占所有消费支出的比重为 9.6%。全国人均教育文化娱乐消费，从 2016～2019 年在所有消费中所占的比重依次为 11%、11.4%、11.2%、11.7%，保持在稳定并有所增长的状态。2020 年回落为 9.6%，这是受新冠肺炎疫情影响所导致的，是特殊情况影响下的产物而不是代表一种趋势。社会文明程度越高，人们用于教育文化娱乐消费的支出所占的比重就会越大。

从河南省人均可支配收入统计数据可以看出，河南省人均可支配收入从 2014 年的 23672.06 元增长到 2019 年的 34200.97 元，呈逐年稳定增长态势。河南省 2014 年人均消费支出 16184.46 元，2019 年人均消费支出 21971.57 元。依然保持了持续稳定的增长状态。2014～2019 年，从河南省居民人均消费性支出组成结构可以看出，居民用于教育文化和娱乐的消费性支出从 2014 年的 1161 元增长到 2019 年的 2017 元，依然呈现逐年稳定的快速增长状态。2019 年河南省城镇居民人均消费性支出结构中教育文化和娱乐消费支出占总消费支出的 12.2%，农村居民为 12.6%，略高于全国性的消费支出结构[②]。居民人均可支配收入的快速增长，导致了居民用于教育文化娱乐消费支出的较快持续稳定增长，人均可支配收入越高，相应的居民用于教育文化娱乐消费的支出就越高，也就意味着人们对文

---

① 国家统计局：《中华人民共和国 2020 年国民经济和社会发展统计公报》，国家统计局，2021 年 2 月 28 日，http://www.stats.gov.cn/tjsj/zxfb/202102/t20210227_1814154.html。

② 杨婕妮：《2019 年河南省人均可支配收入、消费性支出、收支结构及城乡对比分析》，华经情报网，2020 年 12 月 24 日，https://www.huaon.com/channel/distdata/675073.html。

化产品的需求也越来越高，这一稳定增长的趋势将会使中原黄河文化会展产业保持持续、稳定、健康发展的状态。

第四，河南省会展产业的良好发展态势。河南省会展产业经过长时间的发展，目前已呈现良好的状态，展会数量和展览面积近几年来一直名列全国前列。2017年河南省共举办的展会数量位居全国第七位，当年河南省举办的展会面积共达到441万平方米，排在江苏省之后位居全国第八位。2018年河南省共举办的展会数量位居全国第七位，当年河南省共举办各类展会会议和节庆活动970余场，展览总面积超过830万平方米，直接拉动经济和社会效益950亿元。河南省省会郑州市的会展产业发展迅猛，2015~2019年，全年所举办的展会数量、展览面积以及实现的经济社会效益，均呈现良好的增长态势。2015年，郑州市共举办展会235个，展览面积226万平方米，实现经济社会效益约200亿元；2016年，郑州市共举办展会238个，展览面积236万平方米，实现经济社会效益约210亿元；2017年，郑州市共举办展会237个，展览面积258万平方米，实现经济社会效益300亿元；2018年，郑州市共举办展会239个，展览面积281万平方米，实现经济社会效益340亿元，荣获"中国最具竞争力的城市""中国会展名城"等称号；2019年，郑州市共举办展会240个位，展览面积301万平方米①。2020年受新冠肺炎疫情的影响，河南省会展业各项指标均出现回落。随着我国新冠肺炎疫情形势的根本好转，从2020年下半年开始河南省各地会展业均有序复工。随着河南省会展业的持续健康发展，以中原黄河文化为内容和元素的会展举办的数量和展览规模也会逐年增加，其与河南省其他类型的会展业相辅相成，齐头并进，将会为河南省经济和社会发展做出更大的贡献。

二、中原黄河文化会展产业发展的两大困难

当前，河南省会展业正处在蓬勃发展的过程之中，从每年所举办的会展数量、展览总面积来看，河南省都处在全国前列。但是，河南省以及郑州市每年所举办的大中型会展中，主要是以汽车交通工具、农副产品、房地产建筑、家用电器等热点行业为主，文化产品类的会展数量和规模都不占优势，以中原黄河文化

---

① 资料来源：郑州会展网，http://www.zzhzw.net/app/lucene/%E9%83%91%E5%B7%9E%E4%BC%9A%E5%B1%95%E5%8F%91%E5%B1%95%E6%A6%82%E8%BF%B0。

为会展内容和元素的会展就更为薄弱。目前，中原黄河文化会展业总体上呈现数量不足、规模小、质量有待提升、产业产值偏低、对经济的贡献有限、有影响力的会展精品较少这些特点，依然有大量的民间会展资源没有被挖掘出来，需要进一步历练和提升。

中原黄河文化会展产业所呈现的这一系列状况，从一些侧面凸显了其目前所处的一种不太完善的发展状态，除此之外，中原黄河文化会展产业目前正面临两大发展困境。

一是中原黄河文化转化为产业的途径、机制尚处于探索之中。如何通过会展的方式帮助越来越多的中原黄河文化走上产业化的发展道路，这是中原黄河文化会展产业发展所要解决的重要问题。经过近 20 年的文化产业化的发展，如此灿烂辉煌的中原黄河文化却没有充分转化为能够带来经济收益的文化产业，这个问题值得深思。

打好文化牌以增强地区和城市的影响力，以此来带动旅游消费，以及以文化来吸引更多的投资，将文化资源转化为文化产品，基本上是每一个拥有历史文化资源的地区和城市的战略选择，河南省也不例外。各大城市都打出了其特有的文化名片。像洛阳、开封这样的城市，存在着大量的中原黄河文化的旅游文化资源，因此洛阳和开封的文化旅游业就很兴旺。这既得益于它们得天独厚的文化底蕴，存在着有重大影响力的文化遗址、文化风俗和传统文化节庆，同时也得益于当地政府对这些文化资源的开发利用。同样安阳、周口、商丘、许昌的文化资源在海内外也有重要影响力，但是，在开发利用这些文化资源来壮大其文化旅游业上就远逊色于开封和洛阳。例如，当人们将甲骨文和产业联系在一起的时候，首先想到的就是举世闻名的甲骨文软件系统有限公司，这是世界上仅次于微软的全球第二大软件公司，而不是 1899 年首次发现甲骨文的河南省安阳市。周口市是伏羲氏古都、老子故里，但其文化旅游业与相关文化产业所创造的经济收益却远远不能与其文化影响力相对称。古都商丘市、曹魏文化的产地许昌市，也都有着与安阳、周口相似的情况。其实，这些地区的文化旅游景点非常之多，每年所举办的各种节庆、庙会、祭拜等活动也不在少数，但都存在一个知名度不高、规模不大、产业化程度不高的弊端，因此不能为当地的经济建设创造更大的产值。也就是说，这些地区在利用中原黄河文化资源上，并没有很好地探索出一条使其成功走上产业化的道路。

　　文化产生的时间越早，流传的时间越长，说明其越有内涵，越有底蕴，或者说越有生命力。但是，在文化内涵和文化底蕴上占优势的文化资源，是否其在产业化的过程当中也占有同样的优势，能创造出更大的产业价值呢？答案是否定的。例如，拥有"酒祖杜康"的河南省，被誉为中国酒文化的发源地，但由于历史的变迁等种种原因，如今的中国十大名酒品牌中找不到一个河南省品牌。另外一个例子就是豫菜，河南省是中国饮食文化的发源地，中国其他各种菜系从某种程度上都吸收了豫菜的特征。豫菜在北宋时盛极一时，但从清朝开始，豫菜就失去了其应有的地位，中国的八大菜系逐渐形成，而其中没有豫菜。在历史上，朱仙镇与湖北的汉口镇、江西的景德镇、广东的佛山镇一起被称为"中国四大名镇"，从文化意义上说其作为中国古代四大名镇之一的称号是不可替代的。如今我们再比较这四大古镇时会发现，朱仙镇的经济实力、地位、影响力、知名度都远不及其他三者。汉口是大武汉的商业中心；景德镇是当今当之无愧的世界级瓷都；佛山市在广东省经济发展中处于领先地位，同时被誉为民间艺术之乡、武术之乡、陶艺之乡、越剧之乡。

　　拥有灿烂的传统文化的地区，证明其在历史上曾经辉煌过，在其文化的鼎盛时期其经济社会发展也是与之相匹配的，当风云变幻，历史发展之车轮滚滚向前，文化之兴衰更替也是常有之事。在今天，如果仅仅打着所拥有的灿烂的古代文化之旗号，试图将其推向产业化市场，往往并不一定能成功。综观众多的文化资源和文化品牌在市场经济过程当中的命运，中原黄河文化品牌和资源究竟如何实现其产业化，究竟什么样的中原黄河文化资源能够实行产业化，在推行产业化的过程当中应该注意哪些问题，这些都是需要认真思考的问题。

　　二是新冠肺炎疫情对会展产业发展所产生的影响。2020年1月24日，《河南省新型冠状病毒感染的肺炎疫情防控指挥部关于暂停举办大型公众聚集性活动的通知》要求，自2020年1月24日起，河南省暂停举办在短时间内集聚人数较多的大型公众聚集性活动，包括：演唱会、音乐会等文艺演出；大型体育赛事；庙会等民俗活动；展览、展销和人才招聘；其他大规模群体性活动。2020年1月26日，河南省文化和旅游厅发布了《河南省文化和旅游厅防控新型冠状病毒感染的肺炎疫情工作方案》，要求暂停各类群众性文化活动、演出活动、展览活动、文化庙会活动等，关闭人员相对密集或发生疫情地区的A级旅游景区。在新冠肺炎疫情的影响下，河南省各类会展基本上按下了暂停键。"第十四届中国河南省国际投资贸易洽谈会、信阳茶叶博览会、鄢陵花木交易博览会等重要展会延期举办。洛阳牡丹第38届投资贸易洽谈会采用网上洽谈、网上签约模式。据统计，郑州市内的郑州国际会展中心、中原国际博览中心两个专业展馆，2020年上半年共计划举办会展项目89个，其中展览项目74个，展览面积125.93万平方米。疫情直接影响75个会展项目举办，其中展览项目61个，展览面积106.38万平方米，产值40亿元以上。"（李武军，2020）据估计，这次疫情会造成2020年河南省会展业及其拉动产业至少500亿元的经济损失。

2020年5月，在党中央的统一领导下，全国人民经过艰苦卓绝的努力，我国疫情防控战取得了重大的胜利，防控形势有了根本性的好转。这时，旅游文化业有序复工复产提上了日程。2020年5月10日，河南省人民政府办公厅发布了《河南省人民政府办公厅关于进一步激发文化和旅游消费潜力的通知》指出，要加快推动文化和旅游业复苏。河南省会展产业从2020年6月10日开始再次按下"启动键"。为统筹做好疫情防控和会展经济发展，安全有序推进疫情防控常态下展览活动复展复业。

从2020年下半年开始，河南省会展业开始有序复工，并取得了很明显的效果。截至2020年7月26日，郑州市共举办展会31个，规模达46.77万平方米，参展商6303家，接待采购商及观众67.95万人次，现场成交额约148.33亿元，有效带动了酒店、餐饮、交通、物流、广告等行业发展，为推动经济社会持续向好发挥积极作用。[①] 2020年9月28日，"2020中国500强企业"高峰论坛在郑州举行，知名专家学者、500强企业代表和各界人士1300余人参加论坛，论坛发布了"2020中国500强企业"各项榜单，并举办了重点项目签约仪式。郑州市与中国500强企业签约项目15个、投资总额338.9亿元，涵盖新材料、云计算与大数据、电子信息、现代物流等多个领域。2020年10月15日，2020中国（郑州）产业转移系列对接活动在郑州国际会展中心开幕，共收集汇总签约项目778个，计划投资10亿元以上的项目148个，5亿元以上的项目127个。截至2020年底，河南省会展产业复工复产效果明显。

由于新冠肺炎疫情对我国经济的影响在短期内恐怕很难完全消除，河南省会展产业要想恢复到2019年的状况，会展经济保持疫情之前的高速增长状态，估

---

① 资料来源：河南省人民政府网，http://www.henan.gov.cn/2020/08-03/1749290.html。

计还得尚需时日。此次新冠肺炎疫情将会给会展产业带来极大冲击，在我国疫情防控形势明显好转的情况下，我们需要认真分析此次疫情究竟会给会展产业带来什么样的影响，在疫情防控常态化的背景下，该如何更好地将会展产业发展壮大，会展产业在未来的短期或长期时间里，其发展的趋势是什么样的。

第三节　中原黄河文化会展产业化发展的策略

在充分了解中原黄河文化会展产业发展状况的基础上，所有问题的重心就又回到了中原黄河文化会展产业究竟应寻求一种什么样的产业化之路。会展产业的发展是有规律可循的，在众多的成功的会展产业化案例中，所分析得来的都只能为自己的会展发展提供一些普遍的参考方法，而绝没有能够照搬照抄的会展产业发展模式。中原黄河文化会展产业的发展道路，需要将会展尤其是文化会展的一般规律和方法与中原黄河文化相结合，这其中首先应该对中原黄河文化会展产业发展的功能与目标进行准确定位。发展中原黄河文化会展产业能够起到什么样的作用，从短期看发展中原黄河文化会展产业要实现一个什么样的目标任务，从中长期看发展中原黄河文化会展产业的目标又是什么，这都是需要认真思考的大问题。发展中原黄河文化会展产业，既有良好的机遇，也面临诸多难题。努力抓住机遇，克服困难，就能找到不断发展并壮大中原黄河文化会展产业的道路和方向。

一、中原黄河文化会展产业的功能与目标定位

从属性上来看，文化会展产业属于新兴的第三产业门类。对于中原黄河文化会展产业来说，其独特之处在于这种会展产业的会展内容是中原黄河文化以及与中原黄河文化相关的文化资源、文化产品、文化项目和文化服务。因此，它一方面具有与一般会展产业相同的功能，另一方面又打上了中原黄河文化的内容和元素，其功能与作用又与一般类型的会展产业有所区别。《河南省促进会展业发展暂行办法》提出，河南省会展业发展的总体目标是："培育一批综合性龙头展会，扶持一批专业品牌展会，打造会展业区域中心城市和核心展馆，培养一批大

型办展实体和人才队伍，形成服务体系完备、服务品质优良、市场竞争有序、专业化程度较高的河南会展业发展新格局。"① 在此文件指导下，发展中原黄河文化会展产业究竟要实现一个什么样的目标，这需要进行准确的定位。

在当前形势下，鉴于中原黄河文化会展产业所呈现出来的数量少，质量不高，对经济的贡献值有限，以及大量的民间中原黄河文化会展被忽略这一现状，从短期来看，应该以增加中原黄河文化会展举办的数量和迅速提高会展收益为目的；从中长期来看，由于中原黄河文化资源丰富，内涵深厚，再加上文化软实力的竞争在今后相当长的时间内越来越成为国与国之间竞争，地区与地区之间竞争的重要力量。因而，河南省最终应该打造重点突出、层次分明、彼此关联互助的高水平的中原黄河文化会展体系。

其一，中原黄河文化会展产业不仅具备一般第三产业功能，而且肩负着文化创新的责任。会展产业属于新兴的第三产业即服务业门类，当然中原黄河文化会展产业也属于第三产业门类，从其所创造的经济价值来看，一方面是会展举办方收取的各种举办费，这是直接收入；另一方面是交通、饮食、住宿等消费引起的间接收入，最主要的间接收入是在会展中所销售的产品，洽谈所签订的项目，以及所达成的投资意向。可以看出，会展是为参加会展的企业提供一个全方位展示产品质量、品质的公共平台。公共平台自身的内涵建设，包括会展规模、规格、服务等，都会对最终的间接收入产生影响。但决定最终能产生多大收益的依然是展出的产品或服务的质量和品质，以及参展的项目、产品的前景与潜力。打上中原黄河文化符号的会展，理所当然应具有其他类型的会展所不同的特点，其特殊之处就在于其是以中原黄河文化为会展内容和主题，会展中所销售的是中原黄河文化资源、产品或服务，会展中所洽谈的是中原黄河文化产业相关的项目。

中原黄河文化会展产业不仅要将中原黄河文化传统中的优秀文化展现出来，让更多的人知晓，让更多的人了解，生产出能够反映中原黄河文化特色和内容的精美的文化产品，给人以美的享受；更重要的地方在于，要将中原黄河文化的思想和内涵融入新时代社会现实当中去，在很好地保护、传承中原黄河文化的同时，又要对其加以发展，创造出能够体现社会主义现代化建设新时代的中原黄河文化思想和文化产品。只有将中原黄河文化的传统与社会主义现代化建设新时代

---

① 赵振杰：《〈河南省促进会展业发展暂行办法〉解读》，《河南日报》2014 年 10 月 14 日，第 003 版。

的时代特征相结合，才能一步一步地使中原黄河文化更富有生命力，促进河南省文化产业高质量发展，创造出更加丰富多彩的现代中原黄河文化。

其二，发展中原黄河文化会展产业的主要功能在于挖掘中原黄河文化的产业价值。中原黄河文化的形式多种多样，有物质形态的遗址、器具、发明创造等，也有非物质形态的思想、观念、艺术、风俗以及各种民俗活动。而在文化产业化的过程当中，我们所要追求的是将更多的中原黄河文化实现产业化发展，让越来越多的中原黄河文化转化为文化产品、文化资源、文化项目以及文化服务，并实现其经济价值。

中原黄河文化与中原黄河文化产业是两个既有联系又有区别的概念：前者是一个传统概念，后者是一个现代概念；前者是古代人民的劳动结晶，后者是现代人的劳动成果。有的中原黄河文化是可以直接将其进行产业化经营以实现文化的经济价值，有些却不能够直接进行产业化经营，而需要在很好地保留原来文化的基础上创造出新的打上时代烙印的文化产品和文化资源。这里探讨的中原黄河文化产业化发展更多的是后面一个层面。当然，还有一些中原黄河文化成果和资源是不能够进行产业化经营的，那么，这样的中原黄河文化的价值纯粹在于其文化上。

中原黄河文化会展也有两种类型：一种是公益性的，不以追求任何经济收入为目的，如中原黄河文化展览、会议等。通过对中原黄河文化作品、成果的介绍、展示、研讨等，让更多的人感受到中原黄河文化的魅力，以起到增强人们的民族自尊心和自豪感，同时也对人们进行文化教育，普及文化知识，提高其文化修养的作用。这种形式的文化会展往往是由政府和社会公益组织主导的，属于社会主义文化事业建设与发展的重要内容。另一种是非公益性的，以追求经济价值为目的的会展，这种会展的内容与第一种会展的内容有着本质上的差异，其展出的是打上了中原黄河文化烙印的文化产品、文化资源、文化项目或文化服务，其以满足人们的消费需求为目的，举办这种会展是为了推销文化产品，吸引更多的投资商对其文化产品、文化项目、文化资源进行投资，这里重点探讨的就是这种类型的中原黄河文化会展。由于其是以实现经济利益为主要出发点，因而也可以将其称为中原黄河文化会展产业。既然是一种产业，那么，发展壮大这一产业的主要目的就是增加经济效益。

中原黄河文化会展产业都有着共同的特点，那就是都跟中原黄河文化有着密切的联系，有的试图将中原黄河文化的传统资源直接推向市场而走向产业化的道路，有的以中原黄河文化为背景、依托、内涵而创造出新的黄河文化商品，以满足人们吃、穿、住、用、行等各方面的需求，从而走向产业化的道路。由此可见，发展中原黄河文化会展产业，其主要功能在于挖掘中原黄河文化的产业价值也就顺理成章了。

其三，发展中原黄河文化会展产业旨在帮助更多的中原黄河文化成功走上产业化之路。会展产业的一个很大优势在于其多样性和灵活性，会展是一种形式，是一种手段，也是一个平台，到底在会展中出场的是何种产业类型，这个是根据需要而灵活决定的，任何产业类型的任何产品，基本上均可以纳入会展之中。文化会展是通过会展的形式将文化资源、文化产品、文化项目展示出来，试图让人们来购买其文化资源和文化产品，来投资企业开发的文化项目。会展就像集贸市场一样，会展中所展示的文化产品，所推销的文化项目，均是集贸市场中等待出售的各种商品。消费者购买文化产品和文化资源是为了满足其不同的消费需求，而投资者投资不同的文化项目也是为了从中获取更多的经济回报。文化产品出售得越多，那么其文化产品生产者就能获得更多的利润，从而这一文化产品的生产规模将会不断地扩大，此文化产业就会越做越强。文化企业是文化产品、文化资源和文化项目的生产者，其发展得越完善，前景就越宽广。同理，文化企业发展得越好，又能够反过来促进文化会展产业的繁荣昌盛。因此，文化产业的持续健康发展与会展产业的持续健康发展之间是相互依存的关系。

支持并发展中原黄河文化会展产业，既能够起到繁荣河南省文化会展产业的作用，又能够加速中原黄河文化产业化的发展步伐。文化会展产业的特征就在于文化产业与会展产业之间双向互动，相互促进。文化产品需要在会展这种平台和市场上更快地实现其经济价值，文化项目也需要通过会展平台而更好地迎来资金投入。中原黄河文化的产业化过程亦是如此。会展的参与者、消费者、投资者都是带着很高的消费投资意愿来参加的，因此在会展中达成交易的比例是很高的。相关人员需要不断地完善壮大河南省会展产业，让更多的中原黄河文化资源、产品和项目大胆地在会展市场上尝试，慢慢探索出一条方便、快捷、低成本的中原黄河文化会展产业化之路。

其四，努力构建高质量的中原黄河文化会展体系。中原黄河文化会展产业发展的短期目标在于增加会展举办的数量和有效提高会展收益，中长期目标在于形成一个重点突出、层次分明、彼此关联互助的高质量的中原黄河文化会展体系。

虽然河南省已经打造出了一些中原黄河文化会展产业的强大品牌，但依然没有改变整体上的不完善状况，可以说中原黄河文化会展的产业化过程还处于其初始阶段，有相当多的中原黄河文化还没有纳入产业化的轨道。2017 年 4 月 20 日，文化部发布了《文化部"十三五"时期文化产业发展规划》，在促进重点行业全面发展部分提出了文化会展业的发展目标："十三五"期间，打造 3~5 个市场化、专业化、国际化的重点文化产业展会，培育知名品牌展会，充分发挥示范和带动作用。提升会展业精细化服务能力，健全会展服务产业链，加强专业化分工，促进产业链上下游之间的协同合作。优化会展业布局，鼓励产业特色鲜明、区域特点显著的文化展会发展。采取文化展会差异化发展战略，促进综合性和专业化展会有机协调。加强对地方文化展会和节庆活动的规范和引导①。中原黄河文化会展产业也应在这一目标的指引下，结合实际，制定出产业化发展的目标。

从短期时间来看，河南省应在 3~5 年的时间里快速增加每年所举办的以产业化为目的的中原黄河文化会展的数量，有效提高会展收益。从量的层面上增加会展数量和会展收益，是中原黄河文化会展产业在短期里的主要追求目标。任何一个产业的发展壮大都有一个从量的积累到质的飞跃的过程，中原黄河文化会展产业的发展也不例外，也要遵循这一必然的规律。如果不能将相当数量的中原黄河文化推向会展市场，通过会展的方式帮助其走上产业化的道路，并使其积累一定数量的初始资金，那么中原黄河文化会展产业发展壮大将是难以实现的。"不积跬步，无以至千里；不积小流，无以成江海"，量的层面上的快速增长只是完成了中原黄河文化会展产业发展的第一阶段的目标。虽然这一目标实现时中原黄河文化会展产业仍然处在一个相对不太完善的水平，后面要走的路还很长，但这第一步目标的实现往往是最艰难的，既缺少现成的经验借鉴，又缺乏相应的启动资金，还要探索究竟哪些中原黄河文化资源和项目能够走向产业化。在中原黄河文化会展产业的发展长河中，这一步目标可以称为是中原黄河文化会展产业从无到有的过程，也可以叫作初始化的过程。

从中长期时间来看，河南省应该打造一个完善的中原黄河文化会展产业体

---

① 文化部：《文化部"十三五"时期文化产业发展规划》，中华人民共和国文化和旅游部网，2017年 4 月 20 日，http://zwgk.mct.gov.cn/zfxxgkml/ghjh/202012/t20201204_906372.html。

系。既然是一个体系，那么在这个体系内就有主次之别、重点与非重点之别、层次之别、规模之别、品质之别等。既要有中原黄河文化会展产业的龙头，又要有更多处在发展中的规模中等或中等偏下的广泛的中原黄河文化会展产业品牌。这时中等规模的数量会最多，也会在未来从其中脱颖而出中原黄河文化会展产业的精品。会展的竞争在不久的将来将会达到白热化的程度，打造数量更多的高品质的中原黄河文化会展将是推行文化产业化的必然要求，也是文化会展产业走出河南省、面向中国、面向世界这一目标所提出的要求。中原黄河文化会展要想具有持久的生命力，就必须将其打造成一个高质量的会展体系，在这一体系内部允许存在不同种类的中原黄河文化会展产业类别，也允许有高端的、中端的、普通的中原黄河文化会展以满足各类文化企业和消费者的需求，展出的文化产品也需要做到层次分明，能满足不同收入水平的消费者的需求。更为关键的是，高质量的中原黄河文化会展体系，是一个彼此关联、互助的产业体系。各城市、各地域的会展部门之间彼此联系，相互帮助，做到能够资源共享；不同的中原黄河文化生产企业之间能够互通有无，共同合作，实现共赢，发展程度高的、较强的主动帮助规模小的、资金不足的，助推其成长。这是一个在量的增长的基础上注重质的提升的一个过程，这一过程需要的时间更长，任务更加艰巨。

二、推动中原黄河文化会展产业化发展的策略

中原黄河文化会展产业服务的对象，主要为中原黄河文化产业的主导者，即以生产中原黄河文化为背景和内容的文化企业，同时还包括试图举办以中原黄河文化为旗号的会展来进行招商引资的其他企业、部门单位和个人。探索有效的发展中原黄河文化会展产业的途径：一是要注意遵循发展规律，分清主次、区分缓急、统筹发展；二是要将中原黄河文化摆在核心位置；三是要注重民间传统会展项目的深度挖掘。

其一，遵循发展规律，分清主次，区分缓急，统筹推进文化会展产业健康发展。人类社会的发展是有规律可循的，经济发展有其相应的规律，文化及其产业化的发展也有其相关的规律。发展中原黄河文化会展产业也要遵循会展产业和文化产业发展的规律，这是关系到中原黄河文化会展产业的发展能否取得成功的原则性问题，事物的发展如果违背了其相应的规律，那么必将没有前途。会展产业是一门新兴的服务业，会展本身不创造产品，而是给企业提供展示其产品质量和

品质的一个平台。会展平台本身的发展水平将直接影响到参展企业产品的销售情况，同时通过会展还能够直接拉动举办地的交通、饮食、住宿等消费。会展产业的发展状况从根本上来说是由当地的经济发展水平所决定的，经济结构合理，各产业的发展水平高，经济发展速度快，那么与之相伴的就是当地完善、发达的会展产业。会展产业充当着经济发展的"晴雨表"，意味着会展产业的发展状况能及时反映出当地经济的发展状况。当然通过适当的优先发展会展产业的方式，也能够极大地刺激经济的发展，但是这样的发展方式需要掌握一个度，如果一味地靠完善会展产业的形式，而事实上在会展当中没能够展示出企业高质量的产品，这样的会展将会对当地的经济发展产生不利的影响。因此，不断壮大经济实力，增强经济发展的活力，提高企业所生产的产品的质量和品质，才是壮大会展产业的根本途径。而会展产业应着重地专注于其服务性质，提高其服务的水平，这样才具有可持续发展的潜力。

另外，文化产业是以生产和销售文化产品，以满足人民群众精神文化需要为目的的第三产业类型。文化产业的类型非常广泛，包括新闻出版、广播电视电影、文化艺术、文化信息传输、文化创意和设计、文化休闲娱乐和旅游、工艺美术品的生产等，以及与之相关的文化产品的生产和销售。文化产业作为一个国民经济的产业门类，是社会主义市场经济的重要组成部分。因此，文化产业应遵循市场经济商品交换的一般规律，其产业价值是否能实现，取决于是否能满足消费者的需求。中原黄河文化会展产业是以中原黄河文化为内容和主题的会展产业，因而其依然要遵循会展产业和文化产业发展的一般规律。在遵循这些规律的同时，还应该立足于中原黄河文化会展产业目前所呈现的实际状况，走一条既符合文化会展产业未来的发展趋势，又能体现河南省特色的中原黄河文化会展产业之路。中原黄河文化会展产业发展现状与中原黄河文化资源之间的这种不对称性，恰恰反映的是中原黄河文化产业化的状况，这是必须要面对的事实。在此种局面下，中原黄河文化会展产业的发展就要做到分清主次、区分缓急协调发展。

办事情要抓主要矛盾、要抓关键，因为主要矛盾对事物的发展起决定作用，关键问题处理的好坏，将直接决定事情的成败。对于中原黄河文化会展产业的发展来说，也需要抓关键，抓重点。这样才能够体现出中原黄河文化会展产业发展的层次性、计划性。诸如河南省新郑黄帝故里拜祖大典、嵩山国际论坛、洛阳牡丹节文化会展、中原国际文化旅游产业博览会、中原鹤壁文化产业博览交易会、郑州国际少林武术节、开封"大宋中国年"文化节等是河南省品牌会展活动，是河南省的文化会展名片，因此，抓好这些文化会展精品是发展中原黄河文化会展产业的关键，牵一发而动全身，这些文化会展精品需要继续完善，绝不能出任何问题。还有就是有重大影响力和知名度的名人故里、文化遗址、传统节庆、传统手工艺等，也应摆在优先发展的地位，重点投入建设。

虽然会展产业的发展要体现出层次性，讲求主次、轻重缓急，但最终仍然是要走一条由点成线，由线成面的全面发展局面。优先发展的，当作重点来发展的固然是更重要的，但并不意味后发展的就不要发展。相对于每一个地方来说，当地所具有的文化会展活动，依然是当地最关键的活动，是当地拉动经济发展的最好方式，因此是没有理由不将其建设好的。真正强大、完善的会展产业是需要做到各级别、各层次、各地区的会展协调发展，只要存在一个会展活动，就应该将其办成精品，可能其影响力是有限的，但其作用却是不可或缺的。

其二，始终把中原黄河文化摆在文化会展产业的核心位置。会展是给参展的企业提供展示其产品质量和品质的一个平台，平台本身的品质好坏对于参展企业来说固然重要，但真正对参展企业来说具有决定性意义的一定是其展出的产品及其项目的质量和品质。生产出物美价廉的商品是商品经济中企业立于不败之地的关键，物美既包括商品的质量要好，又包括该商品对消费者需求的满足程度高，是消费者所极力要购买的商品。会展产业也是遵循这样的商品经济的等价交换原则。既然文化会展产业是指以文化产品为展示对象的会展产业，其成败的关键在于所展示的文化产品的质量和品质，那么中原黄河文化会展产业就是以展出中原黄河文化产品为主要内容。黄河文化产品的最大特色是从产品中能够直观到黄河文化，对于文化会展产业来说最能够体现河南省特色的，莫过于中原黄河文化元素。

河南省地处中原，中原文化的基本样式就是黄河文化。有学者指出："夏商西周三代王朝国家，乃至秦汉以后的历代王朝的国都几乎也都建立在黄河流域，黄河文明成为每个时代的最高文明。这就决定了黄河文化在国家形成之前，属于中国文明起源过程中重要的主导性文化；而自国家诞生之日起，黄河文化就是国家文化。国家认同、民族认同和中华大一统是以黄河文化为核心而凝聚和发展起来的。"① 而在中国古代，黄河文化分布最集中、成果最丰富的地区，当属中原地区，即今天的河南省大部和山东省局部。因而，当人们现在讲到河南省文化的时候，实际上指的就是中原黄河文化。在今天，河南省也是将黄河文化的传统习俗保留得最多的地区，尤其是在民间，在老百姓的日常生活中，以及每年举办的重要节庆活动，都能体现出黄河文化的身影。可以说黄河文化早已深入人们的灵魂深入，凝聚成了自强不息、厚德载物的传统价值观，这种黄河文化精神，不管是在任何时期，都是促使中国人民团结向上、艰苦奋斗、敢于创新并战胜任何艰难险阻的宝贵财富。

发展河南省文化会展产业，当然要扮靓中原黄河文化这张名片，将越来越多的中原黄河文化融入新的文化产品中去，不管是在文化会展中，还是在其他种类的会展中，都需要打好中原黄河文化这张牌。而打好这张牌的最好办法就是将中原黄河文化的传统与当今的时代特征结合在一起，创造出既具有文化内涵，又带有时代特征的文化产品和文化项目。

其三，挖掘并拓展民间中原黄河文化传统会展项目。中原黄河文化种类繁多，形式多样，地域分布广泛。大部分的传统节庆在现今的知名度和影响力都是有限的，其经济贡献值也是相对较少的，即使是一些在历史上影响非常深远的文化名人，传统庙会习俗等，在今天也很难吸引到更多的人的目光，前来参观旅游的人群也并不多。这些类型的中原黄河文化传统会展项目，虽然并不是发展中原黄河文化会展产业所优先考虑的资源，但由于其数量众多，分布地域之广阔，如果能够对其进行合理的挖掘并拓展，那么其对当地经济建设和文化发展来说意义重大。中原黄河文化会展产业的发展模式是要做到以点带线，以线到面，全面协调发展，那么就必然要求人们要合理挖掘并拓展这些数量众多、分布广泛的民间中原黄河文化传统会展项目。

河南省的各种节庆、庙会活动数不胜数，分布于各个大城市、中城市和小城镇，以及广大的农村，每个地区都有各自特有的传统节庆，甚至小到一个乡镇，有的地方乃至一个村，都有节庆、庙会等传统活动。再加上各地在经济发展过程中新增加的各种节庆活动，就更多了。之前，各地举办的节庆过多、过滥，造成了一定程度上的乱象。为了防止这种风气蔓延，全国清理和规范庆典研讨会论坛

① 王震中：《黄河文化：中华民族之根》，《意林文汇》2020年第3期。

活动工作领导小组于 2015 年 2 月 3 日颁布了《节庆活动管理办法实施细则》，对各类节庆活动进行了严格规范。河南省清理和规范节庆研讨会论坛活动工作领导小组于 2019 年 11 月 15 日召开全省节庆活动管理工作会，对清理和规范庆典研讨会论坛活动进行了安排部署。此次会议上印发了《河南省节庆活动管理细则》，对开展节庆活动的申请和审批程序、备案管理、评估管理、监督检查等作了明确规定。

为什么很多节庆活动不能持续举办，并成为有效拉动当地经济社会发展的一面旗帜？为什么有的节庆活动不仅不能起到拉动经济发展，增加经济收益的作用，反而是要政府及相关部门、企业"倒贴"？笔者认为，主要原因在于这样的节庆活动没有成功走上产业化的道路。

发展中原黄河文化会展产业，当然必须遵守国家层面上和河南省制定的节庆活动管理细则，举办中原黄河文化相关的节庆活动不能与法律、政策相违背。合理挖掘并拓展民间中原黄河文化传统会展项目，也就是要充分利用民间传统节庆活动，并使之走上产业化道路。民间传统节庆往往都有各自的特色，在节庆上展示当地的特产或文化节目，如传统技艺、戏曲、器乐表演、服饰、工艺品、食品、饮品等。例如，周口淮阳二月二庙会是将民间艺术、宗教信仰、物资交流、文化娱乐融为一体的传统民俗文化盛会。2008 年上海大世界吉尼斯总部专家评审鉴定和当地公证机关公证，太昊陵祭拜、敬香单日游客曾达 825601 人，成为全球"单日参与人数最多的庙会"，称"中国最牛的庙会"。由此看来，合理挖掘并拓展民间中原黄河文化传统会展项目，以扩大其特产或文化节目的知名度和销路，从而帮助其走上产业化的道路，同样有利于地方经济社会发展。

其四，适度举办或参与国际举办的文化会展。河南省政协常委、省社会科学联合会主席李庚香在省政协会议和学术会议上，多次提议，要建构"中原学"和"黄河学"，坚持品牌培育和提升相结合，依托河南省独特的文化资源，通过组织河南省文化项目参加国际性展会、举办文化产业招商推介会等途径，扩大中原黄河文化产品的知名度，塑造有国际影响力的河南文化品牌。

第七章　中原黄河非物质文化遗产产业化发展

"五千年中华文明，三千年看河南。"黄河文化在某种意义上，也可以称之为中原文化。三千年的悠久历史，在中原地域积淀了无数辉煌灿烂的文化，而非物质文化遗产则是其中重要的组成部分。正如学者指出的那样："非物质文化遗产是人类特有的文化实践方式与艺术表现形式，和物质文化遗产一样，它是我们传统文化不可或缺的组成部分。"① 在中原地区的非物质文化遗产中，大多数又与黄河有着千丝万缕的联系。本章所指的"中原黄河非物质文化遗产"，主要是指河南省境内黄河沿岸地区的非物质文化遗产。随着时代的发展，现存的非物质文化遗产大多面临失传的风险，为了能保护好这些珍贵的传统文化，产业化的道路是当下可供选择的一条保护传承之路。

第一节　中原黄河非物质文化遗产的产业状况

按照联合国教科文组织的一般定义，非物质文化遗产是指："被各社区、群体，有时是个人，视为其文化遗产组成部分的各种社会实践、观念表述、表现形式、知识、技能以及相关的工具、实物、手工艺品和文化场所。这种非物质文化遗产世代相传，在各社区和群体适应周围环境以及与自然和历史的互动中，被不

---

① 汪振军：《河南非物质文化遗产传承与产业化研究》，中国社会科学出版社 2014 年版，第 1 页。

断地再创造，为这些社区和群体提供认同感和持续感，从而增强对文化多样性和人类创造力的尊重。"① 具体而言，它可以包括语言文学、风俗习惯、音乐美术、舞蹈礼仪、手工游艺、传统医学、建筑术等诸多文化传统。中原地区作为中华文化的发祥地之一，河南省的非物质文化遗产自然就极其悠久和丰富，是祖辈遗留下来的重要历史文化资源。

一、中原黄河非物质文化遗产的存世概况

河南省文化和旅游厅公布的资料显示，目前，河南省已建立了从国家、省、市到县的四级非物质文化遗产名录体系。在这些非遗项目中，河南省拥有人类非物质文化遗产代表作名录共 2 个，国家级非遗代表性项目 113 个、代表性传承人 127 名，省级非遗代表性项目 728 个、代表性传承人 832 名。以入选国家级非遗名录为例，河南省被收录的各门类非物质文化遗产项目具有众多值得称道的地方。

第一，非物质文化遗产项目的数量众多。以国务院先后分四批次（2006 年、2008 年、2011 年、2014 年）公布的国家非物质文化遗产名录为例，其中包括民间文学，传统音乐，传统舞蹈，传统戏剧，曲艺，传统体育、游艺与杂技，传统美术，传统技艺，传统医药，民俗共十大门类，总计 1372 项。这些被收录的遗产名录，代表了我国非物质文化的最高水平。据统计，在收录的国家级非物质文化遗产名录中，河南省共占 113 项，数量不可谓不多。就类别而言，其中民间文学占 9 项，传统音乐占 13 项，传统舞蹈占 10 项，传统戏剧占 29 项，曲艺占 4 项，传统体育、游艺与杂技一起合占 9 项，传统美术占 13 项，传统技艺占 11 项，传统医药占 4 项，民俗占 11 项，这说明河南省在国家级非物质文化遗产各个门类中都占相当的份额，没有缺席的情况。除国家级以外，省、市、县各级也都有相应级别的非遗名录。2021 年，河南省文化和旅游厅公布了第五批省级非物质文化遗产代表性项目名录推荐项目名单。这五批省级推荐名单中，除了入选国家级非遗名录项目以外，仍不乏众多非常优秀的非遗项目。

第二，非物质文化遗产项目的地域分布广阔。在河南省各市中，几乎都有列

---

① 联合国教科文组织：《保护非物质文化遗产公约》（2003 年），联合国网，2003 年 10 月 17 日，https：//www.un.org/zh/documents/treaty/files/ich.shtml。

入国家级非物质文化遗产名录的项目（见表7-1）。

表 7-1　河南省国家级非物质文化遗产分布地区及数量

市（数量）	县市（数量）	总计
郑州市（0）	巩义市（1）、新密市（1）、新郑市（1）、登封市（2）、荥阳市（1）	6
开封市（7）	杞县（1）、兰考县（1）	9
洛阳市（8）		8
安阳市（0）	安阳县（1）、滑县（4）、内黄县（1）、汤阴县（1）	7
许昌市（1）	禹州市（2）	3
驻马店市（0）	西平县（2）、确山县（1）、泌阳县（1）、汝南县（2）、遂平县（1）、上蔡县（1）、新蔡县（1）	9
平顶山市（0）	宝丰县（3）、郏县（1）、汝州市（1）	5
信阳市（2）	罗山县（1）、光山县（1）	4
南阳市（3）	镇平县（1）、西峡县（1）、内乡县（1）、邓州市（2）、桐柏县（2）、方城县（1）	11
焦作市（4）	博爱县（1）、武陟县（2）、孟州市（1）、沁阳市（3）、温县（1）	12
新乡市（0）	新乡县（1）、延津县（1）、辉县市（2）	4
鹤壁市（0）	浚县（4）	4
濮阳市（2）	清丰县（2）、南乐县（1）、范县（1）、濮阳县（2）	8
漯河市（1）		1
三门峡市（0）	灵宝市（2）、卢氏县（1）、陕县（1）	4
商丘市（1）	睢县（1）、虞城县（2）	4
周口市（3）	项城市（1）、沈丘县（1）、太康县（1）、淮阳县（2）	8
济源市（1）		1
河南省非物质文化遗产保护中心（3）		3
河南省文化艺术研究院（1）		1
河南省曲剧艺术保护传承中心（1）		1
总计	113	

从表7-1中可以很清楚地看到，除了5个项目分别由河南省非物质文化遗产保护中心、河南省文化艺术研究院、河南省曲剧艺术保护传承中心三家保护单位

负责以外，其余 108 个项目分别分布在河南省下辖的 18 个县市当中。最少的漯河市和济源市各有国家级非物质文化遗产 1 项，其他诸市，如焦作市及下辖各县市所占项目数最多，共 12 项。南阳市及下辖县市其次，占 11 项。从表 7-1 中可以看出，河南省 113 项国家非遗项目中，绝大多数分布在县级或县级市当中。从这个表格中我们可以很直观地发现，河南省国家级非物质文化遗产项目广泛地分布在各个县市。

第三，非物质文化遗产项目的知名度较高。比如，民间文学项目中的梁祝传说，讲述了一段传统社会的男女恋情，故事凄婉动人，不仅在国内早已是家喻户晓，甚至被编成戏剧、电影，乃至音乐，广泛流传于海内外，成为经久不衰的文化经典。传统戏剧项目中的豫剧，是中国第一大地方戏种，拥有成千上万的受众，与评剧、黄梅戏、京剧、越剧并称为中国五大剧种。传统体育、游艺与杂技项目中的少林功夫、太极拳，是传统中国功夫中的代表性拳种，在民间不仅被广大民众习练，成为养生保健的常见项目，而且常常被搬上银幕，受到无数观众的喜爱。传统美术项目中的朱仙镇木版年画，是中国木版年画的鼻祖，以其构图饱满，线条粗犷简练，造型古朴夸张，色彩新鲜艳丽，为世人所喜爱。中国传统五大名瓷，钧瓷与汝瓷占据两席。钧瓷以其独特的釉料及烧制方法产生的窑变神奇而闻名于世；汝瓷则因釉料色泽青翠，釉汁肥润，"似玉非玉而胜似玉"。民俗项目中的新郑黄帝祭典，据学界考证，活动始于史前，随着历史的发展，祭典黄帝的活动一直延续。自 20 世纪 90 年代以来，新郑市政府根据历史规制，每年农历三月初三举办该活动，后由河南省政协主办、郑州市政府承办至今，具有广大的社会影响力。还有民俗项目确山打铁花，是源于宋代的一种民间祭祀太上老君的活动，素有"民间焰火之最""中原文化奇葩"之称，属大型民间传统焰火。从以上所举实例可知，中原地区是一个文化的宝库，拥有诸多的广为人知的优秀非遗项目。

值得一提的是，在河南省众多非物质文化中，许多都打上了中原黄河的烙印，反映了黄河文化的基本精神。正因为如此，洛阳市筹建了"黄河非物质文化遗产展示馆"，郑州市创建的"郑州市非物质文化遗产展示馆"，展示项目多半也与黄河有关。2020 年 5 月，洛阳市还率先举办了"黄河非物质文化遗产展览"，以"九曲黄河·非遗魅力"为主题，共收集展出了洛阳市内与黄河有关的民俗、医药、文学、音乐、美术、舞蹈、戏剧、曲艺、技艺、游艺与杂技 10 个方面的国家级、省级、市级的非物质文化遗产，内容十分丰富。2020 年 10 月，文化和旅游部在山东举办的第六届非物质文化遗产博览会上，河南省有 10 个非物质文化遗产代表项目参加，其中，就有汴京灯笼张、洛阳宫灯、浚县泥咕咕、淮阳泥泥狗、猴加官、韩店唢呐 6 个黄河沿线地市的非物质文化遗产项目参展，精彩讲述了非物质文化遗产中的"黄河故事"。

二、中原黄河非物质文化遗产的产业现状

2021 年 8 月，中共中央办公厅、国务院办公厅印发的《关于进一步加强非物质文化遗产保护工作的意见》中提出，鼓励非物质文化遗产相关企业拓展市场，拓宽相关产品推广和销售渠道。在国家政策的鼓励引导下，近年来，河南省政府以及人民群众特别重视非物质文化遗产的保护和开发，已经培育了一批比较有实力的非物质文化遗产产业，形成了中原黄河非物质文化遗产产业的新业态。

第一，建立了比较完备的非物质文化遗产保护体系。河南省政府以及各市县非常重视普查、发掘、收集、整理各种非物质文化遗产资料，初步建立了国家级、省级、市级、县级非物质文化遗产目录。例如，滑县就建立了一套比较完整的非物质文化遗产名录体系（见表 7-2）。

表 7-2　滑县非物质文化遗产名录

级别	项目名称	项目数
国家级	滑县大平调、滑县大弦戏、二夹弦、木版年画	4
省级	秦氏绢艺、罗卷戏、黄氏膏药、黄塔膏药、文盛馆羊肉卤制作技艺、道口烧鸡制作技艺、道口正月古庙会、竹马舞、吹糖、故道家纺老粗布制作技艺、禹氏米醋制作技艺、明氏正骨膏药、半朝銮驾	13
市级	背抬阁、莲花灯舞、军庄秧歌、花棍舞、马氏面塑、皮影戏等	20
县级	明福寺塔的传说、点将台的来历、关店高跷、东岳村剪纸等	113
总计	150	

从表 7-2 来看，滑县各种级别的非物质文化遗产就达到了 150 个，涵盖国家原来界定的传统戏剧、传统舞蹈、传统美术、传统技艺等 10 个类别项目的全部类别。滑县只是建立了非物质文化遗产保护体系的一个缩影，其他市县的情况也

大致如此。对非物质文化遗产的保护，不仅为发展非物质文化遗产产业提供了前提和基础，而且这种保护本身就具有了产业性质和效益。

第二，培育了一批中原黄河非物质文化遗产产业。多年来，中共河南省委、河南省人民政府一直鼓励在保护的前提下开发利用好非物质文化遗产，即发展非物质文化遗产产业。2013年9月，河南省颁布了《河南省非物质文化遗产保护条例》，其中第三十九条规定："鼓励采取与经贸、旅游相结合的方式保护和传承具有生产性、展示性或者表演性的非物质文化遗产代表性项目。鼓励单位和个人合理利用非物质文化遗产代表性项目，开发文化产品，提供文化服务。"正是在政府的鼓励和支持下，河南省的非物质文化遗产产业得到了较快发展。例如，濮阳市拥有非常丰富的非物质文化遗产，自从2009年普查以来，共收集到非物质文化遗产相关线索15万余条，其中龙文化、杂技文化、戏剧文化等都有悠久历史，传播广泛。濮阳市利用这些非物质文化遗产资源，创办了濮阳市杂技集团有限公司、龙城兄弟演艺文化传媒有限公司、艺馨演艺有限公司、泓水文化传播有限公司、豪艺集团、华晨集团等杂技演出企业40多家，从业人员1万多人，年营业收入超过2亿元。杂技表演已经成为濮阳市的龙头文化产业，其中，豪艺集团曾被命名为"河南省文化产业示范基地"，华晨集团曾被命名为"国家重点出口文化企业"。

黄河沿岸的有些市县还结合当地非物质文化遗产资源，发展非物质文化遗产产业，逐渐形成了非物质文化遗产产业链。例如，2006年，河南省浚县泥咕咕被列入中国第一届非物质文化遗产名录。泥咕咕的制作得益于黄河常年冲刷所形成的黄土胶泥。浚县杨玘屯村围绕着泥咕咕生产创办了河南憨刀工艺美术品有限公司，建成了包括泥咕咕博物馆、传奇环境设计工作室、休里文化会馆、手工作坊等组成的产业园，形成了"公司+培训+旅游"产业链。该产业园融合了泥塑创作、民间工艺美术展厅、泥塑作品销售和餐饮文化为一体的休闲、文化、旅游产业园。每年前来研究学习的人次都过万，参观人数超30万，年收入达300万元以上，产品被美国、英国、俄罗斯、日本等多国博物馆收藏，并远销美国、德国、英国、日本、新加坡、俄罗斯、中国香港、中国台湾等国家和地区。泥咕咕产业助力乡村振兴，成为当地乡村的一个重要产业。

据国家统计局公布的数据，2019年，全国国内演出观众人数达到12.3亿人次，其中，河南省国内演出观众人数达到 2.0 亿人次，约占全国总观众数的 16%①。在这些观众中，观看非物质文化遗产演出的占比较大。由此可以推断出河南省以及中原黄河非物质文化遗产产业发展的概况。

第三，形成了一批中原非物质文化遗产产业品牌。例如，在表演类非物质文化遗产产业化方面，中共河南省委宣传部每年主办一次"黄河戏剧节"，濮阳市每年举办一次"杂技艺术节"，浚县每年一度的"正月古庙会"以及"社火巡游"，滑县每年一度的"道口正月庙会"，武陟县每年农历二月举办的"青龙宫庙会及祈祷雨习俗"，沁阳市开展的"唢呐艺术表演"，孟州市开展的"河阳花鼓戏表演"，渑池县举办的"黄河灯展演"等，都是为传承非物质文化遗产而举办的地方重要活动，形成了比较高知名度的表演品牌。在工艺类非物质文化遗产产业化方面，浚县的泥咕咕制作技艺，修武县的当阳峪绞胎瓷制作技艺，渑池县的仰韶彩陶制作技艺，禹州市的神垕钧瓷制作技艺，洛阳市的唐三彩制作技艺，都是带有浓郁黄河韵味的生活用品以及民间工艺品制作的代表，而且围绕这些技艺都组建了众多的生产企业。例如，河南仰韶科技开发有限公司就是专业设计、制造、销售仰韶彩陶、黄河澄泥砚、仿古工艺品的企业，是河南省文物复仿制基地，三门峡市文化产业定点生产企业，该公司屡次被评为河南省文化产业示范基地，河南省旅游商品定点生产企业，河南省消费者信得过品牌。当前，河南仰韶科技开发有限公司，已经成为渑池县的重点企业，为传承、弘扬仰韶文化和黄河文化以及促进地方经济发展做出了重要贡献。

由于没有确切的全面统计资料，我们很难计算河南省以及中原黄河非物质文化遗产产业的总产值和增长率。但是，从实际调研情况看，河南省各市县尤其是沿黄地区都有非物质文化遗产企业，有些方面还呈现比较旺盛的业态。例如，黄河鲤鱼传统制作技艺是河南省的一项非物质文化遗产，现在以烹饪黄河鲤鱼为特色菜肴的餐饮公司就有多家，如开封饮食有限公司、阿五黄河大鲤鱼连锁店（仅在郑州市就开设了 12 家分店）、铁牛黄河大鲤鱼饭店等数十家餐饮企业，在范县等地还建立了黄河大鲤鱼养殖基地，形成了养殖、加工、销售黄河大鲤鱼的特色餐饮产业链。

---

① 国家统计局社会科技和文化产业统计司、中宣部文化体制改革和发展办公室：《中国文化及相关产业统计年鉴 2020》，中国统计出版社 2020 年版，第 141 页。

第二节　中原黄河非物质文化遗产产业化的困境

一直以来，人们都习惯于将非物质文化遗产视为一种过去时，因为它主要是以过去的或者传统的文化为内容，与现在的社会价值似乎是脱节的。但是，随着社会的发展，人们在物质生活之外的精神文化"回归"传统的趋势却日益明显。传统文化是一个国家或民族无法割断的历史根源，是国家能够持续地发展创新的根基所在，代表一个国家的软实力。遗憾的是，河南省的黄河非物质文化遗产产业在取得进步的同时，也存在着诸多不利因素，陷入了困境。

一、非物质文化遗产的传承困境

非物质文化遗产作为一种重要的历史文化遗存，它之所以没有断绝，是因为有一代一代的传承人在传承。冯骥才指出："人类历史文明的转型有两次。一是渔猎文明向农耕文明的转型，另一个就是农耕文明向工业文明的转型。那个时期从渔猎文明向农耕文明转型，人类没有保护那个阶段的文明，消失瓦解是正常的。可是我们民族的文明创造、文化基因、文化特性、传统的价值观，以及多元灿烂的审美创造，我们必须保留，它是民族根性的东西。抢救正在凋零的、孤寂的民间艺术，是我们必须承担的责任。"[1] 传统社会是非物质文化遗产孕育滋生的土壤，现代社会已经越来越远离传统社会，非物质文化遗产的传承保护遇到了挑战。当前，中原地区的非物质文化遗产的传承存在着诸多问题，大致而言，主要表现为以下几种情况：

第一，传承人年纪过大或者去世，缺少接续的年轻传承者，因而面临失传的危险。这一现象表现较为明显的是以口头传承为主的民间传说。例如，被列为河南省非物质文化遗产名录的"黄河河工号子"，熟悉的人就越来越少了。又比如，据学者调查研究，河南灵宝的道情皮影也面临着后继乏人的局面。河南灵宝的道情皮影是清代中叶由当地艺人将宣传道教经义的道情戏与皮影相结合而形成

---

① 冯骥才：《文化遗产产业化标准是什么?》，《中国出版传媒商报》2021年3月5日，第011版。

的艺术形式，曾流传于陕、晋、豫一带。中华人民共和国成立前，灵宝不少村庄都有独立的道情皮影戏班，之后灵宝还成立了专业的道情皮影剧团。20 世纪 80 年代以来，道情艺人经常到全国各地演出交流，参加过广州中华百绝博览会、五台山国际旅游节等众多节会，由此引来了国内外专家、学者前来考察，并多次走出国门，为中华民族艺术赢得了世界赞誉。但从 20 世纪 80 年代中期开始，一批老艺人相继离世，时至今日，灵宝道情皮影的真正传承人只剩下 70 多岁的索辛酉一人。[①] 因传承人传承不足而面临项目失传，是许多非物质文化遗产项目都存在的困境。

第二，由于存在技术难掌握，缺乏客观的技艺标准，制作困难等问题，制约着非物质文化遗产项目的传承。这种情况表现在传统技艺项目中较为明显。比如兰考县国家级非物质文化遗产项目麒麟舞，这是一种广泛流传于民间的、主要在农闲时节晚间表演的舞蹈，它集锣鼓、唢呐、歌舞乐、杂技于一身，用于表现祥瑞太平、风调雨顺、国泰民安的时代气氛，已经有 500 多年的历史。表演的时候，两位舞者身盖麒麟皮道具，一头一尾，通过啃痒、抖毛、盘桌子、盘板凳、盘灯笼、登高、跌扑、望月等技艺动作，表现出麒麟的粗犷、威风、活泼的形象，在节奏明快的伴奏烘托下，麒麟舞给人以一种气势磅礴、精神为之一振之感。由于麒麟道具的造型、用料极为庞杂，造价较高，扎制耗费时力，表演动作难度大，使近年麒麟舞的表演规模日渐缩小，严重影响到它的存续问题。还有汝州市的汝瓷烧制技艺，很久之前就失传了，只是近年来人们研制恢复生产。汝瓷的烧制不仅技术性强、难度大，而且工序相当繁杂，没有任何可供参考的客观指标，过去只凭烧制师傅个人的悟性、眼和手的掌控经验，历代的传承只靠师徒之间口传心授，这无疑是汝瓷烧制技艺一度失传的直接原因。

第三，由于存在传承禁忌，导致项目面临失传的危机。例如，传统体育项目中的武术就存在这一问题。漯河市的国家级非遗项目心意六合拳，是我国传统武术的内家拳之一，创始于明末清初，在漯河、周口一带流传，它在练法上分定式和动式两种，动作简单却快而刚猛，刚柔相济，兼技击与养生于一身，是我国重要的武术拳种。心意六合拳历代传授都极为严格，不轻易传人，即使师门内部也绝少交流。在当代的世俗环境中，随着许多老拳师的辞世，容易造成拳艺失传。

---

① 李荣启：《论非物质文化遗产抢救性保护》，《中国文化研究》2015 年第 3 期。

发源于河南省荥阳市苌家拳，长期秉持"宁可失传，决不滥传"的旧观念，最后只能以图籍的形式传于后世，实在令人惋惜。

第四，受市场和新技术的冲击，使非物质文化遗产项目的存续受到威胁。比如，焦作市国家级非物质文化遗产项目中药炮制技术，它是中医里用于降低乃至消除中药毒性和副作用，缓解或者改变药性，从而达到提高治疗效果的中药加工技法。焦作市是传统怀山药、怀地黄、怀菊花、怀牛膝"四大怀药"的种植地区。由于四大怀药不仅种植要求极为严格，药材的加工也必须按照严格的工艺标准执行。近年来，种植户为追求利润，降低成本，在增加产量的同时，又违背传统的种植要求和加工技艺，在药种的选育上也没有严格把关，导致了怀药的品质有所下降。又比如，宝丰县的造酒历史久远，据说可以追溯至大禹时期，在蒸馏过程采用的是"清蒸二次清"工艺，酒味香醇，甘感润爽。20世纪末，由于市场的变化，许多酒厂为谋取短期利益，抛弃传统酿造工艺，改用工业流水线的手段，由此影响到宝丰酒的蒸馏酒传统酿造技艺的传承。

第五，受时代变迁，人们生产生活样式的改变，影响到非物质文化遗产项目的存续。例如，禹州市药会习俗是一种以中药材交易为目的，集药材交易、祭祀礼仪、戏曲表演和游艺等活动于一身的药市民俗。据史所载，禹州在春秋战国时期就有中药材的交易记载，真正形成规模，是在明代的洪武年间，当时禹州已经是全国的著名大药市之一，清代乾隆朝，禹州又分别建立了以中药材、丸散、饮片、山货几大类的市场。新中国成立后，禹州已结成了相当规模的行帮组织。明清时期各地商帮还在当地建立了地方会馆，如山西会馆、怀帮会馆、江西会馆、十三帮会馆等。禹州药会形成了市场门类齐全、经营管理体系完备的地方药商文化，与樟树、百泉、安国齐名，并称全国"四大药市"，也是被国家卫生部、国家中医药管理局、国家工商管理局批准的全国六大中药材专业市场之一。在药会鼎盛时期，禹州药会的参会药商就有四五百家，年交易额近10亿元。随着我国科技的发展，电子商务的推广，以药会市场为依托的中药交易受到极大的冲击，主要的中药交易通过网络的形式就能解决，致使药会已经很难维持下去。

无论是因技术难掌握，缺乏客观的技艺标准，或者因为传承禁忌，又或者因为市场和新技术的冲击，还是时代变迁后人们生产生活方式的改变，诸多原因都与时代大环境的急剧变迁有着密不可分的关系，从而最终导致传承人老去，无人接续的遗憾。

二、非物质文化遗产产业化发展的困境

在当代中国，如何使优秀的传统文化既能得到有效保护，又能与社会生活紧密结合，从而获得强劲生命力，是当前面临的重要课题。在众多的道路中，走产业化的发展道路，是非物质文化遗产存续发展的一条重要路径。现代的农业、教育、科技等行业，在借助产业化的思维及运行方式下，无不得到长足的发展。非物质文化遗产有其自身的特点，是否也能与市场结合，实现产业化发展，依然存在着困境。

其一，非物质文化遗产产业化的认知困境。2005 年 3 月，国务院办公厅颁布的《国务院办公厅关于加强我国非物质文化遗产保护工作的意见》，确立了以"保护为主，抢救第一，合理利用，传承发展"的非物质文化遗产保护的十六字方针。在现实实践中，人们对于"保护"与"开发"关系的认识，仍然存在着争论。相当一部分人认为产业化是以市场为导向，用机械化手段对非遗产品进行大批量的生产，背离了传统非遗的特征。"纯粹依靠人们的手工生产，可以充分展示出非遗项目的地方特色和文化符号，从而增加传统工艺的文化附加值。非遗项目一旦被产业化，其包含的文化信息就会被无限缩小，取而代之的则是利益与金钱，所以，非遗的产业化是不可取的。"[1] 从他们对产业化的担忧来看，主要集中在两个方面：一是以市场为导向；二是用机械化手段代替手工进行大批量生产。有些人认为，用现代技术手段发展非物质文化遗产产业，不利于非物质文化遗产的保护，因而也在一定程度上影响了该产业的扩张。

事实上，不应该僵化地理解产业化。非物质文化遗产项目是否可以走产业化道路，应该根据项目特征，实事求是分别对待。比如，当前产业化比较成功的非遗项目民权县王公庄的画虎产业就是比较成功的案例。王公庄全村 326 户，1300多人，超 800 人以绘画为业，基本上家家有画室、户户有画家，年销售超 9 万多张画，产值近 1.2 亿元，是非常难得的非物质文化遗产产业化的成功案例。据了解，目前该村有 4 名国家级画家协会会员，35 名省市级画家协会会员，56 名经纪人队伍，创办培训班 40 个，创办艺术学校 12 所，年培训绘画技术人员 1500

---

① 任江波：《非遗"生产性保护"不等于"产业化"》，《西部论丛》2019 年第 2 期。

人次，被誉为"中国画虎第一村"①。王公庄画虎产业的发展说明，产业化对传承和弘扬传统的非物质文化遗产更有帮助。

其二，非物质文化遗产产业化的技术困境。2020 年，由瑞士和法国共同申报的机械制表技艺正式入选人类非物质文化遗产代表作名录。该项目包括与制作测量和指示时间的物品相关的工艺，如腕表、摆钟、时钟和天文钟，同时还涉及自动玩偶、机械机器人、雕塑、彩绘、音乐盒和报时鸟等。联合国教科文组织认为，制表可以传达许多美好价值，例如精良工艺、准时、毅力、创意、灵巧和耐心，以及对精确的不懈追求。无形的时间测量赋予了制表强烈的哲学内涵。这些技艺不仅可以发挥经济功能，还塑造了当地的建筑、城市景观和社会生活的方方面面。值得注意的是，瑞士和法国的机械制表技艺与中国传统的非物质文化遗产项目有所不同，形象地体现了中西文化的差异。

一般而言，产业化是工业时代的产物，它的基本特征是依靠现代技术手段进行大批量生产，从而在短时间内实现大量财富的积累。然而，中国的非物质文化遗产项目多数脱胎于农耕时代，手工业、小作坊、小批量、耗时长的特征与产业化形成鲜明的对比。例如，中原木雕作为流传于中原地区的传统木雕流派，在中原历史遗迹中，还保存着诸多的珍贵遗存，诸如著名的开封市的山陕甘会馆、洛阳市的潞泽会馆、禹州神垕镇的伯灵翁庙、少林寺、中岳庙、嵩阳书院等木雕建筑群。随着时代的变迁，传统的木质结构的建筑已经被钢筋水泥所取代，一般家庭的日用家具已经被现代简约家具所取代，致使木雕行业的整体发展受到极大限制。市场的变化，人们生活习惯、文化修养、艺术品位等都在变化，这些变化直接压缩着木雕行业的生存空间。即使还有木雕产业，现代的木雕匠人也多引入机械工具以帮助快速且大批量地完成某些迎合市场的雕刻作品。传统匠人的手工雕刻作品，能够充分彰显雕刻者的刻功水平和作品的艺术个性。利用现代科技手段特别是数字电脑技术引入木雕行业，以工业生产线的方式生产的木雕作品，普遍存在着个性缺失、造型单一、艺术性不足的弊病。由此看来，传统手工制作方式和现代科技制作方式，各有所长、各有所短，前者的价值高、效率低，后者的价值低、效率高，形成了难以克服的矛盾。

从社会发展的角度而言，新技术发明创造推动了社会发展，应用现代技术手

---

① 资料来源：河南乡村旅游网，http://www.hnrta.com/index.php? app=store&id=130。

段是产业发展的必然选择。如何把传统技艺与现代科技手段有机结合起来，实现传统艺术价值和现代经济效益双丰收，是推动非物质文化遗产产业化发展的关键，这是需要在实践中继续探索的难题。事实表明，有些非物质文化遗产产业借用现代科技手段能够得到更好的发展，而有些非物质文化遗产产业却难以使用现代科技手段。

其三，非物质文化遗产产业化的市场困境。非物质文化遗产有两个难以克服的缺憾：一是地域性。几乎所有的非物质文化遗产都是地域性的文化资源，它的产生和发展都是与某一地域的气候、人文风俗、日常生活习惯等紧密结合在一起的。二是时代性。几乎所有的非物质文化遗产都是历史上逐渐形成和发展起来的，是与过去的人们的生产、生活紧密联系的。地域性和时代性，在很大程度上限制了非物质文化遗产产业开拓现代市场。

非物质文化遗产的地域性在某种程度上限制了非物质文化遗产产业开拓市场的广度。例如，河南省渑池县开发仰韶彩陶文化遗产取得了很大成绩，该县创办的以仰韶彩陶为文化符号的城市雕塑产业在当地产生了显著效益，但是却很难走向外地市场。又如，鹤壁市挖掘非物质文化遗产资源，研制生产的"黄河古陶"，造型美观，质地细腻，纹理清晰，线条流畅，是集雕刻、绘画为一体的收藏、馈赠佳品，在陶艺界独树一帜。然而，由于区域性审美差异，这些产品一直没有打开市场销路。

非物质文化遗产的时代性在某种程度上也限制了非物质文化遗产产业开拓市场的深度。传统社会中，人们基本上是"慢生活"节奏，现代社会中，人们基本上是"快生活"节奏，因而，许多非物质文化遗产已经不能适应现代人的生活需求，非物质文化遗产产业自然也就受到限制。现代年轻人在观看传统戏剧表现时，多数是感受一下氛围，少有热衷追捧的激情。例如，活跃于汤阴县一带的非物质文化遗产项目"跑帷子"，起源于秦朝，流传至今，表演时需要 72 名青壮年男士组成方阵，表现各种阵式，比如"围魏救赵""炮打香烟城""李渊劝将"，场面宏大壮观，文化内涵丰富，由于演员多、难度大，已经呈现难以为继的困局。又如，宝丰县"提线木偶"戏，古称"悬丝傀儡"，在宝丰县一带久负盛名。改革开放以后，宝丰县提线木偶表演队最多时达到 814 家，然而，现在全县坚持演出的表演队不足 10 家。导致"跑帷子""提线木偶"演出难以为继的根本原因，就是市场需求发生了重大变化，渐渐失去了"商机"。

随着社会主义市场经济的快速发展，人们物质文化需求多样化日趋明显，既为非物质文化遗产产业发展提供了机遇，也提出了挑战。凸显地域性和时代性的非物质文化遗产产业，如何能够面对开放的、快节奏的现代社会，适应人们现代生产、生活方式，满足人们的多样性需求，不断开拓市场的广度和深度，将成为非物质文化遗产产业化发展成败的一个重要环节。

第三节　中原黄河非物质文化遗产产业化发展的建议

文化产业是一种相对特殊的产业，它是将文化与经济结合，以经济思维来发展文化事业。联合国教科文组织认为，按照工业标准，生产、再生产、储存以及分配文化产品和服务的文化产业，可以起到"提高大众交流的质量""加强民族文化产业"和"使传统文化机制现代化"等诸多重要的作用。从经济的发展趋势来看，文化产业正在以惊人的发展速度成为全球最活跃的产业门类之一，也早已发展成为许多发达国家的支柱性产业之一。非物质文化遗产作为传统文化的重要组成部分，它的产业化发展，必将有利于地方经济社会发展，更好地满足人们追求美好生活的需要。

一、非物质文化遗产产业化的基本原则

非物质文化遗产的保护和利用，是当代社会关注的话题之一。针对非物质文化遗产的存续，学界陆续提出了各种保护措施，如施救式保护、静态保护、产业化保护等。各种保护措施都有其考虑的方向，产业化无疑是最受关注的方向之一。非物质文化遗产的保护，普遍面临着资金短缺、传承人收入不足等问题。若是完全依靠政府救济并不现实，依靠社会的捐助也极为有限。现存的优秀非物质文化遗产项目极为繁多，如果能依靠产业化的道路，使非物质文化遗产自身走上一条无须依赖他者，就能满足自身存续的可持续发展的道路，将是非常理想的状态。非物质文化遗产的产业化，应该坚持以下基本原则。

第一，非物质文化遗产产业化应该把保护传承放在首位。非物质文化遗产不同于其他项目，在于其具有濒危性的特点。所以走产业化的道路，首要目的不在

其具有多大的经济效益，能解决多少就业问题，而在于产业化是否能更好地保护好非物质文化遗产。2017 年 1 月，中共中央办公厅、国务院办公厅印发的《关于实施中华优秀传统文化传承发展工程的意见》明确提出："坚持保护为主、抢救第一、合理利用、加强管理的方针"。从这一方针中可以看到，合理地利用非物质文化遗产项目，取得一定的经济效益是被国家允许和鼓励的，但必须把保护放在首要的位置。没有非物质文化遗产，也就没有所谓产业化。非物质文化遗产的意义，不仅在于经济利益，更在于传承民族的历史文化基因。保护非物质文化遗产的存续发展，是产业化的首要目的。

第二，非物质文化遗产产业化应当尊重其形式和内涵。任何非物质文化遗产项目都有其自身特有的形式和内涵。这些形式和内涵，是过去某些人的独特创造，加上历代传承人经过长期的经验积累所形成的，因而其存在具有明显的标识性，不可随意抹杀。它既是与其他的类似非物质文化遗产项目相互区别的主要特征，也是辨识虚假貌似者的强有力手段。比如，河南省优秀的非物质文化遗产项目豫剧，在形式和内容上与京剧、黄梅戏等具有诸多的相似之处，但是，我们不能只看到相似而忽略了它的独特性。非物质文化遗产特有的形式和内容不能随意改变，尤其在产业化当中，应当保持非物质文化遗产的形式和内容相对稳定。2011 年 2 月，第十一届全国人民代表大会常务委员会第十九次会议通过的《中华人民共和国非物质文化遗产法》指出："保护非物质文化遗产，应当注重其真实性、整体性和传承性，有利于增强中华民族的文化认同，有利于维护国家统一和民族团结，有利于促进社会和谐和可持续发展。""使用非物质文化遗产，应当尊重其形式和内涵。"因此，尊重非物质文化遗产的形式和内涵，合理地利用非物质文化遗产，是在产业化当中应该遵循的重要原则。

第三，非物质文化遗产产业化应该致力于推动非物质文化遗产的高质量的发展。按照中共中央的决策部署，我国在"十三五"末期，将实现文化产业成为我国国民经济的支柱产业。在"十四五"期间，我国要将文化产业做大做强，实现高质量发展。2017 年 3 月，国务院办公厅转发文化部、工业和信息化部、财政部制定的《中国传统工艺振兴计划》中要求："提高传统工艺产品的设计、制作水平和整体品质。强化质量意识、精品意识、品牌意识和市场意识，结合现代生活需求，改进设计，改善材料，改良制作，并引入现代管理制度，广泛开展质量提升行动，加强全面质量管理，提高传统工艺产品的整体品质和市场竞争力。"

我国的非物质文化遗产项目大多脱胎于旧时期，是在经济条件、技术水平落后的情况下的伟大创造。随着新时期世界科技水平的快速提升，各国都在科技的赛道上你追我赶，不同的行业其科技手段实现升级发展。当下，我国也应该紧跟时代步伐，利用现代科技手段，运用现代市场机制，促进非物质文化遗产产业高质量发展。

第四，非物质文化遗产产业化要符合市场经济规律。非物质文化遗产的产业化，就是要以产业化的手段运营非物质文化遗产项目，在市场交往和竞争中赢得经济效益。既然要产业化，那么就必须遵循市场经济规律。在新时代，非物质文化遗产的产业化，应该积极掌握市场规律，利用市场手段进行融资、生产、推介、展示、销售非物质文化遗产产品。比如积极与旅游市场的结合，将非物质文化遗产产品在各种历史文化街区、自然和人文景区等地设立展销平台，也可以利用网络平台，与相关专业网站进行合作，进行网络销售。

第五，非物质文化遗产产业化要厘清传承人、企业责任人与政府的权责。由于非物质文化遗产的产业既涉及国家文化，又牵连企业的经营管理，而且必须兼顾非物质文化遗产的传承和保护问题，所以，非物质文化遗产的产业化将要面临至少三方的权责，即非物质文化遗产传承人对项目质量的把控，企业对项目的市场经营管理，政府对项目的监管及政策支持。这三个方面既相互协同合作，又各自肩负一定的职责。在非物质文化遗产的产业化过程中，应该尽可能地厘清三者各自的职责范围，明确权利与义务，避免权责混乱、相互推诿或者一方独大。

二、中原黄河非物质文化遗产产业化发展的策略

非物质文化遗产产业隶属于文化产业，它的成败兴衰，与我国文化产业的发展状况息息相关。目前，世界各大国均认识到发展文化产业的重要性，把发展文化产业视作国民经济的支柱性产业，倾注了大量精力，产生了重大效益。美国的影视文化产业、日本的动漫文化产业，韩国的网络游戏产业等，都是这种大背景下的产物。日本政府早在2001年就颁布了《振兴文化艺术基本法》，随后又制定了《文化产品创造、保护及活用促进基本法》等法律法规，着力推动日本文化产业发展壮大。2017年，我国文化部制定实施的《文化部"十三五"时期文化产业发展规划》明确指出："站在新的历史起点上，面对新形势新要求，要进一步坚定文化自信，增强文化自觉，坚持创新驱动，推动文化产业转型升级、提质增效，实现文化产业成为国民经济支柱性产业的战略目标。"进入新时代，推动非物质文化遗产产业化发展，虽然已经有了良好基础，但是，仍然需要进一步推动其转型升级、提质增效。当然，非物质文化遗产产业化开发是极其复杂的工程，在追求商业利益的同时，还应追求本土化的保护和整体性的开发。

第一，选准非物质文化遗产的产业化项目。中原地区的非物质文化遗产包括黄河非物质文化遗产，种类众多，内容丰富，其中，有一些项目仍然存在于人民群众生活之中，开发利用的潜力巨大，也有一些项目逐渐失去了现实意义，开发利用的难度较大。2006 年，国家公布的第一批国家级非物质文化遗产名录中，焦作市有 4 个项目名列其中，即陈式太极拳、唢呐艺术、怀梆、董永传说。相对而言，陈式太极拳和唢呐艺术具有更加广泛的群众基础、更加广阔的市场空间，更容易融资建设，因而开发利用的前景向好。事实证明，陈式太极拳培训、表演、比赛以及场馆建设、影视创作等，已经形成了相当大的产业规模，成为焦作市的一张文化产业名片。董永传说，家喻户晓，人人皆知，但是，由于产业化"切口"不准，故而没有形成产业气候。由此看来，有些非物质文化遗产项目属于大众遗产，更能够成为产业化的首选目标；有些非物质文化遗产项目属于小众遗产，暂时难以作为产业化的选择目标。也就是说，对待各种各样的非物质文化遗产项目，要区别对待，就事论事，适宜产业化的就产业化，不适宜产业化的就不产业化。

第二，选择合适的非物质文化遗产产业的生产组织形式。2013 年，河南省第十二届人民代表大会常务委员会第四次会议通过的《河南省非物质文化遗产保护条例》指出："鼓励采取与经贸、旅游相结合的方式保护和传承具有生产性、展示性或者表演性的非物质文化遗产代表性项目。鼓励单位和个人合理利用非物质文化遗产代表性项目，开发文化产品，提供文化服务。"鼓励合理地开发利用非物质文化遗产，实行产业化开发，已经成为河南省以及各市县的基本产业政策之一。但是，各地的具体情况以及非物质文化遗产项目不尽相同，不可能采用相同的路径和模式。在组织生产方面，也可以多种形式齐头并进，各显其能。

一是家庭作坊式的个体生产。河南省滑县马氏糖人起源于宋代，在明代、清代、民国时期作为一种营生，在农村广泛流行。由于吹糖人技艺的特殊性，现场吹、现场卖，彰显出一种特殊意蕴，所以，难以进行工厂化批量生产。"马氏吹糖人"十六代传人马电坤，凭着高超的技艺走遍了全国各地，带出徒弟 300 多人。这些徒弟行走各地，都是"个体户"。灵宝市剪纸、卢氏县剪纸尽管已经入选第一批国家传统工艺振兴项目名单，但是因其生产规模和受众等因素的影响，只能以手工作坊的方式进行生产。对于一些小众项目而言，推动非物质文化遗产产业化，仍然要以家庭手工作坊为主。

二是公司制度式的集中生产。有些非物质文化遗产项目，由于工业化和市场化的可能性较大，均宜采用现代公司制度组织生产和销售。"唐代白瓷烧作技艺"是洛阳的非物质文化遗产项目。为了推进该项目产业化发展，2009 年，唐白瓷非物质文化遗产传人李学武创办了洛阳牡丹瓷股份有限公司，下辖洛阳牡丹瓷研究院、洛阳牡丹瓷制造有限公司、洛阳盛世牡丹瓷文化艺术有限公司、洛阳牡丹瓷博物馆、洛阳牡丹瓷日用陶瓷有限公司等机构。该公司是集自主研发、设计、制造、营销于一体的大型民营股份制文化企业，产品有花盘、壁挂、盆景、屏风、人物、动物、中国结、花篮、花瓶、瓷鼎、单株牡丹树、大型艺术雕塑、日用瓷、牡丹瓷饰品和牡丹绣等十五大系列千余个品种，有些作品还被选为"国礼"用于外交场合，年产值超亿元，跻身于河南省文化企业 50 强。随后，在洛阳市先后成立了数家以研发、生产、销售牡丹瓷为主业的公司，如洛阳花开帝都牡丹瓷文化发展有限公司、洛阳水月牡丹技术开发有限公司、洛阳鼎唐文化发展有限公司、河南尚好礼文化产业发展有限公司等。这些公司把唐代白瓷烧作技艺与洛阳牡丹花卉结合起来，生产出造型逼真生动的工艺品和生活用品，产品行销国内外，成为洛阳市一大特色产品，展示了洛阳市的地域文化，增强了洛阳市的经济实力。许多实例已经表明，实行公司化生产和运营，是中原黄河非物质文化遗产产业化发展的主要趋势。

三是产业园区式的集群生产。2010 年，原文化部出台的《国家级文化产业示范园区管理办法（试行）》提出，文化产业园区"是指进行文化产业资源开发、文化企业和行业集聚及相关产业链汇聚，对区域文化及相关产业发展起示范、带动作用，发挥园区的经济、社会效益的特定区域"。推动中原黄河文化遗产产业化发展，同样可以建立或扩大一批以黄河非物质文化遗产项目为主体的文化产业园区。

例如，开封市宋都古城文化产业园不仅涵盖了国家级文物保护单位铁塔、繁塔等，还涵盖了大量非物质文化遗产，总量有 14 类 80 项之多，包括国家级非物质文化遗产项目朱仙镇木版年画、汴绣、汴京灯笼张等。由于园区围绕宋代文化为中心特色来打造，形成了文化特点突出、风格别致、产业发达、效益显著的特点，被原文化部认定为"国家级文化产业示范园区"。开封市宋都古城文化产业园注册企业 1000 多家，业务范围涉及七大类文化产业，即文化旅游、文艺演出、书画工艺美术、餐饮文化、休闲娱乐、会展收藏、新型文化产业，是一个综合性的文化产业园区，为开封市经济发展和人民生活水平提升做出了重要贡献，充分显示了融通发展的优势。

又如，温县在陈家沟打造的"陈家沟太极拳文化旅游区"，实际上就是一个太极拳文化综合产业园区。陈氏太极拳起源于温县陈家沟，是国家级非物质文化遗产项目。1981 年开始，陈家沟太极拳武术学校正式招生，目前已经扩展到 20 多家武术学校、数十家家庭武馆。每年从陈家沟学成者，在全世界创办的太极拳"武馆"超过了 1 万家。2007 年，温县被中国武协、民协正式命名为"中国武术太极拳发源地""中国太极拳发源地"和"中国太极拳文化研究基地"。陈家沟太极拳文化旅游区规划面积 35 平方千米，核心区面积 3.5 平方千米，主要景点包括：太极拳祖祠、祖林、太极拳博物馆、太极文化园、武学社、东沟创拳处、中华太极馆、陈照丕陵园、古皂角树、名人故居、太极拳文化国际交流中心等。此外，还有陈家沟武术院、陈家沟太极拳学校、陈家沟太极拳功夫学校等太极拳培训机构，陈家沟太极拳服装专卖店、陈家沟太极鞋专卖店、陈家沟纪念品专卖店等文化创意产品商店，共同构成了陈家沟太极拳非物质文化遗产项目的产业生态。每年来陈家沟寻根问祖、拜师学艺、健身养生、感受太极文化的游客络绎不绝，形成了庞大的太极拳文化产业链。陈家沟村先后被评为全国乡村旅游模范村、美丽文化传承村、省级生态文明村、全国先进武术之乡、中国第三批传统村落、中国第一批特色小镇、河南省研学旅游示范基地。陈家沟整体开发利用太极拳资源的经验说明，各市县根据当地实际，建设非物质文化遗产的产业园区（或者文化公园），扩大产业规模，拉长产业链，提升产业质量，是保护传承非物质文化遗产、促进经济社会发展的一个好办法。

第三，打造中原黄河非物质文化遗产产业化发展的知名品牌。2020 年 1 月，时任中共河南省委书记王国生在河南省第十三届人民代表大会第三次会议闭幕式上的讲话中说，中原文化在黄河文化中处于中心地位，中原大地创造的每一项奇迹、绽放的每一个精彩，都浸透着黄河文化的滋养。河南省的根脉在黄河，黄河非物质文化遗产是河南省的文化富矿。中原儿女对黄河的敬畏之心、感恩之心格外强烈，对黄河文化力量的感受格外深切，为打造知名品牌打下了基础。

打造中原黄河非物质文化遗产产业的知名品牌，具有重要意义。2018 年 7 月，由文化和旅游部支持，广东省文化厅主办的非物质文化遗产品牌大会召开，出席大会的非物质文化遗产项目保护单位、非物质文化遗产代表性传承人、非物质文化遗产品牌单位联合发起《中国非遗品牌计划》。该计划表明，实施中华优秀传统文化传承发展工程，以品牌的力量推动我国非物质文化遗产适应时代需求、展现时代风采，努力满足人民群众对美好生活、品质生活的新期待。2021 年 9 月，中共河南省委书记楼阳生在省委工作会议上讲话时指出，要围绕打造更具有知名度、亲和度、美誉度的独特标识，重点推出老家河南、天下黄河、华夏古都、中国功夫等品牌，让中原文化更具吸引力和感召力。品牌就是企业的产品在消费者心中所形成的固定认知，它包括人们对企业及其产品、服务、价值等诸多方面的认同。品牌既反映企业在产品设计、制造、经营方面的能力，又体现消费者对该品牌的产品、服务和价值的认可。大力弘扬黄河文化，就要打造和擦亮黄河文化品牌。

推动中原黄河非物质文化遗产产业化发展，就需要在市场上培育和造就知名品牌。多年来，河南省挖掘黄河文化资源，利用非物质文化遗产，已经创办了一些知名的企业品牌和产品品牌，例如少林武术、陈氏太极拳、钧瓷、汝瓷、拜祖大典等，都有较高的美誉度，还有河南卫视推出的《唐宫夜宴》《洛神水赋》等，也曾经走红网络。遗憾的是，河南省内的黄河非物质文化遗产产业的知名品牌还比较稀少，与黄河文化在中国人民心目中的地位不相称，与中原文化高地建设要求之间还有较大差距。开封市的汴绣曾被誉为中国第五大绣种，不仅没有得到很好弘扬，反而在继续萎缩。20 世纪 90 年代，开封市涌现出一批汴绣作坊，尉氏县就有汴绣制作企业 20 多家，从业人员 4000 多人，现今，根据开封市汴绣协会调查，开封市汴绣产业实际在业绣工只有 200 人左右，总从业人员约为 1500 人①。河南省各市县应该聚集企业、社会、非物质文化遗产传人等多方面的力量，合力打造富有中国味、中原韵、黄河情的优质品牌，这也应该成为地方政府和文化企业的一项长期战略。

第四，开拓中原黄河非物质文化遗产产业的广阔市场。中共河南省委、河南

① 杨益帆：《开封汴绣产业现状与发展策略研究》，《区域治理》2021 年第 21 期。

省人民政府曾经强调，在"十四五"期间，要更加重视开拓文化产业市场，发展特色鲜明的全链条文创产业。为了实现这个目标，就要提升市场化运作水平，全方位地开拓国内外市场。

首先要壮大市场主体。根据国家相关部门公布的数据，2020年中国旅游集团20强榜单中，河南省只有1家入围；全国128家上市旅游企业中，河南省仍是空白。河南省的文化企业总体上规模较小，非物质文化遗产产业的市场主体更小，急需打造旗舰劲旅，培育和造就大型文化产业集团。例如，重庆市荣昌区为了开发非物质文化遗产"荣昌陶器"项目，与惠达卫浴股份有限公司签订了项目投资协议创办了"重庆陶瓷产业园"，仅惠达卫浴股份有限公司一家企业的产品种类就多达2000多种，规模效益居亚洲同行第一位，品牌价值超过200亿元。

其次要畅通市场渠道。实施非物质文化遗产产业化发展战略，归根结底是要在市场运营中提升非物质文化遗产的经济价值，获得经济效益。尽管河南省有得天独厚的交通优势，但是，由于各种因素的制约，依托中原黄河非物质文化遗产的文化企业，生产规模有限，产品销路不佳。过去，河南省禹州市钧瓷生产多数瞄准"工艺品"定位，未能切入大众生活，故而市场销路受到局限。河南省的相关企业应该积极探索非物质文化遗产资源与新技术应用的跨界融合，贯通文化创意的资源端、研发端、生产端、营销端、服务端，多渠道、多途径地畅通市场渠道，扩大市场份额。

纵观世界各发达国家的经济发展，早期注重工业生产的时代早已经转变为以服务为中心，而近几十年文化产业的兴盛，正以较快的发展速度，成为各发达乃至发展中国家的国民经济支柱产业。中共河南省委、河南省人民政府正在着力打造"中华文化传承创新中心"，这必将为中原黄河非物质文化遗产产业化发展提供新机遇、创造新条件、提出新要求。有理由相信，站在承载着无数辉煌的中原沃土，坚持有为政府与有效市场相结合，用好政策，搞活市场，把丰厚的文化优势充分发挥出来，把宝贵的精神财富持续弘扬起来，就一定能够推动中原黄河非物质文化遗产产业化发展，创造出更加美好的明天。

第八章　中原黄河文化数字化产业化发展

当今世界，新兴产业的出现和发展，都与科学技术的飞速发展相关，或者可以说本身就是由科学技术引起的。文化产业在今天所呈现的繁荣局面依然离不开科学技术的发展，互联网、移动互联网、5G 网络业务、虚拟现实技术、3D 打印、云数据、云计算等，都日益彰显出科学技术巨大的力量。最新的科学技术成果影响社会生活的方方面面，并从根本上改变了人们的生产方式、生活方式和交往方式，这一切都宣告了人们将迎来一个新的时代——数字化时代。

近十年来，河南省数字文化产业建设取得了巨大的进步，其创造的产业价值在中部省份当中名列前茅，河南省整体的文化产业发展水平从综合实力来看，在全国依然是排在前列。在促进黄河流域生态保护和高质量发展的国家战略鼓舞下，仍需要继续推动中原黄河文化的产业化发展进程，其中，大力推动中原黄河文化数字化产业发展将是推行文化强省战略的重要环节。由于种种原因，中原黄河文化数字化产业总体上发展程度不高，中原黄河数字文化的品牌缺少，中原黄河文化的数字化保护需要加强。在新的历史形势下，有序推进河南文化产业化发展，就必须要继续壮大河南数字文化产业的规模和质量。在河南数字文化产业建设过程当中，要打好中原黄河文化这张牌，充分利用数字化时代所带来的便利，来加快中原黄河文化产业的数字化进程，创建更多的中原黄河数字文化品牌，从而开启中原黄河文化数字化产业发展的新时代。

第一节　我国文化数字化产业概况

当今时代，整个社会的生产、分配、交换、消费的各个环节都可以还原为一系列的数据，并进行精准计算和详细统计。在今天，尤其是对于企业来说，得数据者得天下。数字化时代的来临以大型的数字交互平台为先行者，它们在整个社会生活中扮演着越来越重要的角色。数字化时代的来临带来了数字文化产业和文化数字化产业，数字文化产业和文化数字化产业将会在文化产业中占据更大的比重，并在不久的将来将逐渐发展成为我国支柱性产业。

一、数字文化产业的内涵

数字文化指文化的数字化共享，它是依托各公共、组织与个体文化资源，利用 VR、AR、3D 等数字技术以及互联网、大数据等平台，实现文化传播的时空普及与内容升级，具备创新性、体验性、互动性的文化服务与共享模式。通常所说的数字文化包括数字化文化资源或对文化资源的数字化两个层面。

何谓数字文化产业呢？2017 年 4 月，文化部发布的《文化部关于推动数字文化产业创新发展的指导意见》指出："数字文化产业以文化创意内容为核心，依托数字技术进行创作、生产、传播和服务，呈现技术更迭快、生产数字化、传播网络化、消费个性化等特点，有利于培育新供给、促进新消费。当前，数字文化产业已成为文化产业发展的重点领域和数字经济的重要组成部分。"① 可以看出，数字文化产业的核心在于文化创新，其旨在要创造出技术性强、有创造力或者高附加值的文化产品，当然数字文化产业的发展离不开数字技术的进步。尤其是在互联网技术飞速发展的今天，人们的生产、生活、消费、社交等行为，都在互联网中进行，这就需要越来越多的数字文化产品或将各种产品数字化以满足当今时代人民群众的需要。信息技术的更新速度如此之快，导致了数字文化产业的

---

① 文化部：《文化部关于推动数字文化产业创新发展的指导意见》，中华人民共和国文化和旅游部网，2017 年 4 月 11 日，http：//zwgk.mct.gov.cn/zfxxgkml/zcfg/gfxwj/202012/t20201204_906313.html。

更迭速度同样快。数字文化产品的特点在于其是数字化的文化产品，或者将已有的文化产品进行数字化，将其变为数字文化产品。因此，数字文化产业其生产流通都是以数字化的方式来完成的，数字文化产业是通过互联网来进行传播的，这就不同于电视广播等传统的媒体传播方式。数字文化产品由于生产企业在内容上的创意性，再加上其是建立在数据统计的基础上，为各种类型的消费者量身而设计的，因而，各种各样的消费者都能在繁花似锦的互联网或移动互联网数字平台中找到适合自己的数字文化产品。数字文化产品重在文化创新，因而其能够以全新的形式来为消费者呈现前所未见的内容，能激发人们的消费热情。最重要的一点，那就是数字文化产业的兴起、发展、壮大是必然的趋势，是在生产力水平提高的基础上，科学技术进入大数据时代的必然结果。

数字文化产业的核心是文化创意内容。数字文化产业与非数字文化产业的区别就在于其产品是否是数字化的，数字文化产业生产的是数字文化产品。不管是何种类型的数字文化产品，满足大众娱乐消费需求也好，满足人们更高的文化追求需求也好，还是含有较高艺术品位的数字文化产品也好，都应该追求一个不变的中心，那就是这种数字文化产品它所体现的创意内容。数字文化产品的生产全靠创作者的创造，或者叫"凭空创造"。创造者到底能创造出什么样的文化产品，取决于创作者的技术水平以及创作者的智力和脑力。当然，有的数字文化产品能够受到消费者的青睐，而有的数字文化产品不能够受到消费者的青睐，这取决于该文化产品的内容。所谓文化产品的内容，依然分两个层面。一个是形式上的内容，即该数字文化产品在画面、声音、图像上的美感和质感，是否能带给人美的享受；另一个是深层次上的内容，即该文化产品所蕴含着的思想、内容，需要表达一个什么样的主题，要阐述一个什么样的道理，要向人们传达一个什么样的价值诉求。这些应该是数字文化产品的灵魂。有学者指出："文化产业的最重要的核心要素还是人，或是说基于人的创意和创造能力所呈现出来的有文化意味的文化产品。"① 这实际上讲到了对于文化产业来说，能否创作出高品质的文化产品，其核心问题在于有什么样的创作者。

数字文化产品的生产要借助数字工具或软件程序。只要生产出第一个数字文化产品，那么，更多同样的数字文化产品就可以直接通过数字复制的方式快速、

---

① 胡娜：《疫情之下，中国文化产业数字化的自我审视》，《中国文化报》2020 年 6 月 6 日，第 004 版。

便捷地完成。数字文化产业是数字技术发展基础上产生的新兴产业，它依托数字技术进行创作、生产、传播和服务，也就是要借助数字工具或软件程序。2020年10月，河南省开封市举办了"2020年数字文化大会"，展示开封市数字文化新成果，共建文化产业发展新生态。与会专家表示，数字文化就是利用最新的数字技术发展文化的数字经济。数字文化产品是数字技术与文化高度融合的产物，如果没有数字技术，那么，就不可能有数字文化产品。

数字文化产业的发展依赖于互联网技术的进步。新媒体时代数字文化产品的传播主要是通过互联网来进行的，这与传统媒体传播数字文化有着截然不同的区别。离开了互联网，数字文化的传播途径就变得极为有限了。尤其是近些年来随着移动互联网技术的飞速发展，数字文化产品得到了极大的丰富，数字文化产业所创造的财富也迅速地膨胀起来。截至2020年6月，我国网络视频（含短视频）用户规模达8.88亿，占网民整体的94.5%。我国网络直播用户规模达5.62亿，占网民整体的59.8%，其中电商直播用户规模为3.09亿，占网民整体的32.9%。截至2020年6月，我国在线教育用户规模达3.81亿，占网民整体的40.5%。移动互联网接入流量2017年上半年为88.9亿GB，2020年上半年达到745亿GB，三年时间里增长了8.38倍。① 可以说，如果没有互联网技术，就不会有当今兴旺发达的数字文化产业。互联网不仅是数字文化传播的主要媒介和手段，同时也成为数字文化产品销售的主要市场。

今天，数字文化产业的更新速度越来越快，甚至满足大众消费需要的数字文化产品也可能会沦为快餐文化。在目前发展水平下，我国数字文化产品依然是以娱乐为主的，从总体上看，距离满足人们更高精神文化需求的高品质的数字文化产品普遍化的那个时代的到来，还很遥远。数字文化产品真正能打动消费者的地方，之所以能让消费者愿意为之付费，就在于蕴含在产品当中的思想内核，让消费者产生共鸣，引起消费者的思考。当然，不管是何种层次的数字文化产品，最终都是由人所创作出来的，所以在某种意义上说文化产业最重要的核心要素还是人，能创作出什么样的数字文化产品取决于有什么样的文化创作者。数字文化的创作固然需要站在消费者需要的方面来创作文化产品，当然，这是基于大数据调

---

① 中共中央网络安全和信息化委员会办公室、中华人民共和国国家互联网信息办公室、中国互联网络信息中心：《第46次中国互联网络发展状况统计报告》，中国互联网信息中心网，2020年9月29日，http：//www.gov.cn/xinwen/2020-09/29/5548176/files/1c6b4a2ae06c4ffc8bccb49da353495e.pdf。

查统计的基础之上的，但最终所创造出来的产品的品质如何，内涵如何，包括外在的形式如何，都取决于创作者而不是消费者。从这点上来说，今后相当长的时间里，我国数字文化产业的竞争本质上体现为数字文化创作者综合素质之间的竞争。

二、文化数字化产业的内涵

与"数字文化产业"相关的一个概念是"文化数字化产业"。有学者指出："随着文化产业的数字化，越来越多的文化组织将其业务转移到平台上来。平台提供的基础架构可以实现更有效的信息交换和交易，给予不同文化产业相关利益主体发展空间。"[1] 数字平台不管从其掌握的数字资源还是财富总和来看，已经成为当今世界经济的支柱，成为在数字化时代推动经济全球化发展的核心动力之一。2020年10月，党的十九届五中全会通过的《中共中央关于制定国民经济和社会发展第十四个五年规划和二〇三五年远景目标的建议》提出了"两个数字化"概念，即推进公共文化数字化建设，实施文化产业数字化战略，文化数字化已上升为国家战略。大量数据和事实表明，文化数字化产业正在快速兴起。

何谓文化数字化产业呢？早在2012年2月，中共中央办公厅、国务院办公厅印发的《国家"十二五"时期文化改革发展规划纲要》中，就提出了实施"文化数字化建设工程"的概念，明确从文化资源数字化到文化生产数字化再到文化传播数字化，即实行全面数字化。所谓文化数字化产业，就是将文化资源、文化生产、文化传播转化为数字信息产品的产业。

一是文化资源数字化。梁昊光和兰晓（2014）在《文化资源数字化》一书中，从理论方面阐述了文化资源及文化资源数字化的相关概念，通过国内外、多学科比较分析，对文化资源进行详细分类。文化资源数字化，就是把已有的文化资源处理为数字信息。早在2011年，中国唱片总公司就对20世纪20~90年代的唱片金属模板和磁带木板以及相关的大量文字资料进行数字化处理，整理保存了大量宝贵音像资料。

二是文化生产数字化。当今数字化技术的发展和运用，创造了新的生产效率，拓展了新的增长空间。"日益强大和普及的数字平台正推动着自工业革命以

---

① 左惠：《文化产业数字化发展趋势论析》，《南开学报（哲学社会科学版）》2020年第6期。

来最深刻的全球经济变革，正对许多产业产生着颠覆性破坏，而平台模式也日益成为产业创造新价值的基础。"① 2015 年，中央财政通过文化产业发展专项资金渠道，曾支持新闻出版业转化升级重大项目 301 个。与此同时，国家以及各省市纷纷拨出专项资金，支持各种数据库建设，其中最为典型的实例之一，就是中央宣传部主管的"学习强国"网站。近年来，河南省着力打造的市场化运作的中原文化旅游产业博览会、洛阳牡丹文化节、开封菊花节等节会，"印象太极""黄帝千古情""只有河南"等一批文旅演艺项目，无不受益于数字化技术的应用。

三是文化传播数字化。在新冠肺炎疫情期间，全国各地众多学校"停课不停教"，实施网络教学，范围之宽、受众之多，前所未有。这说明文化传播已经不是传统的单一方式了。由于互联网的快速发展，大量纸质媒体（如都市报、晚报）企业快速破产。2021 年初，全国 143 家博物馆、美术馆珍藏的馆藏珍品，纷纷由馆长或专家解说，创建了一组名为"博物馆说"的短视频走红网络，传播了文物蕴含的历史内涵、文化精神和民族情感，让人民群众享受了云端精神大餐。通过各种各样的网络数字平台，人们足不出户，就满足了消费需求。由此看来，文化传播数字化已经成了不可阻挡的趋势。

"数字文化产业"和"文化数字化产业"密切相关，前者侧重于利用数字技术发展文化，后者侧重于文化转化为数字信息。2020 年 9 月，习近平总书记在教育文化卫生体育领域专家代表座谈会上指出："要顺应数字产业化和产业数字化发展趋势，加快发展新型文化业态，改造提升传统文化业态，提高质量效益和核心竞争力。"② 要充分利用数字技术，让文化"动起来""活起来"，满足人民群众文化需求，提高全社会文化素养。《中共中央关于制定国民经济和社会发展第十四个五年规划和二〇三五年远景目标的建议》明确提出，实施文化产业数字化战略，加快发展新型文化企业、文化业态、文化消费模式。文化和旅游部提出，要实施文化产业数字化战略，推动数字文化高质量发展。学术界有人主张，实施文化产业数字化战略，促进数字文化产业，赋能文化产业高质量发展。

---

① 左惠：《文化产业数字化发展趋势论析》，《南开学报（哲学社会科学版）》2020 年第 6 期。
② 习近平：《在教育文化卫生体育领域专家代表座谈会上的讲话》，《人民日报》2020 年 9 月 23 日，第 002 版。

三、数字文化产业与文化数字化产业概况

随着经济社会发展和科技进步，我国数字文化产业和文化数字化产业均获得了快速发展，快步走进人民群众生活，产生了巨大社会效益和经济效益。国家统计局的统计数据显示，2019年，全国文化及相关产业固定资产投资增速为1.1%，其中，新闻信息服务为-14.3%，内容创作生产为-4.5%，文化传播渠道为-6.0%，文化娱乐休闲服务为-0.3%，文化装备生产为-7.1%，而创意设计服务为7.8%，文化投资运营为16.9%，文化辅助生产和中介服务为11.5%，文化消费终端生产为12.9%①。这个统计数据说明，传统文化产业正在萎缩，而新兴文化产业正在兴盛。正如学者们指出的那样："随着各类数字化技术不断应用于文化生产，文化消费方式发生深刻变化；反过来，消费作为需求侧的驱动力，又助推文化产业数字化不断完善，催生催熟新产品、新技术、新模式和新业态。"②数字文化产业和文化数字化产业快速发展，既有政策支持，又有实践推动。

第一，国家政策鼓励、支持和引导数字文化产业和文化数字化产业发展。近年来，党和国家相关部门陆续发布了一系列推动数字文化产业高质量发展的政策措施，提出了促进数字文化产业发展的指导思想、基本原则、发展目标、发展方向、发展的重点领域等内容，为我国数字文化产业和文化数字化产业的发展奠定了坚实的政策基础。

2017年4月，文化部发布了《文化部关于推动数字文化产业创新发展的指导意见》，强调数字文化产业已成为文化产业发展的重点领域和数字经济的重要组成部分。该文件强调，要着力发展数字文化产业重点领域，即推动动漫产业提质升级；推动游戏产业健康发展；丰富网络文化产业内容和形式；加强数字文化装备产业实力；发展数字艺术展示产业；超前布局前沿领域。一言以蔽之，就是要建设数字文化产业创新生态体系。

2020年10月，党的十九届五中全会通过的《中共中央关于制定国民经济和社会发展第十四个五年规划和二〇三五年远景目标的建议》中明确提出，要实施文化产业数字化战略，推进数字产业化和产业数字化，加快发展新型文化企业、

① 国家统计局社会科技和文化产业统计司、中宣部文化体制改革和发展办公室：《中国文化及相关产业统计年鉴2020》，中国统计出版社2020年版，第36页。

② 祁述裕：《数字化赋能文化产业高质量发展》，《人民日报》2020年12月25日，第020版。

文化业态、文化消费模式。

2020年11月，文化和旅游部印发的《文化和旅游部关于推动数字文化产业高质量发展的意见》明确提出，到2025年，培育20家社会效益和经济效益突出、创新能力强、具有国际影响力的领军企业，使各具特色、活力强劲的中小微企业持续涌现，打造5个具有区域影响力、引领数字文化产业发展的产业集群，建设200个具有示范带动作用的数字文化产业项目。

2021年4月，文化和旅游部、国家开发银行出台的《关于进一步加大开发性金融支持文化产业和旅游产业高质量发展的意见》指出，要顺应产业数字化、数字产业化发展趋势，落实文化产业数字化战略，扶持一批文化、旅游与科技融合发展示范类项目和新型文化企业，引导创作生产优质、多样的数字文化产品。

河南省积极响应国家号召，努力推动河南省数字文化产业和文化数字化产业健康发展，并取得了可喜的成绩。早在2012年11月，河南省文化厅就发布了《关于做好公共数字文化建设有关工作的通知》，要做好包括文化信息资源共享工程、数字图书馆推广工程和公共电子阅览室建设计划等惠民工程在内的公共数字文化建设。2016年6月，中共河南省委印发的《关于繁荣发展社会主义文艺的实施意见》提出，要实施"五大工程"，即实施中原人文精神文艺精品创作工程、文艺普及工程、优秀传统文化传承工程、文艺人才培养工程、特色文化基地建设工程。该文件还提出，要深入挖掘黄帝文化、姓氏文化、汉字文化、河洛文化、功夫文化、廉政文化等资源优势，打造中原根亲文化品牌。2020年4月，河南省文化和旅游厅印发了《河南省公共数字文化工程实施方案》，启动了公共数字文化工程建设。河南省在"十三五"规划和"十四五"规划中，都将数字文化产业和文化数字化产业列为重要发展产业。

第二，数字文化产业和文化数字化产业进入高速发展的快车道。我国数字文化产业及其相关产业行业主要包括动漫、游戏、网络文化、数字内容、数字艺术展示、广播电视集成播控、数字出版、互联网广告服务、视频直播、视听载体、互联网文化娱乐平台、文化软件服务等。2007年国产动画片产量仅为186万分钟，而2018年达到了241万分钟以上，2018年我国动漫产业总产值为1712亿元，2019年为1941亿元。2020年我国游戏市场实际收入达到2786.87亿元，比2019年增长了478.1亿元，同比增长20.71%，保持良好增长态势。2018年国内数字出版产业整体收入规模为8330.78亿元，2019年收入达到9800亿元，分别比上一年增长 17.8% 和 17.65%。截至 2018 年 12 月，我国网络文学用户规模达到 4.32 亿，占网民总数的 52.1%。2020 年受新冠肺炎疫情的影响，我国互联网广告服务总收入增长速度相比 2019 年有所下降，但仍然达到了 4972 亿元的佳绩，相比于 2019 年的 4367 亿元，实现了同比增长 13.85% 的成绩①。根据《数字文化产业就业报告（2020）》统计，仅数字文化产业中的游戏、电竞、直播、网络文学四个领域，共吸纳全职和兼职就业人数约 3000 万人，全职就业人数约 1145 万人。可以看出，数字文化产业的发展壮大为社会提供了大量的工作岗位，为解决就业问题贡献了巨大的力量。

第三，数字文化产业和文化数字化产业效益逐年提高。从我国目前数字文化产业的主要行业的收入额和增长速度来看，正处于高速发展的良好机遇期，2020年，虽然在新冠肺炎疫情影响下收入的增长速度有所放缓，但仍处于快速的增长阶段。在我国对疫情的有效防控下，疫情形势得到了根本性的控制，预计未来几年我国数字文化产业将强劲复苏。

我国数字文化产业和文化数字化产业在经过了近几年的高速增长后，成为文化产业中的支柱性门类，而且仍然在以较高的速度快速增长。国家统计局数据显示，2017 年中国数字文化产业增加值为 1.03 万亿元至 1.19 万亿元，总产值达 2.85 万亿元至 3.26 万亿元。2020 年上半年，文化新业态特征较为明显的 16 个行业小类实现营业收入 12939 亿元，比 2019 年同期增长 18.2%，动力强劲，活力满满，潜力十足。可以说，到目前为止，我国数字文化产业的发展已初具规模，并取得了良好的发展成就。在数字文化和文化数字化产业发展过程中，一些大型的互联网数字平台应运而生，而且其规模在日益壮大，成为与消费者生活密切相关的大型企业，正是这些数字平台，将会在数字文化产业的发展过程中扮演重要的角色。阿里巴巴、腾讯、百度、京东、新浪、小米均是互联网时代的佼佼者，充当着数字文化产业创作、传播、销售的重要媒介。字节跳动成立于 2012年，从注册资金 3 亿美元到 2020 年营业收入 350 亿美元，创造了 70 亿美元的利润。其旗下的抖音、今日头条、西瓜视频可谓人人皆知。

随着移动互联网技术的进一步发展，人人都试图将自己的个性展现出来，人

---

① 《〈2020 中国互联网广告数据报告〉正式发布》，中国经济网，2021 年 1 月 12 日，http://www.ce.cn/xwzx/gnsz/gdxw/202101/12/t20210112_36214380.shtml。

人都有着从移动互联网中寻求快乐的需求,因而,类似字节跳动这样的互联网娱乐平台将会迎来更广阔的发展前景。当然,我国数字文化产业化水平仍然处于初级阶段,数字文化产业的技术含量不高,往往都走在模仿文化产业化水平高的国家的道路上,缺乏数字文化创新的动力,即使所谓的创新数字文化产品,很多也都停留在满足消费者娱乐的需求层次上,而很难有丰富的思想内涵。"而现阶段众多的数字文化产业项目多是注意经济或流量经济的典型代表,从文化的复合功能上来看,其经济价值的实现更多还局限于娱乐功能或满足初级消费需求"①。在今后数字文化产业的发展过程中,依然需要展示数字文化的内容,全面提升数字文化产品的层次,不能仅仅以满足消费者初级的娱乐需求为目的,而是要创作出更多能反映时代主题、能引起人们思考的数字文化作品,加强产业内涵建设,切不能将我国众多的数字文化产业带入文化快餐的系列之中,今日出现,明天消失,只供人们一笑,而不会在历史上留下任何痕迹。那种靠生产走马灯式的数字文化产品,根本上就不是高质量的文化产业发展之路。也许,下面的话,是值得我们认真思考的:"中国文化产业发展的这几十年间,我们曾经不止一次地讨论过,文化产业到底是侧重于产业还是文化。也许,产业,是形态、是途径、是方式,而文化才是真正的精神内核,是真正能留在人类历史上的东西。"②

目前,中原黄河文化数字化产业同样呈现数量和质量迅速上升的趋势,但是,中原黄河文化数字化产业中先锋文化企业数量依然较少,有影响力的文化品牌十分匮乏,数字文化企业的影响力整体上有待提升,这是河南省数字文化产业发展的现状。

第二节　中原黄河文化数字化产业的现状与趋势

目前,中原黄河文化产业正处在其良好的发展机遇期,而以数字文化产业为主导的文化产业化进程进一步发展壮大,数字文化产业引领着整个文化产业不断

---

①②　胡娜:《疫情之下,中国文化产业数字化的自我审视》,《中国文化报》2020年6月6日,第004版。

发生变革，对于中原黄河文化数字化产业发展来说，要充分利用这些大的时代环境为其提供的主客观条件，从而使之走上健康、持续的发展之路。当然，对于中原黄河文化数字化产业来说，发展过程中依然是困难重重。河南数字文化产业发展程度相对薄弱，传统文化在数字化过程中如何来满足消费者的喜爱，传统与现代之间的矛盾与隔阂究竟如何化解在数字文化产品中，是保持传统特色还是去传统化，消解传统而代之以现代化的特色，还是传统与现代共同整合在一起，都是在具体的数字文化创作过程中需要考虑的问题。

一、中原黄河文化数字化产业的发展现状

中原黄河文化数字化产业在国家关于推动数字文化产业和文化数字化产业高质量发展各项政策、意见和河南省相关政策的激励下，得到了稳定良好的增长，数字文化产业数量和规模近几年来迅速提升，目前已经打造出了一些省内知名的中原黄河文化数字化企业先锋，创造出了不少在省内有影响力的数字文化品牌，涌现出了一些优秀的数字文化产业管理人物。但是，中原黄河文化数字化产业发展的整体水平仍然有限，呈现产业规模较小，年总产值较低，有影响力的数字文化企业过少，投入的资金不足，数字文化产业的领军人才奇缺等状况。

第一，中原黄河文化数字化产业受到政府和社会支持而获得大幅度增长。2013 年 2 月，河南省人民政府出台的《河南省文化产业发展战略重点方案》指出，河南省文化产业发展形势总体良好，但仍然存在一些突出问题。要注重文化产业与科技融合，发展新型文化业态，增强文化产业竞争力。注重文化产业与华夏历史文明传承创新融合，使文化产业成为弘扬中原大文化、增强文化软实力的重要推动力。该文件还在战略重点部分指出，河南省文化产业要重点发展的五大产业，其中数字传媒、创意设计、动漫游戏三大产业跟数字文化产业密切相关①。这也就意味着，从 2013 年开始，河南省就确立了将数字文化产业作为带动全省文化产业提速，实现跨越式发展的重点文化产业来发展。

2021 年 2 月，河南省人民政府发布的《河南省人民政府关于明确政府工作报告提出的 2021 年重点工作责任单位的通知》中提出，要传承发展黄河文化，

---

① 河南省人民政府：《河南省人民政府关于批转河南省文化产业发展战略重点方案的通知》，河南省人民政府网，2013 年 2 月 25 日，https：//www. henan. gov. cn/2013/03－19/238566. html。

讲好新时代"黄河故事"，统筹推进黄河、大运河、长城、长征国家文化公园建设，加快悬河文化展示馆、黄河文化中心等黄河文化地标工程建设，提升黄帝故里拜祖大典等活动水平，打造郑汴洛黄河历史文化主地标城市，推进郑焦文旅融合产业带发展，建设沿黄国际旅游目的地。大力推动媒体融合，支持融媒体平台建设，发展积极健康的网络文化①。可以看出，促进黄河流域生态保护和高质量发展的国家战略在河南省已经积极响应并启动，中原黄河文化数字化和产业化建设迎来了新的良好机遇期。

中原黄河文化数字化产业既是一个新的产业项目，也可以说这个项目的实施早就开始了。目前，尚无确切的统计资料来描绘黄河文化数字化产业发展的总体状况，但是，在实际调研中可以感觉到，河南省沿黄各市县都在重点发展黄河文化数字化产业，并且取得了良好的效果。在目前大力促进黄河流域生态保护和高质量发展的国家战略指引下，中原黄河数字文化产业在河南省文化产业发展过程中一定会得到高质量发展，更多的关于中原黄河文化的数字文化作品会被创造出来，会引领河南数字文化产业走上一个新的台阶。

第二，中原黄河文化数字化产业的发展已经具备了良好的技术和平台保障。数字文化产业的兴起与发展是与互联网技术的发展程度成正比的，目前河南省互联网用户数量和普及率均创新高，这将催生出新的河南数字文化产业的迅猛发展。根据《2019河南省互联网发展报告》统计，2019年，河南省新增网民257万，网民规模达到8798万人，互联网普及率为91.3%。手机网民规模达到8630万人，占比达到98.1%。城镇网民达到6005万人，农村网民达到2793万人。互联网用户总数达到1.1亿户，居全国第4位，物联网用户总数达到7043.2万户，居全国第6位。网络娱乐类应用中，网络视频、网络游戏、网络音乐、网络直播的网民规模分别达到7540万人、6106万人、5983万人、4725万人。2019年，河南省互联网业务经营单位总数达到3391家，居全国第7位。其中，规模以上互联网企业（指互联网和相关服务业务收入300万元以上）总数达到93家，完成互联网业务收入91亿元②。2017~2020年，河南省互联网的发展情况如表8-1

① 河南省人民政府：《河南省人民政府关于明确政府工作报告提出的2021年重点工作责任单位的通知》，河南省人民政府网，2021年2月24日，参见https://www.henan.gov.cn/2021/02-24/2097951.html。

② 河南省政府新闻办：《〈2019河南省互联网发展报告〉新闻发布会》，河南省人民政府网，2020年5月15日，https://www.henan.gov.cn/2020/05-15/1454990.html。

所示。从中可以发现，河南省互联网发展状况不管是从普及率、用户数量、互联网业务经营单位总数上看，均居全国前列。正是因为有这样强大的互联网支撑，河南省文化产业按照时代的需要进行的数字化转型才能够有所突破，才有今天数字化产业的发展成果，才有今天所激发出来的越来越庞大的文化消费者，才会让每一名爱好互联网的人都能够通过移动互联网数字娱乐平台将自己真实的个性通过短视频或直播的形式展示出来。

表 8-1　2017~2020 年河南省互联网发展情况

年份	网民规模（万人）	手机网民（万人）	互联网普及率（%）	互联网用户总数突破（亿户）	互联网用户总数居全国位数（位）
2017	8121	7918	85.2	0.97	5
2018	8541	8400	89.0	1.12	4
2019	8798	8630	91.3	1.14	4
2020	8837	8749	91.7	1.18	4

资料来源：2017~2020 年《河南省互联网发展报告》。

数字文化产业和文化数字化产业的发展，都要依托于互联网技术平台。互联网尤其是移动互联网的进一步普及，不仅为数字文化产业和文化数字化产业的发展提供了传播、消费的平台，同时互联网及其软件技术亦是数字文化和文化数字化创造的产地。"互联网催发下，文化产品的形态则产生了丰富的裂变，典型的影音内容领域和文字内容领域都孵化出丰富的子业态，满足消费者更加个性化的需求，文化市场借助互联网而日趋繁荣，这也在倒逼文化服务品类的创新。"[1]

互联网的高速普及，也促进了黄河文化数字化产业的创新、变革和发展。例如，河南博物院、殷墟博物馆、开封博物馆、洛阳博物馆、虢国博物馆等，都建立了自己的网站，提供了丰富的网站内容。有些博物馆、艺术馆、书画院等还通过网络售卖自己的文化创意产品。河南电视台联合博物馆编创的春晚《唐宫夜宴》、元宵《芙蓉池》、清明《折扇书生》、端午《祈》等一系列"出圈"节目，也是通过互联网而广为传播，受到网民广泛称赞。数字技术赋能黄河文化，促进

---

① 邢樾：《数字化背景下文化产业内容生产与营销传播的新趋势探析》，《生产力研究》2020 年第 1 期。

了黄河文化数字化发展，推进了黄河文化传播。

互联网加速了各文化产品生产企业之间的竞争，促使着文化产业迅猛地更新换代，走创新发展的高质量之路。互联网以其巨大的信息流通优势，呈现信息传递快速、便捷、公众化的特点，因而，什么样的文化产品能够被人们所接纳，并喜爱，愿意为之付费，在互联网这个大的市场上很容易分辨出来。在互联网高速发展形势下，各数字文化创作企业之间的竞争势必达到白热化的程度。"由于文化产业各细分领域之间的壁垒偏弱，线上渠道促使文化 IP 转化异常活跃，所以互联网巨头对于文化产业的布局迅速涉猎全部领域，基于用户流量和资本实力抢夺市场资源，促使文化产业新竞争格局的形成。"① 良性的文化产业之间的竞争可以促使这些企业提高其效率，提升所创造的文化产品的质量，对于文化产品消费者来说，能够获得更好的文化产品。

第三，中原黄河文化数字化产业发展的整体水平有限。文化产业的发展水平是由整体上的经济发展水平决定的，既由所创造的经济总量决定，更由经济发展的质量决定。数字文化产业和文化数字化产业作为新兴的文化产业，其是以互联网的飞速发展为依托发展起来的，随着数字信息技术的发展而发展壮大，并对数字经济形成根本上的依赖性。总体上看，中原黄河文化数字化产业总体规模偏小，文化产业结构不合理，文化产业同质化现象严重，市场主体的竞争力较弱，高端文化品牌缺乏，文化人才匮乏等。

中原黄河文化数字化产业发展状况受制于河南省经济发展水平。国家统计局公开资料显示，2020 年河南省生产总值 54997.07 亿元，名列全国第 5 位，比2019 年增长 1.3%，低于全国增长 2.3% 的水平。从人均生产总值来看，河南省2020 年为 57051 元，低于全国人均生产总值 72371 元的水平，在全国 31 个省份中仅名列第 18 位。2020 年从人均可支配收入来看，河南省为 24810 元，全国排名第 24 位，低于全国居民人均可支配收入 32189 元的水平。文化产业作为第三产业即服务业门类，对人民群众的消费水平形成一定的依赖性，人们消费水平的高低直接决定着这一产业的兴盛程度。从 2020 年河南省人均可支配收入来看，依然低于全国平均水平，这也从一个侧面体现着河南省整体经济的发展状况，在一定程度上体现着河南省文化产业的发展状况。

---

① 邢樾：《数字化背景下文化产业内容生产与营销传播的新趋势探析》，《生产力研究》2020 年第 1 期。

　　中原黄河文化数字化产业发展水平还受制于河南省经济结构不合理。根据《2020年河南省国民经济和社会发展统计公报》统计数据，2020年河南省第一产业、第二产业和第三产业结构之间的比率为9.7∶41.6∶48.7，其中，第一产业增加值5353.74亿元，增长2.2%；第二产业增加值22875.33亿元，增长0.7%；第三产业增加值26768.01亿元，增长1.6%[①]。国家统计局发布的《中华人民共和国2020年国民经济和社会发展统计公报》显示，全年国内生产总值1015986亿元，比上年增长2.3%。其中，第一产业增加值77754亿元，增长3.0%；第二产业增加值384255亿元，增长2.6%；第三产业增加值553977亿元，增长2.1%。第一产业增加值占国内生产总值比重为7.7%，第二产业增加值占国内生产总值比重为37.8%，第三产业增加值占国内生产总值比重为54.5%[②]。可以发现，我国产业结构在不断优化，第三产业在国民经济中所占的比重逐渐增大，第二产业在国民经济中所占的比重将会有所下降。对比河南省产业结构和国家整体上产业结构会发现，河南省产业结构仍然有很大的优化空间，第三产业在国民经济中所占比重仍然需要大幅度提升。三大产业结构所占比重实际上反映出了河南省经济的总体状况，文化产业作为国民经济发展中的支柱性产业，属于第三产业的门类，互联网、信息技术平台、高新科技产业等数字产业，均属于第三产业门类，因而从第三产业所占比重较小的现状中反映出这些门类的发展程度需要进一步提高。

　　产业结构的不合理状况，在很大程度上制约着文化产业的发展，尤其是第三产业比重不高，直接会影响到文化产业的发展水平。正如马克思在《资本论》第一卷第一版序言中写道："一个社会即使探索到了本身运动的自然规律……，它还是既不能跳过也不能用法令取消自然的发展阶段。但是它能够缩短和减轻分娩的痛苦。"[③] 河南省的社会发展水平与东南部沿海省市相比，依然存在较大的差距，而社会的产业结构也好，文化产业的发展状况也好，从根本上说是受经济发展水平的制约和决定的。

---

　　① 河南省统计局、国家统计局河南调查总队：《2020年河南省国民经济和社会发展统计公报》，河南省人民政府网，2021年3月7日，https：//www.henan.gov.cn/2021/03-08/2104927.html。
　　② 国家统计局：《中华人民共和国2020年国民经济和社会发展统计公报》，国家统计局网，2021年2月28日，http：//www.stats.gov.cn/tjsj/zxfb/202102/t20210227_1814154.html。
　　③ 《马克思恩格斯选集》第2卷，人民出版社2012年版，第83页。

第四，中原黄河文化数字化产业的相关企业在数量、规模和质量上都有待提高。近些年来，中原黄河文化数字化产业出现了一些省内知名的企业先锋，打造了一些在省内有影响力的数字文化品牌，也涌现出了一些优秀的数字文化产业管理人物。但是对于中原黄河文化数字化产业乃至河南省数字文化产业发展来说，相比于国外发达国家和我国东南沿海经济发达地区数字文化产业状况，呈现产业总体规模偏小、在各文化产业行业中占比过小、文化市场主体整体竞争力不强、体制机制不活、消费滞后、投入不足、新技术开发利用不够等问题。

在 2020 年河南省企业 100 强中，只有中原出版传媒投资控股集团有限公司 1 家为数字文化为主的企业，在 100 强中排名第 30 位。在评选出的 2020 年河南文化产业先锋中，先锋文化企业榜中数字文化产业企业的数量不多，规模相对不大。有影响力文化品牌榜中，只有爱奇葩、豫记两个数字文化品牌，数量较少，知名度和影响力有待提高。这些数据说明，中原黄河文化数字化产业的相关企业还有很长的路要走。

二、中原黄河文化数字化产业发展的机遇与挑战

中原黄河文化数字化产业的发展处于全国数字文化产业快速发展和促进黄河流域生态保护和高质量发展国家战略的良好机遇期。近年来，以黄河文化为主题的数字文化产业一直是河南省所要打造的数字文化品牌，以黄河为题材的影视歌曲也是重点创作的对象，以黄河为主题的文学作品依然广受人们喜爱。尤其国家实施黄河流域生态保护和高质量发展战略以后，中原黄河数字文化产业迎来了发展的黄金时期。同时，中原黄河文化数字化产业由于起步晚、底子薄、资金不足、人才缺乏等因素，导致其在发展过程中面临着一系列的困难需要克服。可以说，中原黄河文化数字化产业的发展总体形势良好，但成长壮大的过程绝非那么容易，要直面成长过程中的困难，并努力探索解决办法。

一方面，中原黄河文化数字化产业发展迎来了前所未有的发展机遇。如前文所述，改革开放以来特别是党的十八大以来，中央和河南省人民政府以及沿黄各市县纷纷出台了政策措施，制订了发展规划，着力保护、传承和弘扬黄河文化，给黄河文化数字化产业化发展提供了充分的政策支持和财政支持（见表 8-2）。

表8-2 2013年以来中央和河南省促进数字文化产业发展的主要政策

时间	部门	文件
2013年2月8日	河南省人民政府	《河南省文化产业发展战略重点方案》
2015年8月5日	河南省人民政府	《河南省文化创意和设计服务与相关产业融合发展规划（2015—2020年）》
2016年11月29日	国务院	《"十三五"国家战略性新兴产业发展规划》
2017年4月11日	原文化部	《文化部关于推动数字文化产业创新发展的指导意见》
2020年10月29日	中国共产党第十九届中央委员会	《中共中央关于制定国民经济和社会发展第十四个五年规划和二〇三五年远景目标的建议》
2020年11月18日	文化和旅游部	《文化和旅游部关于推动数字文化产业高质量发展的意见》
2020年11月27日	文化和旅游部	《〈文化和旅游部关于推动数字文化产业高质量发展的意见〉解读》
2021年2月24日	河南省人民政府	《河南省人民政府关于明确政府工作报告提出的2021年重点工作责任单位的通知》

中原黄河文化数字化产业的兴起和发展处在我国数字经济飞速发展的机遇期，互联网技术的进步和使用范围的扩大，尤其是移动互联网用户的迅猛扩张，都使数字文化产业具备庞大的消费者群体。在我国物质文明发展达到一定高度的同时，需要与之相适应的精神文明的成果来满足人民群众对美好生活的追求，传统文化和以传统文化为基础和内核而创造出来的现代文化或文化产品，都是人民群众所需要的。而中原黄河文化以其特有的魅力，获得广大人民群众的尊敬和喜爱，在促进黄河流域生态保护和高质量发展的伟大战略引领下，中原黄河文化的数字化保护一定会更加受到重视，力度会进一步加大，也会从中原黄河文化中打造出更加丰富多彩的数字文化产品。

2020年10月，在文化和旅游部指导下，甘肃省文化和旅游厅在兰州主办了"黄河文化数字化论坛"。此次论坛旨在贯彻习近平总书记在黄河流域生态保护和高质量发展座谈会上的重要讲话精神，推动落实文化和旅游部对高质量发展文旅产业工作部署要求，提升黄河文化数字化产业转化为文旅产业发展动力而召开。与会领导和专家表示，要以黄河文化为核心，重点发展文化创意、动漫、演艺、节庆、展会等新兴业态，通过编制规划、组织培训、开展对接等方式，推动黄河文化与大数据、云计算、区块链等新技术深度融合，大力提高文化产业和旅游产业的数字化发展水平①。与此同时，开封市政府还举办了"2020年数字文化大会"，重点围绕黄河文化数字化展开了讨论，签订了一些合作项目。各种迹象表明，中原黄河文化数字化产业必将会乘着这些政策东风，乘风破浪，顺势前行。

另一方面，中原黄河文化数字化产业发展也面对诸多挑战。中原黄河文化数字化产业的发展呈现出整体水平有限，产业规模较小，年总产值较低，有影响力的企业过少，投入的资金不足，高素质的文化创造和管理人才缺乏的状况，这说明了在现阶段我们大力发展这一文化产业任重道远。

中原黄河文化数字化产业的发展过程遇到的众多挑战中，首当其冲的是，中原黄河文化作为中国传统文化，在数字化过程中如何才能满足大众消费者的需求。河南省拥有丰富的黄河文化资源，其文化产业化的过程中就先天地具有了更多的优势。有了宝贵的中原黄河文化资源，接下来的第一步就在于将这些资源进行数字化保护和利用，完成中原黄河文化的数字化转化和数字化开发。这一步实际上一直在进行之中，其紧迫性现在日益显现出来了，速度需要更快些，力度也需要更大些。第二步是最关键的，那就是创造出让消费者喜爱并且能够激发他们去消费，愿意为之买单的数字文化产品。这一步也是中原黄河文化数字化产业化发展的核心。在实现文化数字化转型的过程中，如何才能满足更多消费者需要？到底传统文化该转换成什么样的数字文化产品才能带来更大的经济产值？这恐怕是一个共性的问题。尤其是在目前我国整体文化产业消费层次不高的环境下，有品位、高质量、典雅、庄重、文化气息浓厚的数字文化产品，却还比不过那些通俗、简单、娱乐化、搞笑，甚至有些庸俗的娱乐数字文化产品更有市场，在产值上差距就更大。这尤其体现在影视作品类的数字文化产品中。究其原因，恐怕很复杂，既跟人们普遍的文化水平程度有关，也跟人们对数字文化产品的消费习惯有关。

大众文化消费的层次和水平，决定着整体上的数字文化产业的发展状况。这是互联网和数字信息技术水平无论发展到多高的程度都无法改变的事实。哪一个数字文化产业把握了大众消费的需要，就会形成广阔的市场，进而极大地增加其

---

① 施秀萍：《甘肃举办黄河文化数字化论坛》，每日甘肃网，2020年11月3日，http：//gansu. gan-sudaily. com. cn/system/2020/11/03/030193182. shtml。

产业的经济产值。中原黄河文化是中国传统文化中的杰作，这就使创作者以此为题材进行数字文化产品创作时，会在心理上产生一种巨大的负重感，这重负重感有时是一种激励，激励着创作者能够创作出更加出色的作品，但有时也是一种负担，使创作者以中原黄河文化为题材和内容进行文化产品创作时，变得保守，缺乏创新意识。

值得一提的是，文化产业与文化事业固然有密切的联系，两者都离不开文化这个基础概念，但是，文化产业是要生产出有创造性的文化产品或商品，文化事业是要创作出高品质的文化作品。大力发展文化事业和文化产业，都是实现文化强国战略，不断提高国家文化软实力的主要途径，但两者还是有着根本性的不同：文化事业不以追求产值为目的，体现为政府的公益性质，政府买单，人民享用；文化产业以追求高附加值的经济产值为目的，以繁荣经济发展，促进老百姓消费为主要宗旨。数字文化事业与数字文化产业之间也存在着这样的异同。

中原黄河文化数字化产业发展之路的确不会那么平坦，虽然河南省拥有那么多的资源，但这些资源到最后能够带来多少真金白银的收入，却是衡量中原黄河文化数字化产业发展成功与否的主要标准。河南省在推行数字文化产品创造时，既要使产品不失传统文化气息，又能够紧跟时代步伐，贴近老百姓生活，满足大众消费需求，这的确是需要付出努力的。

第三节　中原黄河文化数字化产业发展的对策

在以互联网、信息技术、数字经济为主导的新的科技革命面前，走高质量的文化数字化产业发展之路是必然的选择。对于中原黄河文化产业来说，其发展途中既具有很多优势和机遇，同时也将有一系列的难题需要去面对和解决。但是其数字化产业发展之路也是一条必然的选择，这从根本上是由这个时代的特征所决定的，是由未来历史发展的趋势所决定的。今天，人类社会发展到数字时代，新的科学技术革命推动着新的文化产业形式萌生，又导致了旧的文化产业形式退出历史舞台，无论哪一种文化产业，都是随着经济和社会发展达到一定程度而出现的。因此，在推动中原黄河文化数字化产业发展的过程中，务必要认清文化产业的发展趋势，着眼于未来，同时又要结合河南省实际，才能探索出一条可持续发展的中原黄河文化数字化产业之路。

一、中原黄河文化数字化发展的必由之路

在以现代信息技术和互联网为主导的新的科技革命的影响下，人类进入了一个新的数字化时代，在新的科技革命浪潮面前，中原黄河文化产业的数字化转型迫在眉睫，中原黄河文化数字化产业的发展也是一条必由之路。数字产业在经济和社会发展中占据了一个主导性的地位，数字化的生产方式和交换方式也随着数字产业的兴起和壮大而发生改变。整个社会的生产、分配、交换、消费行为都离不开数字技术和互联网。数字经济在国民经济中所占有的比重的大小，成为衡量一个国家科技化程度高低的一个重要标准。我国向来注重数字经济的发展，积极发展壮大互联网技术和业务，主动借鉴和引进国外先进的数字技术，迎接新时代科技革命的浪潮。数字文化产业在数字化时代是必不可少的一个产业，在大力推行科教兴国战略和文化强国战略的背景下，数字文化产业的迅速崛起是必然的。中原黄河文化的数字化发展有两条必由之路：数字化保护和大数据应用。

一是中原黄河文化数字化保护，这是实现产业化发展的一项长期任务。中原黄河文化数字化产业发展中不可忽视的一件事情就是先要将更多的中原黄河文化进行数字化保护，将更多的文化作品、遗址、非物质文化遗产、文物、民间节庆活动等实行数字化。中原黄河文化以其悠久的历史、深邃的思想、丰富的内容、广泛的形式、宽广的地域、巨大的影响力而闻名于世，许多文化遗址、文化作品、民间传统节庆活动、风俗以及流落民间的珍贵的黄河文化遗产，亟须要进行数字化保护。

中原黄河文化是具有悠久历史的文化宝藏，面对自然环境的变迁，气候变化的影响，以及城市化发展也在挤压一些传统民间风俗、习俗等文化节庆活动的空间，甚至导致很多传统的庙会等活动被迫停止，包括一些人为的对文化遗址、文物的破坏等，都有可能导致无法修复的损失。通过将其变成数字化的成果，可以让人们看到其原貌，起到文化保护的功能。一方面，要对实体的文化资源进行保护、收藏等；另一方面，也需要对之进行数字化保护，拍摄成数字化的文化资料。传统文化的数字化保护极其重要，要发挥包括政府在内的社会各级部门，包括高校共同参与到黄河文化的保护中来。洛阳师范学院图书馆在保护、传承、弘扬河洛文化上面的做法，很值得人们借鉴学习。洛阳师范学院图书馆坐落在洛阳，是以人文社科文献馆藏为底蕴，以河洛文化为特色兼具自然科学学科的多学科综合性师范院校图书馆，自2000年开始就以河洛文化为主题，搜集整理河洛地区墓志、石刻艺术品及地契等特色资源，特色馆藏质量得到明显提高，内容不断丰富。经过20年的积累，截至2020年，累计征集河洛地区墓志、石刻艺术品600余件，碑、志铭刻拓影3000余件。陆续收到从元代到民国时期时间跨度越600余年的官契、私契等契约文书2000余种①。中原黄河文化作为中国传统文化之根，对其进行数字化保护，功在当代，利在千秋。这是一件艰巨且迫切的重要工作，要当成一项伟大的事业来完成。

二是大数据应用。以互联网和信息技术为代表的新的科技革命将人类历史带入一个新的时代，即数字化时代，数字化时代以大数据统计为典型特征，整个社会将人们的日常生活、社会生产、消费、工作等领域的活动方式统一进行数字化统计并分析，甚至对每一个人的行为习惯、特点等可以进行精准的网格式管理。科技革命必然引起文化数字化产业革命，也会给中原黄河文化数字化产业化发展带来革命性变化。

"近年来，随着数字信息技术尤其是智能技术的飞速发展与广泛应用，大数据正在开启一个新的世界，数据量呈指数级增长。据UNC-TAD数据，1992年全球互联网每天传输大约100GB的流量，2002年达到了每秒100GB，2017年激增至每秒46600GB。预计到2022年，全球IP流量将达到每秒150700GB。"② 大数据记录了在相当发达的互联网信息技术时代人们的行为与之前相比所呈现的不同，大数据类似于在生产领域的自动化水平高度发达状态下整个社会生产的有序化、高效化、精准化。而且大数据统计的精准化程度随着科技革命的深入发展会更加提高，互联网流量依然呈指数增长，从而使大数据变成为一种在后工业化时代的宝贵资本。

在数字经济主导下，整个社会日益被数字化，对于文化产业来说，由于所生产的文化产品自身的特点，更容易被数字化，从而形成文化数字化产业。科技革命必然会引起新一轮的数字文化产业革命，体现为数字文化产业在文化产业中所

---

① 马艳霞：《保护、传承、弘扬黄河文化图书馆的作为与担当——以洛阳师范学院图书馆为例》，《河南图书馆学刊》2020年第8期。

② 左惠：《文化产业数字化发展趋势论析》，《南开学报（哲学社会科学版）》2020年第6期。

占有的比重会逐渐增加，那些与互联网联系不大的文化产业会逐渐失去生存空间，文化产品所蕴含的科技含量增加，更加精致化，整个社会会自动消除掉那些多余的重复性生产的文化产业企业，同行业文化企业之间的竞争更加激烈，文化企业对大型数字平台的依赖性越来越强，大数据越来越成为文化企业进行文化产品生产的重要依据。当然，整个社会体现为对这些数据资本的争夺，谁掌握着这些主要的数据，谁就能够在产业竞争中占优势。

科技革命带来数字文化产业的革命，这是必然的，文化产业从根本上来看既受社会经济发展程度的制约，也会随着经济结构的改变而发生改变，产业结构的每一次调整都会影响到文化产业的发展。互联网等信息技术的革命带来的大数据分析的确会左右文化数字化产业的发展格局，大数据对文化数字化产业的影响也是两面性的：一方面可以提高文化数字化企业生产效率，优化文化数字化产业资源，大数据分析可以避免生产过剩和多余的文化数字化产品，使文化数字化市场按照大众消费者的需求进行精准生产；另一方面会产生一些负面的效应，其中最大的负面效应就是在大数据时代，由于文化数字化产业对大数据形成的依赖性，使消费者被数字化。在大数据统计中，活生生的消费者被抽象化为能够为某些产业带来利润的"资本"，而且不仅数字文化产业如此，整个社会也越来越被数字化，人被数字所异化的程度在不断加深。在工业化时代，人被异化为"商品"，在大数据时代，人被异化为"数字"。因而，在高技术时代，对于数字文化产业来说，始终应不断提升文化产品的质量，逐渐减少因资本市场逐利给文化数字化产业带的负面效应。数字文化产业的高质量发展，不仅表现在流量上，更体现在数字文化产品的质量、立场、情趣、价值观上。这对于数字文化产业和文化数字化产业来说，都是一个永远应该审视的问题。

二、中原黄河文化数字化发展的对策

当今时代，各种互联网数字平台将会成为整个文化产业生产、流通、消费的主阵地，数字文化产业和文化数字化产业的发展，不仅包括生产出高质量的数字文化产品，同时也包括将越来越多的优秀文化和文化产品数字化。数字文化产业和文化数字化产业的发展有其特有的规律，理所当然要遵循发展规律与发展趋势，同时结合中原黄河文化数字化产业发展的现状与趋势，在两者相结合的基础上来思索促进中原黄河文化数字化产业高质量发展的切实可行的对策。

第一，打造高品质的数字文化产品是中原黄河文化数字化产业发展的根本追求。作为文化产业的组成部分，数字文化产业与非数字文化产业之间并不存在本质上的不同，从它们所生产的文化产品来看，区别在于前者是数字化的，而后者是非数字化的，它们都是商品，都需要在市场上通过流通的方式被消费者购买才能实现其交换价值。因而对于数字文化生产企业来说，创造物美价廉的数字文化产品才是根本出路，企业才能在市场上立足并不断发展壮大。中原黄河文化数字化产业依然要面对激烈的数字文化市场竞争，遵循价值规律优胜劣汰的法则，如果不能创造出高质量的数字文化产品，则这样的中原黄河数字文化产业是没有前途的。

任何文化产业都是以出售文化产品并获取利润为根本目的，数字文化产业也不例外，至于其数字文化产品能否出售，能出售多少，则主要取决于该数字文化产品的品质。何谓高品质的数字文化产品，从消费者的角度来说，就是指该数字文化产品能够广泛满足消费者的需要，能受到稳定的消费群体的青睐，在数字文化产品市场中占有一定的份额；从文化产品的形式上来说，就是指该数字文化产品在声音、文字、图像制作上精美，能给人以美的享受；从文化产品自身内容来说，就是指该数字文化产品具有丰富的内涵，能够表达深刻的思想，能够引起消费者的共鸣。

中原黄河文化数字化产业所生产出的是以中原黄河文化为主题和内容的数字文化产品，其品质高低从自身来看，衡量标准在于是否能将深刻的中原黄河文化内涵融入其中，并以通俗的形式呈现深刻的思想内容，能够反映时代的潮流，主题鲜明，引起人们深刻的思考。不管是何种体裁和内容的数字文化产品，都需要有鲜明的主题，并且能够紧扣时代步伐，符合时代需要。例如，赵雷的一首《成都》曾经唱遍了祖国各地，纷纷被人们重新填词翻唱，是近些年来深受老百姓喜欢的流行歌曲之一。这首歌曲成功之处除了旋律、曲调优美，再加上民谣的唱法之外，最吸引人的地方在于歌词内容所传达的意境能够引起人们的共鸣，也许你没到过成都，但你心目中一定存在着《成都》中所唱出的经历，歌声响起时，你心目中刻骨铭心的那次城市夜晚经历一定会浮上心头。电影创作成功与否也在于是否能够引起人们的共鸣，给人以愉悦和美的享受，或者能够引起人们对某些问题深刻的思考与反省。成功的喜剧电影与所谓"神剧"的区别就在于前者带给人的是轻松、愉悦和快乐，而后者带给人的是无聊和荒唐，虽然其中的某些情节都是虚构的。例如，电影《举起手来》毫无疑问是抗日喜剧中的佼佼者，而不能称其为一部"神剧"。我们在进行中原黄河文化数字化产品的创作时,时刻需要将能否带给人愉悦、快乐、共鸣、深思作为最重要的追求目标。

第二,建设好中原黄河文化数据库系统。2021年,河南省"两会"期间,多位省人大代表和政协委员都建议,要加快建设中原黄河文化数据库,更好地保护、传承和弘扬黄河文化。建设中原黄河文化数据库,要依靠政府主导、社会参与的方式进行,逐步建立起省级、市级、县级的数据库,既可以是综合性数据库,也可以是专题性数据库,构筑中原黄河文化数据库体系。该数据库的板块内容包括:黄河物质文化遗产数据库、黄河非物质文化遗产数据库、沿黄古都文化数据库、黄河历史文献数据库、黄河文学艺术数据库、沿黄风土人情数据库、沿黄红色文化数据库等,推进黄河资源数字化建设,真正把黄河文化保护好、传承好。

值得庆幸的是,2021年5月,河南省首个以黄河文化特色资源为主题的数据库建设项目在洛阳市正式启动。洛阳市、济源市、焦作市、平顶山市、三门峡市公共图书馆联合,将对洛阳都市圈、河洛文化圈与黄河有关的历史文献、文学文献、实体文献、非遗、人物事件、遗址、景观、治理成就等进行收集、整理和分类,以文图、视频等形式,在公共图书馆地方特色数字资源共享平台上展示,免费为公众提供资源服务,系统揭示黄河在中华文明起源、发展中的重要作用,推动洛阳都市圈公共文化服务融合发展。在此之前,河南大学黄河文明省部共建协同创新中心也创建了以研究"黄河学"为主体的数据库,包括黄河学综合数据库、黄河云平台、黄河中下游科学数据中心等。遗憾的是,到目前为止,还没有一个真正能够从历史和现实相结合的层面上全面体现黄河文化的数据库。

建设黄河文化数据库系统,本身就是推动黄河文化数字化产业化发展,也必将大大促进河南文化产业的发展。例如,浙江省在此方面有成功经验,浙江省建有全省非物质文化遗产数据仓,市级以上名录项目资料录入率达100%,打造"浙江非遗购物节",培育"非遗经济"新模式。2021年"浙江非遗购物节"期间,非遗商户实现销售额10.8亿元,其中线上销售额近9亿元,实现了社会效益和经济效益双赢。

第三,建设好中原黄河文化生产平台。数字文化产品或文化数字化产品的生产主体当然是这些产品的生产者,因而主要的生产平台是生产者主体。与此同时,随着数字技术的发展,文化生产也可能越来越多地依托于数字化生产平台。比如工艺品设计的软件系统、戏剧演出培训网站、文化旅游展示平台、经验交流平台、生产技术支持平台等。

第四，建设好中原黄河文化传播交易网络。在以移动互联网为联系纽带的信息社会里，人们社会生活的方方面面都离不开网络，网上购物、网上社交、网上娱乐、网上办公、网上创业等，总之一句话，上网成为人们常态化的生活方式。依据《中华人民共和国2020年国民经济和社会发展统计公报》统计，全国互联网普及率为70.4%，河南省互联网普及率就高达91.3%，河南省互联网的普及率高于全国平均水平20多个百分点。但是，河南省还没有一家专门以推动黄河文化传播和交易为主体的网站。在未来文化事业和文化产业建设中，应该进一步加强这方面的建设。

对于数字文化产业来说，对大型的互联网信息数字平台的依赖性在逐渐增加，因为从大数据中能够分析出消费者的消费习惯，从而能够按照不同群体的消费者的消费喜好定制出满足他们需要的数字文化产品。大型的互联网信息数字平台资金雄厚，储备了大量的互联网人才，在业内具有巨大的影响力，对于数字文化产业来说，他们所需要的消费者消费数据，都掌握在这些平台的手中。既然网民的网上活动所产生的大数据如此重要，那么谁能取得最新的数据，谁就能够在数字文化产品创造中抢得先机。因此，一方面，大力发展中原黄河文化数字化产业，需要通过各种方式利用最新的互联网数据，掌握消费者全新的消费动态进而精准地进行数字文化产品创作；另一方面，大数据的取得需要为之付出较大的费用。为了化解这个困局，我们需要建立属于自己的互联网信息平台。面对河南省数字文化产业发展的现状，需要建立一个以黄河文化产业为品牌的购物、娱乐、学习、教育、社交等一体的数字化网络系统，进而来推动中原黄河文化数字化产业的发展。

第五，吸引和培养高素质的中原黄河文化数字化产业技术创作人员。对于任何一个企业来说，人才队伍的储备和建设都是至关重要的，对于大力发展中原黄河文化数字化产业来说也是如此。可以这么说，文化数字化产业关键问题是人才，是否具有高素质的数字文化技术创作人才，直接决定着这一文化数字企业的地位和发展前景。

中原黄河文化数字化产业技术创作人才属于稀缺资源，一方面需要具备数字文化产品创作所要的技术水平，这一技术水平包括互联网网络技术、数字软硬件处理掌握技术、数字传播媒体应用技术、数字信息分析能力等，这是任何数字文化产品创作所必备的专业水平；另一方面需要掌握中原黄河文化的相关知识，对中原黄河文化发展历史有一个清晰的了解，对中原黄河文化中的主要成果熟知，对中原黄河文化史中出现的名人传记也要知晓。作为一名优秀的中原黄河数字文化产业的技术创作人员，数字技术处理能力与文化知识掌握能力这两个方面都需要达到较高的水平。

再优秀的数字文化和数字文化产品都是由人所创造出来的，高品质的数字文化产品是数字技术与文化的完美结合，两者缺一不可。如果只有好的数字技术而没有优质文化内涵，那么这样的数字文化产品相当于没有内容和灵魂，即使通过包装和大肆宣传，也只能起到短期效应，从长时间来看不可能成为数字文化领域的精品。只注重数字文化产品的内容和内涵而忽视其外在的数字表达形式，这也是不利于这一数字文化产品的广泛传播并被人们所接受。好的数字文化产品需要外在的数字技术来吸引人们的眼球和注意力，然后通过其内在的内容和思想来打动人们的内心，从而形成持久的影响力和广泛的传播效应，因此数字技术是数字文化产品的外在形式，而文化则是数字文化产品的内容和灵魂。

高素质的中原黄河文化数字化产业技术创作人员一方面可以通过吸引的方式获得，另一方面更重要的是靠培养。通过提供良好的数字文化产业创作平台和较高的收入，解决好技术创作人员在住房、子女教育、医疗社会保障等方面的后顾之忧，以吸引高素质的数字化产业技术创作人员，可以在一定程度上弥补中原黄河文化数字化产业技术创作人员缺乏的不足。同时要清楚，高素质人才最重要的来源是培养。人才培养要注重长期效应，"十年树木，百年树人"，要给予中原黄河文化数字化产业技术创作人员成长学习的机会，加大培训、学习的投入力度，打造良好的人才成长环境，健全合理的人才成长机制，这些对于一个中原黄河文化数字化企业来说，是一项长期的重要工程。

能否以中原黄河文化的宝贵财富为内容和题材创造出高质量的数字文化产品，是实现中原黄河文化数字化产业良好发展的根本性问题。中原黄河数字文化产业发展面临着良好的发展机遇，同时也有其发展中所需要克服的困难，只有利用好互联网时代数字经济大放异彩的机遇，充分利用并把握促进黄河流域生态保护和高质量发展的政策形势，大力培养数字文化产业的高技术和高水平人才，学习并借鉴国际、国内高端数字文化产业的发展经验，才能一步步打造出高质量的中原黄河文化数字化产业发展体系。

结语　推进中原黄河文化产业化发展

中原历史厚重、资源丰富、人口众多，之所以能够长期作为全国的政治、经济、文化中心，其重要原因就是独特的自然资源和重要的地理区位。在中华民族发展的历史长河中，中原人民与黄河相伴共存，其中既有先民敬仰皇天后土，播下粮种，开辟中华农业文明之曙光的光荣。又有或旱魃肆虐或河水恣流，千里无鸡鸣的悲痛。同样有新时代，变害为利，"一定要把黄河的事情办好"的壮志豪情。中原是中华文化起源的"根"，而黄河为其中注入了"魂"。因此，中原黄河文化既是不屈不挠民族精神、博大精深中华文化的缩影，也是未来社会高质量发展的突出代表。中原黄河文化产业化积累的经验和教训，对于全国文化产业化发展都有着重要的借鉴意义。

一、中原黄河与文化产业化的关系

河南之名得于地理位于大河之南。上古时期，大禹定九州，河南为豫州，为九州之中，又称"中州"。河南为江、河、淮、济"四渎"齐会之地，"江"之长江的汉江支流源出南阳；"淮"之淮河源出桐柏山，其重要支流沙颖河覆盖了豫东南大部；"济"之济水，虽然久已湮没，但济源及遗迹依然可供后人怀古；"河"之黄河，黄河文化及其精髓的河洛文化尽在中原；今之卫河北流入海河，是通往华北地区的重要河流。在历史上，黄河安澜则天下皆安，黄河泛滥则天下播乱。正所谓"黄河治则河南治，黄河乱则河南衰"①。中原的兴衰更替都与黄河密切相关，文化产业自然也不例外。

---

① 王泾渭：《黄河治乱与河南兴衰》，《黄河科技大学学报》2008 年第 4 期。

一是中原的文化产业地位得益于黄河。中原地区自上古至北宋三千多年的时间中，从中华文明发祥到汉唐盛世，再到北宋繁华，中原一直是全国的政治、经济、文化中心，其中重要的原因是黄河的哺育与浇灌。《禹贡》记载黄河"又北播九河，同为逆河入于海"。战国以前，黄河下游河道分流数股，北可至天津入海。金元至于清朝咸丰四年，黄河又夺淮入海，黄河下游大部分河床自此逐渐形成"悬河"，黄河河床的摆动对所经地区的环境带来了深远影响。人们在客观认识到黄河泛滥对环境造成巨大破坏的同时，也更需要认识到中原人民在与黄河共处中，得到的千里沃野、便利的水利资源、不断进步的生产技术与丰富的抗灾经验。① 中原先民在与黄河共存抗争的过程中，中原文化内涵不断丰富，影响范围不断扩大，为中华民族的民族精神中注入了坚韧不拔、团结和谐的因子，成为中华文化的核心内容。

二是文化产业有助于中原黄河的形象塑造与推广。"唐宫夜宴"让世人见证了盛唐的雍容华贵，"龙门金刚"让众人看到了中原文化的坚强与包容。上古治水名人共工是辉县人，大禹定都登封阳城，治水用水中实现了天下齐心，进而共同开辟了中华文明新纪元。民族英雄林则徐在任职东河总督时，办理黄河河务，"惟思河工修防要务，关系运道民生，最为重大。河臣总揽全局，筹度机宜，必须明晓工程，胸有把握，始能厘工剔弊，化险为平，而道、将、厅、营皆得听其调度，非分司防守之员事有禀承者可比"。② 围绕黄河，在中原历史中涌现了无数英雄志士，产生了丰富多元的水利思想、制度管理、工程建设等文化信息。丰厚的文化资源、鲜明的人物形象、众多的历史遗迹为中原形象的建设提供了坚实的基础。

三是中原黄河与文化产业化可以实现互融、互通、互助。中原地区要巩固脱贫攻坚成果，实现乡村振兴，需要解决好乡村资源的开发利用，需要健康可持续的特色产业引入。文化产业化发展的基础是特色的文化资源和广阔的市场空间。因此中原地区发展与文化产业化之间有着突出的互补关系，实现两者的互融、互通、互助，有利于最终实现共享共赢。

---

① 陈昌远著，陈隆文修订：《中国历史地理简编》，河南大学出版社2007年版，第385页。
② 林则徐全集编辑委员会：《林则徐全集·奏折卷》第1册，海峡文艺出版社2002年版，第45—46页。

二、中原黄河文化产业化的定位

讲好黄河故事，弘扬中原文化，既需要大力发展黄河文化事业，也需要大力发展黄河文化产业。特别是在社会主义市场经济环境中，更需要找准自身定位，充分依靠社会力量，增强市场理念，培育市场主体，利用市场机制，促进黄河文化产业化发展。

一是中原黄河文化产业化在全国产业经济中具有不可替代的作用。在资源禀赋方面，中原黄河文化的资源禀赋全面且独特，因为其具有"地貌景观的完整性、支津文化的丰富性、核心地位的特殊性、历代治河的关键性和民族形成的熔炉性"。① 中原黄河文化当之无愧的在黄河文化、中华文化中居于龙首位置。在资源利用方面，河南的地下文物位居全国第一，地上文物位居全国第二，文化资源单体和非遗项目数量全国领先，中原地区的文旅开发取得了突出的成绩。2020年在受新冠肺炎疫情冲击情况下，文化、体育和娱乐保持了 25.8% 的正增长，2020 年下半年至 2021 年上半年，游客接待量、旅游收入和文化消费在高于全国恢复速度的同时，已经基本达到了前年和上年同期水平，为全国文化产业的恢复做出了突出贡献。②

二是中原黄河文化产业化正在实现弯道超车。中原黄河文化产业化自 20 世纪 90 年代起步，由于发展基础薄弱，长期落后于全国水平，但随着经济水平提升、市场意识增强、文化需求增加等一系列因素影响，已经取得了显著的进步，并有望实现弯道超车。

其一，中原黄河文化产业化起步晚、基础差。我们需要客观认识到，中原黄河文化产业的起步是比较滞后的。因为中原地区的经济发展水平长期落后，城乡二元结构不合理，加之缺乏活跃的市场主体参与，导致文化产品的供给数量和质量严重不足，低俗供给、低端供给问题突出，文化消费不振，产业化的基础相当薄弱。

其二，中原黄河文化产业化发展起点高，可供借鉴的经验丰富。首先，中原黄河文化产业的快速发展得益于国家重大机遇期的出现。在中原黄河文化产业化

① 张新斌：《黄河文化的河南禀赋、范围及定位》，《河南日报》2020 年 9 月 16 日，第 021 版。
② 河南省统计局、国家统计局河南调查总队：《2020 年河南省国民经济和社会发展统计公报》，河南省人民政府网，2021 年 3 月 7 日，http：//www. henan. gov. cn/2021/03-08/2104927. html。

快速发展的十余年间，基本与社会主要矛盾转化的判断、"绿水青山就是金山银山"理念、国家创新驱动发展战略、"一带一路"倡议、黄河流域生态保护和高质量发展等国家重大战略决策期高度吻合，并且与智慧旅游、数字技术、5G等先进技术的应用时间同步，因此具有了更多以较低成本获得新技术、实现高标准建设的机遇。其次，中原地区作为文化产业化的后发地区，具有自然的后发优势。因此从建设基础、技术、标准和外部经验等方面可以学习借鉴的内容比较丰富。例如，上海在20世纪80年代初就已经引进卡拉OK等文化娱乐项目，积累了比较丰富的文化产业利润管理、就业管理等经验①。还有类似故宫文创产品的设计及营销等优秀成果，都可以为中原黄河文化产业化提供借鉴。

其三，中原黄河文化产业化速度快、效益好。近年来，中原地区对于黄河文化产业发展开展了系统研究，"中原学""黄河学""洛阳学"等研究学科的深化细化，为中原黄河文化产业发展提供了理论支撑。并且随着"文化+"理念的不断深入发展，产业边界逐渐模糊，跨行业、跨领域的融合发展成为未来产业发展的方向。文化产业已经深度融合到国民经济的大循环中，正如波德里亚对消费的认识，"所有这些被分裂、相互之间无法缩减的活动——所有这一切最终被混杂、搅拌、调节并一致地展现在同一次连续的购物和消闲之中"。②诸多要素的参与融合，为更好地满足消费者的多元文化需求提供了条件，成为新常态下促进经济转型升级的新动力。

三是中原黄河文化产业在社会发展中不可或缺。2011年，在党的十七届六中全会中首次提出文化强国的目标后，社会各界对文化的重视程度不断提升，尤其是面对复杂的国际形势，坚定文化自信、建设社会主义文化事业是保证社会发展正确方向的关键，而保护、传承和弘扬好黄河文化，推动黄河文化事业高质量发展是重要举措。在未来发展中，要坚持市场化为决定性要素的改革目标导向，推进中原文化体制改革，加快实现文化中原目标，服务中原经济区建设和中原社会高质量发展大局。

三、中原黄河文化产业化发展的经验与启示

长期以来，中共河南省委、河南省人民政府高度重视发展黄河文化产业，人

---

① 花建：《论上海文化娱乐的产业化发展》，《社会科学》1997年第12期。
② ［法］让·波德里亚：《消费社会》，刘成富、全志钢译，南京大学出版社2000年版，第8页。

民群众广泛参与了黄河文化产业化发展实践，共同为保护、传承和弘扬黄河文化、促进中原更加出彩做出了贡献，积累了宝贵经验。

一是要不断加强对文化资源的保护力度。加强保护不等于静态固守的保护，习近平总书记指出，要把"具有当代价值的文化精神弘扬起来，让收藏在博物馆里的文物、陈列在广阔大地上的遗产、书写在古籍里的文字都活起来"①，积极采取多种举措，让更多的人关心文化、热爱文化，是形成文化资源群体性保护的关键。在基本保护举措方面，要加强预防性保护措施，及时通过监测、预警系统，保证保护措施的及时性。同时继续扩大数字保护覆盖范围，成立文化资源数据库，真正地让后代永续利用②。另外，积极开发应用程序，方便用户的云体验，充分利用 AR、AI、3D 打印等先进技术，将传统的文化保护、展陈、推广方式进行革新。

二是必须准确把握文化创新与传承的关系。习近平总书记指出，"面对日益激烈的国际竞争，我们必须把创新摆在国家发展全局的核心位置，不断推进理论创新、制度创新、科技创新、文化创新等各方面创新"③。变化是必然的、永恒的，只有创新才能持久，文化的传承同样也需要在适应社会发展的过程中，不断进行创新进步。在经济发展新常态下，要结合科技革命的大背景，运用新技术、新方法、新手段，开拓发展新思路，增强以创新为文化产业发展的基本动力。要完成赋予中原黄河文化的当代内涵和历史使命，就要抓住资源梳理和保护、提升公共文化服务、创新文化建设载体和加强成果创新传播等重点④。另外，要注重挖掘特色文化资源，充分挖掘各地的地域特征、历史遗迹和古典传说，加大文化品牌和历史遗迹景点建设，逐步形成地方的支柱性新兴产业，推进文化保护、传承和弘扬的创新应用。

三是必须做好成果的创造性转化。在党的十九大报告中解答了如何对待本国历史和传统文化的问题，即"推动中华优秀传统文化创造性转化、创新性发展"。文化的产业创造创新是基于外部环境变化和内在发展要求。在经济发展进

---

① 2014 年 3 月 27 日，习近平总书记在巴黎联合国教科文组织总部发表演讲。

② 刘喆：《科技助力文物保护 让传统文化历久弥新》，参见：https：//ent. chinadaily. com. cn/a/202009/03/WS5f504eeda310084978422e9e. html。

③ 习近平：《在知识分子、劳动模范、青年代表座谈会上的讲话》，新华网，2016 年 4 月 30 日，http：//www. xinhuanet. com/politics/2016-04/30/c_1118776008. htm。

④ 张晓欢：《紧抓黄河文化传承与创新的四个重点》，《经济参考报》2020 年 11 月 18 日。

入新常态下，文化产业相关部门要以文旅部制定的《"十四五"文化产业发展规划》为指导，坚持文化创意、科技创新、融合发展的高质量发展道路，通过健全管理体系和市场体系，增加产业附加值，实现中原黄河文化成果的经济效益和社会效益转化。

四是规划建设必须立足全面长远。中原黄河文化产业化兼有经济影响和社会影响，在进行规划时，要从宏观、中观和微观层面进行规划。宏观层面上，要深入贯彻中央对中原地区和文化产业发展的指示精神，建立健全文化产业管理体制、激发市场活力、激活市场要素，促进文化产业收入分配和文化产品共享，服务于共同富裕的发展大局。中观层面上，要基于中原区域经济和资源禀赋特点，加强文化行业的支柱性产业培育，积极促成区域协同、行业协作的局面，打造极具特色的中原黄河文化品牌，形成较强的文化辐射力和吸引力。微观层面上，要加强自身实力建设，培养有原则、有视野、有能力的专业人才队伍，服务文化产业发展。要管好自身资源，摸清文化家底，建设中原文化数据资源库，利用新科技、新传媒等，开发宣传好新产品。要做好组织架构建设，完善规章制度、规划编制、人才配置与运用等工作内容，综合统筹，充分利用资源优势，发挥最大效益。

五是产业化发展必须坚持原则底线。2014年中央全面深化改革领导小组审议通过的《深化文化体制改革实施方案》和2021年文化和旅游部制定的《"十四五"文化产业发展规划》都明确提出，建立社会效益与经济效益相统一的体制机制是文化产业发展的立足点和落脚点。因此，文化产业发展要坚持把社会效益放在首位，服务于满足人民精神文化需求和增强人民精神力量，为社会主义文化强国建设奠定坚实基础。同时提升国家文化安全观念，坚持文化安全底线。因为在文化全球化交流的过程中，文化的话语权对于社会稳定的作用极为重要。世界已经有多个典型案例证明了相关问题的严重性。尤其近年来，以美国为首的西方强势文化加紧对世界其他地区的渗透，而我国对涉外文化交流安全政策及法规的制定执行还不尽完善。因此，我们更要树立底线思维，加强文化安全的保护，确立以国家利益为最高利益的文化发展观，建立积极的文化安全预警系统，加快文化外贸体制的改革，全面推进文化创新能力的建设，确保文化资源和文化开发的高效安全。

四、中原黄河文化产业化发展的展望

中原黄河文化产业化发展是区域性文化的特色之路，是中原地区求新求变的转型之路，是文化与产业经济协同发展的必由之路。在全面建设中国特色社会主义现代化的新时代，中原黄河文化产业化发展必将面临更多的机遇和挑战。

首先，顶层设计将为中原黄河文化产业化的深化发展提供支持。顶层设计对于行业及产业的发展有着重要作用，可以从体制机制上有效提升产业化的效率效益。中原地区作为文化资源富集区，通过宏观体制体系的规划设计优化，有助于提升中原黄河文化产业化的应用水平和利用效率。目前中央及文旅部门从政策制定、组织结构及协同机制建设方面，不断着手制订各项政策规划方案，加强了规划协同及顶层设计的合理性，为文化产业化发展扫除了制度性障碍，必将大大促进中原黄河文化产业化的深度发展。

其次，中原黄河文化产业化发展面临的基本矛盾将长期存在。文化产品供需之间的矛盾仍然是制约中原黄河文化产业发展的"绊脚石"。从宏观背景方面，文化产业政策供给路径有待进一步拓宽。因为在文化领域供给侧结构性改革推进的同时，供给和消费环境又出现了新的变化。例如，受新冠肺炎疫情的影响，文化和旅游人均消费水平下降的问题已经对行业发展造成了不小的冲击。还有网络技术的高度渗透，削减了文化产业线下就业岗位的供给数量，压缩了企业的利润空间，以及通过网络打造的"流量经济"不能实现稳定持续的效益输出。在扩大和引导文化消费方面，供需两端"双轮驱动"的推动方式，面临着文化产品供给质量参差不齐的考验。因此需要做细文化产品评价标准，实行严格的市场准入制度，加快建立健全现代文化市场体系，出台政策营造消费环境，推动建立扩大和引导文化消费的长效机制。

最后，中原黄河文化产业化发展将呈现更加多元快速的态势。在发展动力方面，中原黄河文化产业化的推动力将更加强力多元。例如，从 2012 年 8 月颁布《国家文化科技创新工程纲要》开始，就已经初步形成"文化+科技"的框架，随着人工智能、智慧管理、大数据技术和网络技术等新科技的推动，文化产业体系得到进一步完善。文化产业政策也逐渐转向新技术与新业态布局，以更强大的战略引导力，引领文化产业实现布局优化。同时基于网络化、数字化的新兴业态蓬勃发展，在加强价值引导、法律规范的前提下，文化经营主体积极推进网络直播、网络电影与电视、网络出版等为代表的新业态发展，促成了未来文化产业发展核心增长极的形成。

在新的历史时期，中原黄河文化产业必将在政策指引、科技推进、融合协调等积极因素推动下，实现质量跃升、"双效"并举的良好发展局面，从而更好地解决人民对高质量文化产品需求与供给不足、质量不高之间的矛盾。因此从多维度、多角度、多层次对中原黄河文化产业化发展进行推动，有着重要的现实价值和历史意义。在全面建设中国特色社会主义新征程中，我们应该进一步科学规划布局，加快中原黄河文化创意产业和新业态发展；应该进一步发挥新科技的作用，加快中原黄河文化创意产品的创作创造；应该进一步改革体制机制，发展中原黄河文化产业集群，提高规模化、专业化的发展水平；应该进一步拓展市场空间，发挥市场在资源配置中的决定作用，全面发挥中原黄河文化产业的社会效益和经济效益。

我们有理由相信，随着中原黄河文化产业化发展的稳步推进，通过中原文化产业的规划建设和跨领域、跨地域的协同合作，中原文化一定会再创辉煌，中原地区一定会更加出彩。

参考文献

一、著作

[1] [澳] 戴维·思罗斯比：《经济学与文化》，王志标、张峥嵘译，中国人民大学出版社 2015 年版。

[2] [德] 马克斯·霍克海默、西奥多·阿多诺：《启蒙辩证法：哲学断片》，渠敬东、曹卫东译，上海人民出版社 2020 年版。

[3] [美] 保罗·萨缪尔森、威廉·诺德豪斯：《经济学》，萧琛等译，华夏出版社 1999 年版。

[4] [美] 理查德·佛罗里达：《创意阶层的崛起》，司徒爱勤译，中信出版社 2010 年版。

[5] [美] 理查德·佛罗里达：《创意经济》，方海萍、魏清江译，人民大学出版社 2006 年版。

[6] [英] 约翰·霍金斯：《创意经济：如何点石成金》，洪庆福、孙薇薇、刘茂玲译，上海三联书店 2006 年版。

[7] 陈昌远著，陈隆文修订：《中国历史地理简编》，河南大学出版社 2007 年版。

[8] 陈隆文：《郑州历史地理研究》，中国社会科学出版社 2011 年版。

[9] 代云、赵胤、董琳等：《河南哲学史》，大象出版社 2019 年版。

[10] 国家统计局社会科技和文化产业统计司、中宣部文化体制改革和发展办公室编：《中国文化及相关产业统计年鉴 2020》，中国统计出版社 2020 年版。

[11] 黄保信：《河南与黄河文化》，河南人民出版社 1997 年版。

［12］侯仁之：《黄河文化》，华艺出版社 1994 年版。

［13］金元浦：《当代文化产业论丛》，广东人民出版社 2005 年版。

［14］李天元：《旅游学概论》，南开大学出版社 2014 年版。

［15］李学勤、徐吉军：《黄河文化史（上）》，江西教育出版社 2003 年版。

［16］梁昊光、兰晓：《文化资源数字化》，人民出版社 2014 年版。

［17］牟延林、谭宏、刘壮：《非物质文化遗产概论》，北京师范大学出版社 2010 年版。

［18］文化和旅游部：《中国文化文物和旅游统计年鉴 2020》，国家图书馆出版社 2020 年版。

［19］谢彦君：《基础旅游学》，中国旅游出版社 2011 年版。

［20］许顺湛：《中原远古文化》，河南人民出版社 1983 年版。

二、报刊

［1］陈关超：《"两张牌""四条线"：勾画河南文旅融合新蓝海》，《中国文化报》2019 年 4 月 12 日，第 002 版。

［2］陈关超、颜庄：《"郑汴洛"筑基黄河文化旅游带》，《中国文化报》2021 年 7 月 6 日，第 004 版。

［3］范振林、马晓妍、厉里：《推进生态确权　构建完善市场》，《中国自然资源报》2020 年 7 月 22 日，第 003 版。

［4］郭润葵：《以场景创新工程引爆文旅消费热点》，《中国旅游报》2020 年 10 月 30 日，第 008 版。

［5］郝全洪：《推动高质量发展必须处理好政府和市场的关系》，《经济日报》2018 年 10 月 18 日，第 013 版。

［6］河南省社科联课题组：《河南文旅融合发展的思路与对策》，《河南日报》2020 年 4 月 16 日，第 008 版。

［7］刘剑虹、侯子峰：《"绿水青山就是金山银山"发展理念的科学内涵》，《光明日报》2018 年 5 月 9 日，第 006 版。

［8］雒树刚：《推动文化和旅游融合发展》，《光明日报》2020 年 12 月 14 日，第 006 版。

［9］苗长虹、艾少伟、喻忠磊：《黄河文化的历史意义与时代价值》，《河南

日报》2019 年 11 月 1 日，第 009 版。

　　[10] 唐明燕：《推动中华优秀传统文化创造性转化和创新性发展》，《中国社会科学报》2021 年 2 月 9 日，第 008 版。

　　[11] 唐晓云：《旅游的社会文化功能及其实现》，《光明日报》2015 年 1 月 11 日，第 007 版。

　　[12] 习近平：《致生态文明贵阳国际论坛二〇一三年年会的贺信》，《人民日报》2013 年 7 月 21 日，第 001 版。

　　[13] 徐光春：《一部河南史　半部中国史》，《光明日报》2009 年 11 月 19 日，第 010 版。

　　[14] 许顺湛：《河洛文化与黄河文明》，《光明日报》2004 年 9 月 7 日，第 B3 版。

　　[15] 杨自沿：《黄河文化是中华文化的源头和象征》，《青海日报》2020 年 12 月 14 日，第 010 版。

　　[16] 银元、罗眉：《打造黄河文化旅游带应处理好七个关系》，《中国旅游报》2020 年 6 月 5 日，第 003 版。

　　[17] 张晓欢：《紧抓黄河文化传承与创新的四个重点》，《经济参考报》2020 年 11 月 18 日，第 008 版。

　　[18] 赵静：《沿黄河九省区联手开发"黄河游"》，《光明日报》2000 年 3 月 17 日，第 205 版。

　　[19] 赵振杰：《〈河南省促进会展业发展暂行办法〉解读》，《河南日报》2014 年 10 月 14 日，第 003 版。

三、期刊

　　[1] 安磊：《河南非物质文化遗产分布特征分析及对策》，《非物质文化遗产保护与传承》2020 年第一辑。

　　[2] 安志敏：《试论黄河流域新石器时代文化》，《考古》1959 年第 10 期。

　　[3] 安作璋、王克奇：《黄河文化与中华文明》，《文史哲》1992 年第 4 期。

　　[4] 曹诗图、袁本华：《论文化与旅游开发》，《经济地理》2003 年第 3 期。

　　[5] 陈宝良：《明代旅游文化初识》，《东南文化》1992 年第 2 期。

　　[6] 陈传康：《中国旅游资源的开发评价、途径和对策》，《人文地理》1991

年第 2 期。

[7] 陈文君：《节庆旅游与文化旅游商品开发》，《广州大学学报（社会科学版）》2002 年第 4 期。

[8] 池建宇、姚林青：《中国文化产业劳动生产率的国际比较——基于与英美两国之比较》，《中央财经大学学报》2010 年第 11 期。

[9] 戴英生：《黄河流域古中华文化的起源与演化》，《人民黄河》1987 年第 2 期。

[10] 邓美成：《湖湘旅游地理史观》，《湖南师范大学社会科学学报》1991 年第 3 期。

[11] 丁季华：《关于上海旅游产业地位的若干问题》，《华东师范大学学报（哲学社会科学版）》1994 年第 5 期。

[12] 范能船：《先秦旅游文化散论》，《社会科学》1991 年第 12 期。

[13] 范振林、马晓妍、厉里：《推进生态确权　构建完善市场——以国际典型模式看生态补偿成功做法》，《资源导刊》2020 年第 8 期。

[14] 冯学钢、梁茹：《促进我国在线新文旅市场主体建设的对策建议》，《旅游学刊》2021 年第 7 期。

[15] 傅才武：《论文化和旅游融合的内在逻辑》，《武汉大学学报（哲学社会科学版）》2020 年第 2 期。

[16] 管华、张大丽：《"黄河学"论纲》，《人民黄河》2005 年第 11 期。

[17] 郭子昇：《历史文化名城与旅游》，《旅游学刊》1988 年第 2 期。

[18] 韩佳佳：《山东省黄河文化传承与产业化发展路径研究》，《人文天下》2017 年第 6 期。

[19] 花建：《论上海文化娱乐的产业化发展》，《社会科学》1997 年第 12 期。

[20] 姜樾：《中华旅游文化与中华民族凝聚力》，《民族论坛》1993 年第 1 期。

[21] 靳萍、李树财：《普及生态价值观初探——从科普创新的视界看》，《科普研究》，2007 年第 5 期。

[22] 靳松安、张建：《从郑州地区仰韶文化聚落看中国早期城市起源》，《郑州大学学报（哲学社会科学版）》2015 年第 2 期。

［23］兰建平、傅正：《创意产业、文化产业和文化创意产业》，《浙江经济》2008 年第 4 期。

［24］李国英：《落实科学发展观　践行治水新思路　维持黄河健康生命》，《中国水利》2004 年第 24 期。

［25］李峤、申双溥：《生态经济补偿机制建立过程中存在的问题研究》，《现代经济信息》2016 年第 11 期。

［26］李武军：《新冠肺炎疫情防控常态化对河南省会展业的影响及对策》，《决策探索》2020 年第 6 期（上）。

［27］李振宏、周雁：《黄河文化论纲》，《史学月刊》1997 年第 6 期。

［28］梁留科、王庆生：《河南省旅游资源系统分析与评价》，《国土与自然资源研究》1995 年第 4 期。

［29］林洪岱：《论旅游业的文化特性》，《浙江学刊》1983 年第 4 期。

［30］刘安乐、杨承玥、明庆忠、张红梅、陆保一：《中国文化产业与旅游产业协调态势及其驱动力》，《经济地理》2020 年第 6 期。

［31］刘长江：《乡村振兴战略视域下美丽乡村建设对策研究——以四川革命老区 D 市为例》，《四川理工学院学报（社会科学版）》2019 年第 1 期。

［32］刘庆柱：《黄河文化是中华民族文化的根和魂》，《中华民族博览》2021 年第 9 期。

［33］刘伟、张辉：《中国经济增长中的产业结构变迁和技术进步》，《经济研究》2008 年第 11 期。

［34］陆立德、郑本法：《社会文化是重要的旅游资源》，《社会科学》1985 年第 6 期。

［35］吕连琴、王世文：《黄河小浪底旅游开发的国内客源市场分析与预测》，《地域研究与开发》2000 年第 4 期。

［36］罗明义：《论文化与旅游产业的互动发展》，《经济问题探索》2009 年第 9 期。

［37］牛建强：《抓住保护、传承和弘扬黄河文化新的历史机遇》，《人民黄河》2019 年第 10 期。

［38］潘鲁生：《关注旅游文化——少数民族文化生态保护与旅游资产开发》，《山东社会科学》2000 年第 5 期。

［39］彭岚嘉、王兴文：《黄河文化的脉络结构和开发利用——以甘肃黄河文化开发为例》，《甘肃行政学院学报》2014年第2期。

［40］沙向军：《旅游文化再考察》，《旅游学刊》1997年第4期。

［41］石洪凡：《我国乡村旅游中民宿的产生背景、特色定位及其发展策略》，《农业经济》2017年第12期。

［42］石秀华：《中国古代旅游文化类型及其特征》，《武汉科技大学学报（社会科学版）》2002年第1期。

［43］苏秉琦：《关于仰韶文化的若干问题》，《考古学报》1965年第1期。

［44］粟路军、奉亚卓：《区域旅游协同发展及其理论依据与研究意义》，《资源开发与市场》2007年第3期。

［45］覃兆刿：《论档案的旅游文化价值》，《档案学研究》1997年第1期。

［46］陶伟：《中国"世界遗产"的可持续旅游发展研究》，《旅游学刊》2000年第5期。

［47］田志奇：《文旅融合下旅游目的地互联网思维的产品营销及创新》，《旅游学刊》2019年第8期。

［48］庹震：《保障好人民群众的基本文化权益》，《求是》2014年第18期。

［49］王春益：《以习近平生态文明思想为指导　推进黄河流域生态保护和高质量发展》《中国生态文明》2020年第1期。

［50］王德利：《构建现代旅游文化》，《财贸研究》1995年第6期。

［51］王乃岳：《深入挖掘黄河文化的时代价值》，《中国水利》2020年第5期。

［52］王帅辉、耿松涛：《全域旅游营销策略与品牌策略规划》，《价格月刊》2018年第3期。

［53］王永、白稼铭：《文化事业与文化产业融通的多层路径》，《人文天下》2017年第5期。

［54］乌兰：《促进乡村旅游文化建设的对策探讨》，《内蒙古财经大学学报》2018年第4期。

［55］吴耿安、刘巍、郑向敏：《旅游、文化产业与经济发展水平的空间错位分析》，《地域研究与开发》2018年第3期。

［56］吴良镛：《试论历史古迹旅游城市的规划与建设——以曲阜规划为

例》,《城市规划研究》1980 年第 2 期。

　　[57] 夏杰长、贺少军、徐金海:《数字化:文旅产业融合发展的新方向》,《黑龙江社会科学》2020 年第 2 期。

　　[58] 徐崇云、顾铮:《旅游对社会文化影响初探》,《杭州大学学报(哲学社会科学版)》1984 年第 3 期。

　　[59] 徐吉军:《论黄河文化的概念与黄河文化区的划分》,《浙江学刊》1999 年第 6 期。

　　[60] 许宗元:《论徽州旅游文化与文化旅游》,《江淮论坛》1994 年第 4 期。

　　[61] 薛宝琪、范红艳:《黄河沿线旅游资源开发整合研究——对建设大黄河旅游走廊的构想》,《河南大学学报(自然科学版)》2007 年第 5 期。

　　[62] 严文明:《黄河流域新石器时代早期文化的新发现》,《考古》1979 年第 1 期。

　　[63] 严文明:《中国史前文化的统一性与多样性》,《文物》1987 年第 3 期。

　　[64] 杨越、李瑶、陈玲:《讲好"黄河故事":黄河文化保护的创新思路》,《中国人口·资源与环境》2020 年第 12 期。

　　[65] 于光远:《旅游与文化》,《瞭望周刊》1986 年第 14 期。

　　[66] 于善甫、范亚茹:《生态保护视阈下推动黄河郑州段旅游高质量发展对策》,《当代经济》2020 年第 5 期。

　　[67] 于希贤、陈梧桐:《黄河文化——一个自强不息的伟大生命》,《北京大学学报(哲学社会科学版)》1994 年第 6 期。

　　[68] 俞慈韵:《论旅游文化》,《东疆学刊》1986 年第 2 期。

　　[69] 郁龙余:《论旅游文化》,《旅游学刊》1989 年第 2 期。

　　[70] 张柏山:《黄河生态文明建设的探索与实践》,《中国三峡》2018 年第 11 期。

　　[71] 张广海、张红:《我国旅游业空间集聚与规模经济效应分析》,《青岛科技大学学报(社会科学版)》2020 年第 2 期。

　　[72] 张海燕、王忠云:《旅游产业与文化产业融合发展研究》,《资源开发与市场》2010 年第 4 期。

［73］张宏斌、黄金旺：《中国传统生态文化及其现实意义》，《中共石家庄市委党校学报》2020 年第 5 期。

［74］张慧霞、刘斯文：《晋陕豫黄河金三角地区区域旅游合作研究》，《山西财经大学学报》2006 年第 2 期。

［75］张文瑞：《河南省乡村旅游资源的开发与协同管理研究》，《农业经济》2018 年第 4 期。

［76］章采烈：《论旅游文化是旅游业发展的灵魂》，《上海大学学报（社会科学版）》1994 年第 1 期。

［77］赵全嘏：《略述黄河流域新石器时代三种文化和三种陶器》，《新史学通讯》1953 年第 12 期。

［78］中共郑州市委党史研究室专题调研组：《郑州市革命遗址保护利用调查研究》，《中共郑州市委党校学报》2016 年第 5 期。

四、网络资料

［1］《第三届中原国际文化旅游产业博览会暨 2020 洛阳河洛文化旅游节开幕》，人民网，2020 年 9 月 12 日，http：//henan.people.com.cn/n2/2020/0912/c351638-34288320.html。

［2］《河南黄河基本情况简介》，渭南市水务局网，2009 年 6 月 5 日，http：//swj.weinan.gov.cn/ywzn/fxcj/yjya/537799.htm。

［3］《上海会展业白皮书：进博会带动会展相关产业收入超 1400 亿》，澎湃新闻网，2019 年 6 月 19 日，http：//news.sina.com.cn/o/2019-06-19/doc-ihytcerk7930141.shtml。

［4］《中共河南省委关于制定河南省国民经济和社会发展第十四个五年规划和二〇三五年远景目标的建议》，河南省人民政府网，2021 年 1 月 8 日，http：//www.henan.gov.cn/2021/01-08/2074842.html。

［5］蔡武：《文化部部长蔡武：文化产业进入发展新时期——推动文化产业成为国民经济支柱性产业系列谈之一》，中国经济网，2011 年 1 月 10 日，http：//www.ce.cn/culture/whcyk/gundong/201101/10/t20110110_22126127.shtml。

［6］国家统计局：《2015 年国民经济和社会发展统计公报》，国家统计局网，2016 年 2 月 29 日，http：//www.stats.gov.cn/tjsj/zxfb/201602/t20160229_1323991.

html。

　　[7] 国家统计局：《2019 年全国旅游及相关产业增加值 44989 亿元》，国家统计局网，2020 年 12 月 31 日，http：//www. stats. gov. cn/tjsj/zxfb/202012/t20201231_1811941. html。

　　[8] 国家统计局：《2019 年全国文化及相关产业增加值占 GDP 比重为 4.5%》，国家统计局网，2020 年 1 月 5 日，http：//www. stats. gov. cn/tjsj/zxfb/202101/t20210105_1812052. html。

　　[9] 国家统计局：《中华人民共和国 2020 年国民经济和社会发展统计公报》，国家统计局网，2021 年 2 月 28 日，http：//www. stats. gov. cn/tjsj/zxfb/202102/t20210227_1814154. html。

　　[10] 河南省人民政府：《河南省人民政府关于明确政府工作报告提出的 2021 年重点工作责任单位的通知》，河南省人民政府网，2021 年 2 月 24 日，https：//www. henan. gov. cn/2021/02-24/2097951. html。

　　[11] 河南省人民政府：《河南省人民政府关于批转河南省文化产业发展战略重点方案的通知》，河南省人民政府网，2013 年 2 月 25 日，https：//www. henan. gov. cn/2013/03-19/238566. html。

　　[12] 河南省人民政府：《政府工作报告》，河南省人民政府网，2021 年 1 月 25 日，https：//www. henan. gov. cn/2021/01-25/2084704. html。

　　[13] 河南省人民政府办公厅：《河南省人民政府办公厅关于进一步激发文化和旅游消费潜力的通知》，河南省人民政府网，2020 年 5 月 10 日，https：//www. henan. gov. cn/2020/05-13/1454169. html。

　　[14] 河南省统计局：《河南省第四次全国经济普查公报（第六号）》，河南省人民政府网，2020 年 3 月 24 日，https：//www. henan. gov. cn/2020/03-24/1308740. html。

　　[15] 河南省文化和旅游厅：《非物质文化遗产名录》，河南省文化和旅游厅网，2020 年 3 月 31 日，https：//hct. henan. gov. cn/2020/03-31/1311333. html。

　　[16] 河南省文化和旅游厅：《河南省"十三五"旅游产业发展规划》，河南省文化和旅游厅网，2017 年 9 月 13 日，https：//hct. henan. gov. cn/2017/09-13/790447. html。

　　[17] 河南省文化和旅游厅：《河南省文化和旅游厅关于印发〈河南省文化和

旅游厅防控新型冠状病毒感染的肺炎疫情工作方案〉的通知》，河南省人民政府网，2020 年 3 月 10 日，https：//www. henan. gov. cn/2020/03-10/1303089. html。

［18］河南省文化和旅游厅：《河南文化概况》，河南省人民政府网，2021 年 3 月 15 日，http：//www. henan. gov. cn/2011/03-04/260811. html。

［19］河南省新型冠状病毒感染的肺炎疫情防控指挥部：《河南省新型冠状病毒感染的肺炎疫情防控指挥部关于暂停举办大型公众聚集性活动的通知》，河南省人民政府网，2020 年 1 月 24 日，https：//www. henan. gov. cn/2020/01-24/1285003. html。

［20］河南省政府新闻办：《〈2019 河南省互联网发展报告〉新闻发布会》，河南省人民政府网，2020 年 5 月 15 日，参见 https：//www. henan. gov. cn/2020/05-15/1454990. html。

［21］黄海涛：《黄河文化、河洛文化、黄帝文化的概念、结构及体系思考》，大河网，2020 年 3 月 12 日，https：//dhh. dahe. cn/con/167396。

［22］焦作市统计局：《2019 年焦作市国民经济和社会发展统计公报》，焦作市人民政府网，2020 年 5 月 14 日，http：//www. jiaozuo. gov. cn/sitesources/jiaozuo/page_pc/ywdt/zwyw/article44bdf4ed79d14adb99602776ebcce2b8. html。

［23］刘喆：《科技助力文物保护 让传统文化历久弥新》，中国日报中文网，2020 年 9 月 3 日，https：//ent. chinadaily. com. cn/a/202009/03/WS5f504eeda310084978422e9e. html。

［24］路佳坤、驻省文化和旅游厅纪检监察组：《省文化和旅游厅举办大力清理和规范节庆研讨会论坛活动》，河南省纪委监委网，2019 年 11 月 23 日，http：//www. hnsjct. gov. cn/sitesources/hnsjct/page_pc/gzdt/pzgz/articleaf3c2cc0ba514a44876fc16b59ecae9e. html。

［25］马常艳：《〈2020 中国互联网广告数据报告〉正式发布》，中国经济网，2021 年 1 月 12 日，http：//www. ce. cn/xwzx/gnsz/gdxw/202101/12/t20210112_36214380. shtml。

［26］商务部、公安部、卫生健康委：《商务部公安部卫生健康委关于展览活动新冠肺炎疫情常态化防控工作的指导意见》，中华人民共和国中央人民政府网，2020 年 7 月 3 日，http：//www. gov. cn/zhengce/zhengceku/2020-07-08/content_5525111. htm。

［27］世界旅游城市联合会：《世界旅游经济趋势报告（2021）》，世界旅游城市联合会网，2021 年 3 月 1 日，https：//cn. wtcf. org. cn/special/2021/0301/62140d11. html？pc_ hash＝3M3AY9。

［28］王芳：《共拜始祖　凝聚力量　新郑 21 个项目引资 239 亿元》，中华网河南综合网，2019 年 4 月 8 日，https：//henan. china. com/zt/2019bzdd/zuixinzixun/2019/0408/253018136. html。

［29］文化部：《文化部关于推动数字文化产业创新发展的指导意见》，中华人民共和国文化和旅游部网，2017 年 4 月 11 日，参见 http：//zwgk. mct. gov. cn/zfxxgkml/zcfg/gfxwj/202012/t20201204_906313. html。

［30］文化部：《文化部关于印发〈文化部"十三五"时期文化产业发展规划〉的通知》，中华人民共和国文化和旅游部网，2017 年 4 月 20 日，http：//zwgk. mct. gov. cn/zfxxgkml/ghjh/202012/t20201204_906372. html。

［31］文化和旅游部：《2019 年旅游市场基本情况》，中华人民共和国文化和旅游部网，2020 年 3 月 10 日，https：//www. mct. gov. cn/whzx/whyw/202003/t20200310_851786. htm。

［32］文化和旅游部：《〈文化和旅游部关于推动数字文化产业高质量发展的意见〉解读》，中华人民共和国文化和旅游部网，2020 年 11 月 27 日，http：//zwgk. mct. gov. cn/zfxxgkml/zcfg/zcjd/202012/t20201205_915493. html。

［33］文化和旅游部：《文化和旅游部发布〈"十四五"文化产业发展规划〉》中华人民共和国文化和旅游部网，2021 年 5 月 6 日，http：//zwgk. mct. gov. cn/zfxxgkml/zcfg/zcjd/202106/t20210607_925031. html。

［34］文化和旅游部：《文化和旅游部关于推动数字文化产业高质量发展的意见》，中华人民共和国文化和旅游部网，2020 年 11 月 18 日，http：//zwgk. mct. gov. cn/zfxxgkml/cyfz/202012/t20201206_916978. html。

［35］习近平：《习近平主持召开中央财经委员会第十次会议强调　在高质量发展中促进共同富裕　统筹做好重大金融风险防范化解工作　李克强汪洋王沪宁韩正出席》，新华网，2021 年 8 月 17 日，http：//www. xinhuanet. com/politics/leaders/2021-08/17/c_ 1127770343. htm。

［36］习近平：《在知识分子、劳动模范、青年代表座谈会上的讲话》，新华网，2016 年 4 月 30 日，http：//www. xinhuanet. com/politics/2016－04/30/c＿

1118776008. htm。

［37］夏萍：《今年底河南省高速公路通车里程将达 7216 公里》，猛犸新闻网，2021-05-28，http：//news. hnr. cn/djn/article/1/1398055129843896320。

［38］许顺湛：《河洛文化与黄河文明》，光明网，2004 年 9 月 7 日，https：//www. gmw. cn/01gmrb/2004-09/07/content_ 94813. htm。

［39］杨睫妮：《2019 年河南省人均可支配收入、消费性支出、收支结构及城乡对比分析》，华经情报网，2020 年 12 月 24 日，https：//www. huaon. com/channel/distdata/675073. html。

［40］张长剑：《2020 数字文化大会在开封召开》，中原经济网，2020 年 10 月 19 日，http：//www. zyjjw. cn/kf/news/2020-10-19/646872. html。

［41］张丛博：《大河村国家考古遗址公园长啥样？详细规划来啦!》，大河报网，2020 年 11 月 5 日，https：//news. dahebao. cn/dahe/appcommunity/1593912。

［42］郑州市人民政府：《郑州市人民政府工作报告》，河南省人民政府网，2021 年 2 月 3 日，http：//www. henan. gov. cn/2021/02-03/2090599. html。

后　记

大河奔流，中原出彩。2019 年 9 月 18 日，习近平总书记在黄河流域生态保护和高质量发展座谈会上发表重要讲话时指出，要保护、传承、弘扬黄河文化，为实现中华民族伟大复兴的中国梦凝聚精神力量。随后，中共河南省委、河南省人民政府成立了省黄河流域生态保护和高质量发展领导小组，布置实施国家重大战略在河南省落地实践。在此背景下，我们受河南财经政法大学华贸金融研究院的资助，选定了"中原黄河文化产业化发展研究"项目进行研究。

在本书撰写过程中，我们统一组织，分工协作。全书由赵传海组织，赵传海和安磊共同统稿。各章撰稿人如下：第一章为赵传海（河南财经政法大学教授、博士），第二章、结语为安磊（河南财经政法大学讲师、博士），第三章、第五章为程娅静（河南牧业经济学院副教授、博士），第四章、第七章为王一麟（河南财经政法大学讲师、博士），第六章、第八章为胡招祺（河南财经政法大学讲师、博士）。

我们目标一致，呈现各异。本书选择"中原黄河文化产业化发展研究"课题，主要目的就是要促使人们更加重视黄河文化资源，推动"产业化"开发利用，更好地保护、传承和弘扬黄河文化，促进地方经济社会发展。由于各位作者的学科背景不同，研究视角不尽贯通，行文风格不尽一致，不当之处，敬请读者批评指正。

我们博采众家，获益良多。在撰稿时，我们参考了诸多学者的相关研究成果，引用了相关文献及数据资料，在此深表谢意。

赵传海

2021 年 9 月